Bernhard Schlörit

Hast du mal einen Sturm erlebt?

D1726682

Der Autor

Bernhard Schlörit, Geburtsjahrgang 1949, musterte 1972 als soge-
nannter Aufwäscher auf einem Frachter an, getrieben von Neugier
und Abenteuerlust. Von der Seefahrt begeistert absolvierte er eine
mehrjährige Ausbildung, die er 1976 mit dem Erwerb des Seefunk-
zeugnisses 2.Klasse erfolgreich abschloss. Danach fuhr er 10 Jahre
als Funkoffizier auf verschiedenen Frachtschiffen in weltweiter Fahrt.
Es waren die gravierenden Veränderungen in der deutschen Handelsschifffahrt, die bei ihm wie bei vielen anderen Seeleuten in den
Achtziger Jahren einen Wechsel hin zu einem Landberuf erzwangen.
Im Herzen immer ein Seemann geblieben hat er seine Erinnerungen
und Erlebnisse in drei Büchern aufgearbeitet

Ebenfalls vom Autoren sind erschienen:
Auf dicken Pötten um die Welt - Band 66 Maritimbuchverlag Ruszkowski
Verdammte Container -   Band 77 Maritimbuchverlag Ruszkowski
Alle Bände erschienen 2015 in überarbeiteter Auflage bei Createspace –
Amazon. Die Werke sind auch als E-Book bei allen namhaften Anbietern
erhältlich. Bei Amazon sind zu allen Büchern Rezensionen veröffentlicht.

Bernhard Schlörit

Hast du mal einen
Sturm erlebt?

+++

Dieses Buch erschien 2013 in der 1.Auflage beim Maritimbuchverlag Jürgen Ruszkowski, Nagelshof 25, D-22559 Hamburg .Siehe Anhang
Diese vorliegende 2.Auflage ist ausschließlich bei Amazon erhältlich
+++

2. überarbeitete Auflage
Copyright © 2015 by Bernhard Schlörit
Sophienstraße 73
D-64711 Erbach
bernhard.schloerit@onlinehome.de

Alle Fotos vom Autor, soweit nicht anders gekennzeichnet
Herstellung und Druck: siehe Eindruck auf der letzten Seite.
Umschlaggestaltung und Umschlagfoto Bernhard Schlörit

ISBN-13: 978-1511479394
ISBN-10: 1511479396

Inhaltsverzeichnis

Anmerkungen des Autors

Wer als Bewohner einer küstenfernen Region in weitgehend trockener Umgebung auf die merkwürdige Idee verfällt, zur See zu fahren, sieht sich in der Folge dieser Entscheidung immer wieder den gleichen Fragen ausgesetzt. Man kehrt ja urlaubsbedingt in größeren Zeitabständen nach Hause zurück, Freunde und Verwandte erwarten tolle Geschichten von der großen weiten Welt, und Hein Seemann muss liefern. So, und eine der im tiefen Binnenland am häufigsten gestellten und wohl auch naivsten Fragen (übrigens bis zum heutigen Tage) lautet:

„Hast Du mal einen Sturm erlebt?"

Jetzt, bereits viele Jahre nicht mehr in der Seefahrt tätig, fand ich es an der Zeit, diese Frage einmal umfassend zu beantworten. So kam es zu diesem etwas merkwürdigen Titel, und so entstand dieses Buch.

Jawohl, ich habe schon mal einen Sturm erlebt. Sogar einige Stürme, um genau zu sein. In zehn Jahren, auf einem Dutzend verschiedener Schiffe auf allen Weltmeeren und zu allen Jahrszeiten keinen Sturm zu erleben ist ein Ding der Unmöglichkeit. Das bedeutet jedoch nicht, dass der Seemann rund ums Jahr im tobenden Orkan vor sich hin werkelt. Ich erinnere mich an Reisen, die sich in südlichen Gewässern über Monate ohne wetterbedingte Probleme hinzogen. Und an winterliche Einsätze im Liniendienst auf dem Nordatlantik und Nordpazifik, bei denen der Dampfer ununterbrochen Achterbahn fuhr.

Und wenn wir schon dabei sind, arbeiten wir auch gleich noch die restliche Hitliste der am meisten gestellten Fragen ab:

„Wie war das denn bei der Seefahrt überhaupt so?"

Nun, es war eine schöne Zeit. Manchmal war es auch hart, hin und wieder war es beschissen. Aber missen möchte ich keinen einzigen Tag, auch die beschissenen Tage nicht...

In den 1970er Jahren gab es sie noch, diese traditionelle Seefahrt, die einst in zahllosen Liedern und auch Filmen – meist etwas glorifiziert – dargestellt wurde. 1976 wurden in der deutschen Handelsflotte etwa 40.000 Seeleute beschäftigt, davon ein Viertel Ausländer. Auf den Schiffen in der ,Großen Fahrt' waren Besatzungen von 30 Mann und mehr üblich, und diese Besatzungen bildeten alle sozialen Schichten ab, vom studierten Nautiker bis zum ungelernten Deckshelfer. Über eine lange Zeit hatte sich eine eigene Kultur herangebildet, die von den Janmaaten an Bord gelebt wurde. Die Sprache derb, das Auftreten und die optische Erscheinung oft reichlich schräg. Ich habe prima Kerle kennengelernt, mit denen man Pferde stehlen konnte. Und auch merkwürdige Vögel, bei denen man sich wirklich die Frage stellte, aus welcher Anstalt die wohl entsprungen waren.

Monatelange Fahrtzeiten, die ständige Isolierung vom „normalen" Leben und das enge Zusammensein im Bordalltag führten häufig zu reichlich abstrusen Situationen und merkwürdigem Verhalten. Jedenfalls aus der Sicht einer Landratte, für uns war es gar nicht so merkwürdig. Besonders, wenn es zur allgemeinen Erheiterung beitrug. Und Spaß hatten wir weiß Gott.

Die nachfolgenden Schilderungen lassen teilweise den Schluss zu, dass der Spaß überwiegend aus Saufgelagen und Puffbesuchen bestand. Damit wäre dann auch ein Klischee ganz vortrefflich bedient, das dem seefahrenden Teil der Bevölkerung schon seit Generationen anhaftet. Der Alltag der Seeleute wurde aber durch ihre Arbeit bestimmt, und diese Arbeit kannte meist keine Vierzigstundenwoche, Feiertage und freie Wochenenden. Mannschaften an Deck malochten unter wechselnden Wetter- und Klimabedingungen. Motorenwärter ackerten in der stickigen Hitze der Maschinenräume. Offiziere gingen Tag für Tag und Nacht für Nacht ihre Wachen, ein nicht unbedingt gesunder Lebensrythmus.

Zwischen den Häfen lagen häufig nicht nur Tage, sondern Wochen voller Monotonie.Diese Monotonie konnte aber von einer Minute zur anderen in eine durch Zwischenfälle verschiedenster Art entstandene Bedrohung umschlagen.

Im Hafen liegend wurden die Besatzungen nicht beurlaubt, sondern unter anderem für die Wartungsdienste eingesetzt, die auf See nicht möglich waren.

Endlich an Land, durfte sich Hein Seemann dann erst mal mit den Gestalten herumschlagen, die in erster Linie hinter seiner Heuer her waren, das fing mit dem Taxifahrer an, der am Hafentor herumlungerte. Schlussendlich liegt es nahe, dass diese meist jüngeren Männer, die im Hafen ausschwärmten, endlich auch ihren Spaß haben wollten. Und Spaß verbinden Männergemeinschaften nun mal gerne mit Alkohol und Frauen. Womit wir eine Überleitung zu den nächsten beiden Fragen hätten.

„Bestimmt hattet ihr in jedem Hafen eine Braut?"

Manchmal. Wir schliefen nämlich mit Nutten, das verkürzte die Brautwerbung ungemein. Dies taten wir allerdings nicht in jedem Hafen und bei jeder sich bietenden Gelegenheit. In den Ländern der so genannten dritten Welt wurde es uns häufig auf dem Silbertablett präsentiert. Und in anderen Regionen eben nicht, Hein Seemann saß dann einsam in einer Bar und stierte bedröppelt in sein Bier, wie es viele Singles an Land auch tun. Und die ganzen Nuttenstorys liefen dort in Brasilien oder Kolumbien ein bisschen anders ab, als es sich der durchschnittliche Landmensch so vorstellt. Diese Mädels waren zum großen Teil in Ordnung, und wir brachten ihnen auch allgemein mehr Achtung entgegen, als man normal mit dem Begriff ‚Nutte' verbindet. Es waren unsere Mädels, andere gab es für uns da draußen nicht. Die „normalen" Landestöchter zeigten nämlich weniger Interesse für diese fremden Typen, die für einige Tage an die Küste geschwemmt wurden.

Dort existierten auch keine „Eros-Center" oder Bordellreservate á la „Herbertstraße". In den Häfen ging man in die reichlich vorhandenen Bars und Kneipen, da gab es Drinks, Musik und halt auch Mädels. Manche der Etablissements hatten Zimmer im Oberdeck, woandcrs verschwand das frisch etablierte Pärchen in einer Hotelabsteige. Und in einigen Ports besuchten uns die Damen an Bord. Alles ganz zwanglos, es ergab sich halt irgendwie...

Seeleute und Nutten leben nun mal ein eher unkonventionelles Leben, und der Rest der Welt bringt ihnen daher meistens ein gewisses Unverständnis entgegen, es gab also Gemeinsamkeiten. Allerdings hatte die immer wieder vorkommende Nutzung käuflicher Liebe auch Schattenseiten, manche Maaten waren irgendwann kaum noch in der Lage, eine unbefangene Beziehung zu einem „normalen" Mädel herzustellen, zu sehr war ihre Haltung gegenüber dem anderen Geschlecht von den ‚Dockschwalben' geprägt. Dabei reden wir hier nicht von irgendwelchen versifften Straßenstrichmiezen, sondern speziell in den Häfen Südamerikas, Afrikas und Asiens von recht selbstbewussten jungen Frauen, die eben auf diese Weise versuchten, in der sie umgebenden Armut ihren Lebensunterhalt sicherzustellen. Sie betreuten häufig ‚ihren' Seemann während der gesamten Liegezeit des Schiffes, vielleicht stammt daher die Mär von der „Braut in jedem Hafen". Aber in den genannten Regionen waren diese Kontakte nicht selten, die Verweildauer der Schiffe bemaß sich in der geschilderten Epoche noch in Tagen, manchmal sogar Wochen.

Fuhr man auf einem Frachter im Südamerika-Liniendienst, konnte die Reise durchaus zu einer Puffkreuzfahrt ausarten. Für einen Tankermatrosen im Fahrtgebiet Persergolf hingegen waren Kontakte mit Frauen ungefähr so wahrscheinlich wie Meteoriteneinschläge. Man sieht, das Kapitel ‚Seeleute und ihre Bräute' hatte viele Spielarten.

„Bei euch wurde doch bestimmt ganz schön gesoffen?"

Yes, da wurde gesoffen, wenn auch nicht immer „ganz schön". Antialkoholiker waren auf den Frachtern eher eine Ausnahmeerscheinung, und einige Typen soffen wirklich wie die Durchlauferhitzer. Die eine oder andere seemännische Laufbahn ist aus diesem Grunde unrühmlich zu Ende gegangen. Dies bedeutet jedoch nicht, dass wir rund um die Uhr hackedicht über der Reling hingen, in der Mehrzahl machten die Seeleute professionell und verantwortungsbewusst ihren Job. Was eben nicht ausschloss, dass bei passender Gelegenheit auch kräftig gezecht wurde. Und bis heute vertrete ich die Überzeugung, dass Landratten nicht minder picheln. Es fällt an Land nicht so schnell auf, Berufs- und Privatsphäre sind in der Regel räumlich getrennt. Wir aber hockten Wochen und Monate auf engstem Raum zusammen, der Landgang fand auch im Kreise der Kollegen statt. Jeder alkoholische Ausrutscher war am nächsten Tag Messegespräch. Dass Seeleute bei Landgang oft als harte Zecher auffällig wurden, hatte auch viel mit dem Abbau der Spannungen zu tun, die sich zwangsläufig aus der monatelangen Isolierung in einer kleinen Bordgemeinschaft entwickelten.

Was machte denn ein Funkoffizier auf dem Schiff?

Das höre ich gelegentlich von jungen Leuten, die mit E-Mail, SMS, Facebook und dergleichen aufwachsen und keinerlei Vorstellung über die schwierige Kommunikation zwischen Land und See im vergangenen Jahrhundert haben. Was machten wir Funker?

Wir funkten, und zwar vorwiegend auf Mittel- und Kurzwelle mittels Morsetaste und unter Verwendung des internationalen Morsealphabets. Im Rahmen des technischen Fortschritts kamen Einseitenband-Telefonie und Funkfernschreibbetrieb hinzu, aber Grundlage der Kommunikation und vor allem des Seenot-Funksystems blieb bis in die frühen 1990er Jahre die Morsetelegrafie. Ein Schiff in Seenot war im höchsten Maße auf das Können des Funkers und seine Fernmeldetechnik angewiesen, wenn es der Hilfe bedurfte. Reeder, Charterer und Schiffsleitung standen ausschließlich mittels des vom Funker durchgeführten Telegramm- oder Telexverkehrs im Kontakt, und auch für die Besatzung war die Funkstation die wichtigste Kommunikationsmöglichkeit zur Heimat. Bis zur flächendeckenden Einführung von Fernmelde-Satelliten gab es keine zuverlässigere Nachrichtenverbindung. Über dieses Kerngeschäft eines Funkoffiziers hinaus wurden wir auch mit vielfältigen Verwaltungsaufgaben betraut, neben der Morsetaste war wohl die Schreibmaschine das meistgenutzte Arbeitsgerät in der Funkstation. Die Tätigkeit des Zahlmeisters, die behördliche Abfertigung des Schiffes beim Anlaufen der Häfen, die Proviantabrechnung, dies alles wurde von den meisten deutschen Reedereien an die Funkoffiziere übertragen.

„Warum hast du aufgehört?"

Weil es für deutsche Seeleute allmählich den Bach runter ging. Für uns Funker sogar in mehrfacher Hinsicht. Mitte der 1980er Jahre wurde es zunächst mal richtig ungemütlich. Reeder bildeten gewissermaßen die Avantgarde der Globalisierung, ganze Flotten wurden ausgeflaggt. Was noch unter deutscher Flagge segelte, geriet unter einen gnadenlosen Kosten- und Rationalisierungsdruck, Besatzungen wurden auf ein Minimum heruntergefahren. Wo möglich, wurde Manpower durch Elektronik und Technik ersetzt. Deutsche Mannschaftsgrade fanden kaum noch Beschäftigung, die Bemannung wurde häufig im Ausland von Crewing-Agenturen organisiert, Crews aus Ländern der dritten Welt fuhren zu günstigeren Konditionen. Nach der Wende im Ostblock bekam diese Praxis noch einmal richtig Aufwind, Tausende von ausgebildeten Seeleuten aus Russland und der Ukraine standen dem deutschen Arbeitsmarkt zur Verfügung und wurden von den Reedern mit Kusshand übernommen, die Ausbildung des seemännischen Nachwuchses in Deutschland war ja über Jahre vernachlässigt worden.

Viele Tätigkeitsfelder verschwanden von Bord, für meine Berufsgruppe der Funkoffiziere zeichnete sich ebenfalls das Ende ab. Technische Innovationen wie SATCOM machten den Spezialisten an der Morsetaste überflüssig. 1985 besuchte ich einen Kollegen auf seinem Schiff, dessen Seefunkstelle bereits mit einer Satelliten-Funkanlage ausgerüstet war. Die Satelliten-Kommunikation steckte damals noch in ihren Anfängen, aber mir war nach dem Besuch die Bedeutung dieser Technik für die Zukunft des Seefunks sonnenklar. Dass ich noch bis zur Rente als F.O. würde fahren können, erschien mir ausgeschlossen. Ich gab der Funkerei, so wie ich sie kannte, noch etwa 10 Jahre und lag damit verdammt richtig. So entschloss ich mich schon 1986, wenn auch sehr widerstrebend, die Seefahrt an den berühmten Nagel zu hängen und mir einen Landjob zu suchen. Im gleichen Jahr zog ich mit meiner späteren Ehefrau zusammen, das erleichterte diese Entscheidung. Den passenden Job fand ich dann am Frankfurter Flughafen, wo ich bis zum Renteneintritt in der Verkehrsdatenzentrale arbeitete, ein bisschen „Hafen" sollte es dann doch noch sein. Und so ganz kam ich nie von diesem Thema weg, man kann einen Seemann aus der Fahrt holen, aber die Fahrt nicht mehr aus dem ehemaligen Seemann...

„Und wie ist die Seefahrt heute so?"

Vor vielen Jahren blieb ich an Land, da bin ich nicht unbedingt der kompetente Ansprechpartner. Aber ich habe noch ‚Connections', wie man so sagt. Ich würde die Seefahrt der Gegenwart so darstellen:

Ein deutscher Reeder lässt in Korea ein Schiff bauen, registriert es in Antigua oder Panama, bemannt es mit einer russischen Besatzung, und verchartert den Dampfer dann an die Chinesen. Vielleicht steht auf der Brücke noch ein einsamer deutscher Kapitän. Eventuell hat der deutsche Reeder auch seinen Hauptsitz auf Zypern. Wegen dem bösen Finanzamt, you know?

Es werden übrigens immer noch nautische und technische Schiffsoffiziere in Deutschland ausgebildet. Allerdings in einem stark verschulten Ausbildungsgang, der deutlich weniger Raum für praktische Erfahrungen lässt als zu ‚meiner' Zeit. Deutsche Kapitäne hätten die Reeder schon noch ganz gerne auf ihren Pötten, dazu muss ein junger Nautiker aber erst mal sein Patent als nachgeordneter Offizier ‚ausfahren' können, an solchen Möglichkeiten hapert es.

Und sehr attraktiv sehe ich die heutige Seefahrt auch nicht mehr, Containerschiffe, über Satellitenverbindung an der kurzen Leine des Reeders, hetzen über die Meere, hoch technisierte Containerterminals weit außerhalb der Hafenstädte, Liegezeiten, die sich in Stunden bemessen. Wozu soll man da noch zur See fahren?

Gut, vielleicht bewerte ich die aktuelle Seefahrt zu sehr durch die Brille des Veteranen, dessen Zeit abgelaufen ist. Nach wie vor gilt die Regel, dass der Mensch nirgendwo so intensiv die Gewalt und auch die Schönheit der Natur erfahren kann wie auf See. Vom Hochgebirge einmal abgesehen. Vielleicht ist es das, was den Einen oder den Anderen immer noch dazu bewegt, den Seemannsberuf anzustreben. Aber die Zeit erlebnisreicher Hafenaufenthalte ist in dieser heutigen Fahrt definitiv vorbei.

Die in so vielen Liedern und auch Romanen beschworene ‚Romantik der Seefahrt', hat es sie je gegeben? Ja und Nein. Man muss ein Auge dafür haben, mit entsprechend geschärften Sinnen nimmt der Seemann nach wie vor Dinge war, die man schlicht und einfach als „schön" im reinsten Wortsinn begreift. Seien es tropische Sonnenuntergänge, sei es die Wildheit, die von einer stürmischen See ausgeht, vieles ließ uns damals kurz innehalten, während wir unserem Tagwerk nachgingen. Bei all der modernen Technik, die sich heute mit dem Begriff „Seefahrt" verbindet, ist das Meer mit seinen Unwägbarkeiten die alles beherrschende Konstante geblieben, die uns immer wieder vor Augen führt, dass wir Winzlinge auf unseren schwimmenden Eisenkisten dort draußen nicht das letzte Wort haben.

Und die Funkerei? Ende der 1990er Jahre war endgültig Schluss mit der Telegrafie, heute werden die SATCOM-Anlagen von Nautikern nebenbei mitbedient, die Morsetaste finden wir, von den Stationen einiger traditionsbewusster Amateurfunker einmal abgesehen, nur noch im Museum. Es macht in der Handhabung keinen Unterschied mehr, ob man den Kapitän an Bord oder Tante Emma in Buxtehude anruft, die Dampfer sind ohne Vermittlung eines Küstenfunkstellen-Operators per Durchwahl zu erreichen. Geblieben ist mir und vielen anderen Kollegen die Erinnerung an eine stolze Zeit, in der es zu unserem Job als einzige Verbindung zur Außenwelt keine Alternative gab.

Davon möchte ich auf den folgenden Seiten erzählen. Von einer Seefahrt, die es in dieser Form heute nicht mehr gibt. Von skurrilen Typen und von feinen Kerlen, die dieses Leben damals mit mir teilten. Von Häfen, die alles boten, was der Seemann erträumte. Von Schiffen, die längst im Hochofen verschwunden sind. Von unseren Hafenmädels, die uns temporär halfen, die Einsamkeit zu vergessen. Und Einiges mehr...

Im ersten Teil des Buches schildere ich meinen persönlichen Werdegang, dann in einem zusammengefassten Rückblick meine ersten Erfahrungen mit der Seefahrt in der Funktion eines „Aufwäschers" sowie die Ausbildung an der Seefahrtschule. Im zweiten Abschnitt nehme ich den Leser „live" mit auf meine erste große Fahrt als Funkoffizier. In den erzählenden Text sind immer wieder mal Erläuterungen in Kursivschrift eingefügt, die der lesenden Landratte das fachliche Verständnis erleichtern mögen.

Noch ein Wort zu der von mir verwendeten Erzählsprache: Wir hatten an Bord eine eigene Ausdrucksweise, dieser Jargon findet auch in diesem Buch seinen Niederschlag. Vorherrschend war als Umgangssprache Deutsch, sehr vermischt mit englischen und plattdeutschen Elementen, und die waren nicht immer stubenrein. Das mag sich für zart besaitete Gemüter manchmal ein wenig heftig darstellen, aber ich ziehe die realistische Wiedergabe der „political correctness" vor. Der derbe Umgangston sollte nicht darüber hinweg täuschen, dass etliche Sailors auch hohe intellektuelle Ansprüche durchaus erfüllen konnten, in der rauen Welt dieser Männergemeinschaften waren aber feingeistige Salongespräche wirklich die große Ausnahme. Auch die wenigen Stewardessen und weiblichen Funkoffiziere, die zu jener Zeit als einzige Frauen Zugang zu Seefahrtsberufen hatten, waren gut beraten, wenn sie sich nicht allzu empfindlich zeigten.

Die Erzählungen basieren auf Notizen und Dokumenten, die ich aufbewahrt habe, sowie meiner Erinnerung. Aus meinem langjährigen Freundeskreis wurden mir Briefe und Karten zur Verfügung gestellt, die ich damals schrieb, auch das war hilfreich. Trotzdem kann es schon mal vorkommen, dass ich bei der Schilderung einer Reise die Folge der Häfen oder sonstige chronologische Abläufe nicht ganz korrekt wiedergebe. Meine ersten beiden Pötte in der Fahrtzeit als Funker waren identische Kühlschiffe mit zum größten Teil identischem Fahrtgebiet, da mag sich in der Erinnerung einiges „vermischen".

Aber alles, was ich hier an Ereignissen schildere, habe ich genau so erlebt. Basiert die Begebenheit auf den Erzählungen anderer Seeleute, habe ich dieses vermerkt. Die Namen meiner damaligen Bordkollegen gebe ich teilweise korrekt wieder, teilweise aber auch verändert, nicht jeder ehemalige Fahrensmann möchte gerne für den Unfug „geoutet" werden, den er damals anrichtete. Und einige Namen habe ich schlicht vergessen.

Und wie halte ich es mit dem Begriff ‚Seemannsgarn'? Eine Story ist nicht erstunken und erlogen, nur weil sie der Zuhörer nicht zu glauben vermag. Vieles, was wir erlebten, ist kaum vermittelbar. Natürlich schleichen sich kleine Übertreibungen ein, wenn man etwas besonders Erzählenswertes berichtet. Na und? Wenn Angler über ihren Fang sprechen, zeigen viele Fische noch lange nach ihrem Ableben ein erstaunliches Wachstum. Dann dürfen wir Seeleute auch die Wellen ein klein wenig höher schnacken.

So, nun habe ich mich genug erklärt, fangen wir mal an zu erzählen. Wie kommt eine junge Landratte aus dem Odenwald, fern den Küsten und Meeren, auf die Schnapsidee, ein Seemann zu werden?

Der lange Marsch zum Seefahrtsberuf
oder
Warum denn einfach, wenn es auch umständlich geht?

Meine persönliche Kiellegung fand 1949 statt, da kam ich in dem schönen Städtchen Miltenberg am Main zur Welt. Na ja, es war wohl eher der Stapellauf, die Kiellegung wurde neun Monate früher inszeniert...

Ich war noch im Kindergartenalter, als meine Eltern getrennte Wege gingen. Meine Mutter musste sich nun mit mir alleine durchschlagen, damals ein recht schwieriges Unterfangen. So überließ sie mich und meine Erziehung ihrem Onkel und dessen Frau, die beiden Leutchen holten mich zu sich in den Odenwald, und später wurde ich dann im Einvernehmen aller Beteiligten von ihnen adoptiert. Mein neuer Vater war Mechanikermeister, grundsolide und bodenständig, den Lebensunterhalt verdiente er mit einer kleinen Fahrradwerkstatt, in den späteren Jahren dann als Meister in einer Fabrik für Bergbaufahrzeuge. Weiter entfernt von der christlichen Seefahrt kann ein soziales Umfeld nicht sein.

Eine Realschule im benachbarten Michelstadt wurde mit der undankbaren Mission meiner Schulbildung beauftragt. Eltern und Lehrer gedachten mich wenigstens bis zur Mittleren Reife zu „fördern", meine Mitarbeit hielt sich allerdings in Grenzen.

Für den Physikunterricht war ein gewisser Herr Müller zuständig. Im Kriege hatte er als Funker gedient, in einer Unterrichtsstunde zu dem Thema ‚angewandte Elektrophysik' schleppte er einen Tongenerator herbei und beglückte uns sichtlich begeistert mit einer kleinen Einführung in die Kunst des Morsens. Ich saß wie üblich in der letzten Reihe des Physiksaales und dachte: ‚Unglaublich, wie ein normaler Mensch seine Zeit mit dieser Piepserei verbringen kann. So erzeugt man also Tinnitus. Der hat doch nicht alle Latten am Zaun!' Damit war das Thema für meine Person abgehakt. Von Zukunftsvisionen konnte bei mir keine Rede sein...

Halbwegs akzeptable Leistungen erbrachte ich in Deutsch, Geschichte und Geographie, grottenschlecht war das, was ich in allen naturwissenschaftlichen Fächern, Mathematik, Physik und dergleichen ablieferte, die Noten waren entsprechend. Nicht gerade die ideale Voraussetzung für die doch ziemlich technische Ausbildung zum Berufsfunker, wie mir später klar wurde.

1965 muss es wohl eine Generalamnestie für lernfaule Schüler gegeben haben, mir wurde tatsächlich das Zeugnis der mittleren Reife zuerkannt, Eltern und auch einige Lehrer waren gleichermaßen überrascht. Ich ebenfalls. Um meine Vorstellungen von einem interessanten und abenteuerlichen Beruf umzusetzen, hatte ich mir ausgerechnet die Bundeswehr als geeignete Plattform auserkoren, nicht unbedingt eine meiner großartigsten Ideen, man war halt 16 Jahre jung und entsprechend ‚schlau'. Angedacht war, das Jahr bis zu meinem 17. Geburtstag als Jobber zu überbrücken und dann zu den Fahnen zu eilen. Mein Vater, mit dieser tollen Absicht konfrontiert, war zunächst mal fassungslos. Er gehörte zu der Generation, die noch lange unter den Folgen des Krieges litt, Uniformträger waren ihm gründlich verhasst. Vielleicht mit Ausnahme des Postboten. Nach mehreren Krisensitzungen des Familienrates kam es zu einer erzwungenen Planänderung. Im April 1965 erhielt der Möchtegernsoldat eine Lehrstelle beim Landratsamt des Odenwaldkreises. Vater erhoffte sich von der Verwaltungslehre einen späteren Wechsel in die Beamtenlaufbahn mit guter Absicherung für seinen Filius. „Junge, denk auch mal an die Pension!" Kein Mensch denkt mit 16 Jahren an die Pension, aber in diesem Alter hatte man damals wenig Alternativen, wenn die Eltern nicht kooperierten…

Den Ausschlag für die Wahl der Lehrstelle gab für mich die kurze Dauer der Ausbildung, sie sollte in zwei statt wie sonst üblich in drei Jahren erfolgen. Zeit genug, den alten Herrn mittels zäher Verhandlungen zur Unterschrift auf meine Freiwilligenmeldung zur Bundeswehr zu bewegen. Man erinnere sich, dass die Volljährigkeit damals erst mit 21 Jahren erreicht war, um die Einverständniserklärung des Erziehungsberechtigten kam man nicht herum.

Dass ich in dieser Zeit recht flüssig den Umgang mit der Schreibmaschine erlernte und doch eine ganze Menge über Verwaltung und administratives Handeln vermittelt bekam, sollte sich später als Funkoffizier noch mal als sehr nützlich erweisen. Das ließ sich aber in jenen Jahren noch nicht einmal erahnen.

Mein Vater gab dann auch irgendwann resigniert auf und unterschrieb, im Herbst 1966 ging es nach Wiesbaden zur Freiwilligenannahmestelle des Heeres, um einen zweitägigen Eignungstest und die obligatorische Musterung zu absolvieren. Eine der Prüfungen war der so genannte INT-Test. Uns wurden die drei Morsezeichen für I (..), für N (-.)und für T (-) erklärt, dann diese drei Zeichen in immer schneller werdender Folge vom Band abgespielt, und die Prüflinge hatten auf einem Vordruck die dort dargestellten Buchstaben richtig anzukreuzen. So gedachte man die Kandidaten mit Morsetalent herauszufiltern. Ich schrieb recht entspannt mit, es lag nicht in meiner Absicht, mich auf diesem Gebiet zu profilieren.

Zum Abschluss der beiden Tage führte ein Laufbahnberater Gespräche mit allen Bewerbern. Mir schwebte eine Verwendung bei den Fallschirmjägern vor, man brachte mir aber schonend bei, dass ein magerer Brillenträger mit latenter Höhenangst nicht unbedingt der Traumkandidat dieser Truppengattung sei. Mir wäre aber einer der besten INT-Tests gelungen, damit sei die Fernmeldetruppe für mich das Richtige. Das klang überzeugend, jeder hört gerne, dass er irgendwo einer der Besten sei. Und schon hatten sie meine Unterschrift unter einer Verpflichtungserklärung für vier Jahre.

Dienstantritt im April 1967.Nach sechs Monaten allgemeinmilitärischer Ausbildung in Sonthofen im Allgäu wurden mehrere in Tests ermittelte ‚Morsetalente' nach Rotenburg an der Wümme versetzt, wir waren für den Dienst in einer EloKa-Einheit vorgesehen.

EloKa steht für elektronische Kampfführung, dieser Verein befasste sich unter anderem mit der Aufklärung und Überwachung des Funkdienstes der Sowjettruppen in der damaligen DDR. Wir sollten Horchfunker werden.

Ausbilder war ein Feldwebel Emmelmann, allgemein nur Johnny genannt. Johnny war als Moses, also Schiffsjunge, zur See gefahren, er strebte die klassische Laufbahn vom Schiffsjungen zum Kapitän an. Noch während der Ausbildung hatte er sich, mit einem Hansa-Dampfer in Südasien liegend, eine schwere Malaria eingefangen, verbrachte einige Monate in Colombo im Hospital und konnte dann aufgrund der gesundheitlichen Schädigungen den Berufswunsch vergessen. Er war ein lustiger Vogel, immer für irgendeinen Spaß zu haben, als Berufssoldat aber eine glatte Fehlbesetzung. Seine

Erlebnisse aus zwei Jahren Fahrt bereicherten aber viele unserer Ausbildungsstunden, außerdem war er der erste leibhaftige Seemann, der mir über den Weg lief.

Im Übrigen verbrachten wir viel Zeit mit Hörausbildung. Nach dem Erlernen des Morsealphabets wurde zügig trainiert, wöchentlich steigerte sich das Tempo. Tempo 30 (Zeichen in der Minute), Tempo 40, Tempo 50 und so weiter. Tempo 120 sollte man schon beherrschen, um im Horchdienst erfolgreich zu arbeiten. Johnny schaltete Tonbänder mit den Übungstexten auf unsere Kopfhörer und verschwand hinter der Bild-Zeitung, wir versuchten verzweifelt, dem immer schneller werdenden Tempo zu folgen. Dabei trennte sich die Spreu vom Weizen, einige Kameraden konnten irgendwann ihre Hörleistung nicht mehr steigern und wurden anderen Verwendungen überstellt. Mir gelang es, durchzuhalten, und nach einem abschließenden Lehrgang auf der Heeres-Fernmeldschule in Feldafing bestand ich die Horchfunkerprüfung.

Es folgten einige Jahre Einsatz im Horchdienst, wir hörten unsere sowjetischen ,Kollegen' drüben ab, peilten ihre Funkstellen an und fühlten uns als ganz tolle Hechte. Zur gleichen Zeit hörten deren Horchfunker unsere Fernmeldeverbindungen ab und fühlten sich bestimmt auch als ganz tolle Hechte. „Kalter Krieg" nannte man damals diese Spielchen.

Das sich nähernde Dienstzeit-Ende warf nun die Frage auf, wie ich mir meine weitere berufliche Zukunft vorstellte. Zurück in den Verwaltungsdienst? Nee, danke schön, das fand schon in der Lehrzeit nicht meinen Beifall, ich glaubte kaum, dass es inzwischen spannender geworden war.

Da kam mein Kamerad Klaus M. ins Spiel, ebenfalls Horchfunker und Z4-Soldat sowie ausgebildeter Reedereikaufmann. Erlernt hatte er diesen Beruf bei der Hamburger Reederei Frigga, die damals ihre Massengutfrachter in der Erzfahrt einsetzte. Außerdem hatte er während seiner Lehrzeit in der ,Kuhwerder Fähre' Bier gezapft, Eingeweihten besser bekannt als „Tante Hermine". Und dort schleppte er mich dann eines Tages hin, Hamburg war ja von Rotenburg aus schnell zu erreichen.

In dieser legendären Seemannskneipe in der Hafenstraße, unweit der St.Pauli-Landungsbrücken, stellte mich Klaus einigen Fahrensleuten aus seinem Bekanntenkreis vor, eine ganze Nacht lang gab es viel Bier und wilde Storys, von beidem wohl etwas zu viel. Das hörte sich alles unglaublich interessant an, die hatten todsicher auch eine Verwendung für einen abenteuergeilen Odenwälder, der noch nicht genau wusste, wo seine Reise hingeht. De facto bin ich aufgrund eines eindrucksvollen Kneipenbesuches Seemann geworden. Wenigstens das habe ich mit so manchem „geshanghaiten" Jantje aus der Zeit der Segelschiffe gemeinsam.

Hermine Brutschin-Hansen, die berühmte Wirtin, saß übrigens damals noch selbst an der Kasse dieser Pinte, ein Jahr danach ist sie verstorben.

Alte Postkarte von „Tante Hermine" – Danke an Peter Nennstiel

Ich sollte einige Jahre später aber in der immer noch existierenden ‚Kuhwerder Fähre' quasi mein Hauptquartier einrichten. Und nebenbei die Seefahrtschule besuchen...

Klaus meinte kurz und bündig: „Wenn dich das interessiert, machste mal eben das Seefunksonderzeugnis und dann fährste los. Null Problem, die suchen dringend Funker!"

„Wie lange dauert'n das?" – „Na, ein halbes Jahr, dann biste fertig. Schaffste mit links, kannst doch morsen und so..." Damit war seine Berufsberatung abgeschlossen, ich schrieb den ‚Verband Deutscher Reeder' um Informationsmaterial an und kontaktierte anschließend die Seefahrtschule Bremerhaven. Für den Oktober 1971 gab man mir die Zusage zu einem Seefunksonderzeugnis-Lehrgang. Seefahrt aufgepasst, Schlörit kommt! Von wegen...

April 1971. Vier Jahre Bundeswehr sind abgehakt. Mit der nach einer solchen Dienstzeit üblichen Abfindung und einer kleinen Erbschaft (Vater war kurz zuvor verstorben) kommt man sich richtig wohlhabend vor, somit bestand keine Notwendigkeit einer Arbeitsaufnahme vor Beginn des Funkerlehrganges. Im Mai spendierte ich mir meine erste große Auslandsreise, zwei Monate in den Norden der USA. Eine in Ohio lebende Tante stellte ihr Haus als Basislager zur Verfügung, von dort aus ließen sich viele touristische Hotspots leicht erreichen. Meinem etwas eingerosteten Schulenglisch tat das auch gut, und Englisch würde demnächst für meine Ausbildung einen hohen Stellenwert bekommen.

Im Sommer zurückgekehrt dann der Tiefschlag: Die Seefahrtschule teilte in einem nüchternen Anschreiben mit, dass der vorgesehene Lehrgang im Herbst nicht stattfinden würde. Dass sogar überhaupt kein Lehrgang für dieses Seefunksonderzeugnis mehr geplant sei, weil das Bundesverkehrsministerium keine Ausnahmegenehmigungen für Sonderfunker mehr erteilen werde. Aus der Traum.

*Dazu muss ich ein wenig weiter ausholen. Zu dieser Zeit gab es vier verschiedene Befähigungszeugnisse, die zur Teilnahme am Seefunkdienst berechtigten. Das **Seesprechfunkzeugnis** war obligatorisch für alle nautischen Offiziere, auch Sportskipper erwarben es, damit durfte Sprechfunkdienst wahrgenommen werden. Für Berufsfunker war es praktisch in ihr Patent integriert. Die Ausbildung wurde zum Teil in Abendkursen angeboten. Das von mir angestrebte **Seefunksonderzeugnis** galt als Mindestanforderung für ‚hauptamtliche' Funker, es war für den Einsatz auf Schiffen gedacht, die eigentlich gar nicht telegrafieausrüstungspflichtig waren, aufgrund ihres besonderen Einsatzes aber eine solche Station fuhren, Bergungsschlepper und Fischereifahrzeuge zum Beispiel. Dieses Zeugnis konnte man in sechsmonatigen Kursen auf Seefahrtschulen erwerben. Erst das **Seefunkzeugnis 2. Klasse** berechtigte zum*

*Dienst auf Frachtern aller Größen und in allen Fahrtgebieten, der Erwerb setzte eine abgeschlossene Berufsausbildung im Elektrofach und einen dreisemestrigen Besuch der Seefahrtschule voraus. Anstatt einer Berufsausbildung wurde auch ein zweijähriges Praktikum in der Elektrobranche anerkannt. Dieses Patent konnte in einem zusätzlichen Lehrgang zum **Seefunkzeugnis 1. Klasse** aufgestockt werden, damit durfte man auf Passagierschiffen oder bei Küstenfunkstellen arbeiten. Und mit diesen beiden Zeugnissen agierte der Inhaber auch unter der Berufsbezeichnung „Funkoffizier", er trug bei zweiter Klasse zwei und bei erster Klasse drei Streifen an der Uniform und zählte damit zur Kaste der Handelsschiffsoffiziere.*

Aufgrund des permanenten Funkermangels war es aber zur Regel geworden, Sonderzeugnisfunkern per Ausnahmegenehmigung den Dienst auf Frachtschiffen aller Größen und Fahrtgebiete zu erlauben. Infolge dieser langjährigen Praxis wimmelte es bei der Seefahrt von Sonderzeugnisinhabern, viele ehemalige Bundeswehrfunker, Seeleute aus der Mannschaftsebene, Funkamateure und sogar Ehefrauen von nautischen und technischen Schiffsoffizieren nutzten die Möglichkeit, nach sechs Monaten Lehrgang diesen Job zu ergattern. Wobei die Durchfallquote aber recht hoch war, sechs Monate sind eine verdammt kurze Zeitspanne, um einen brauchbaren Funker zu produzieren.

So, und nun sollte diese Regelung nicht mehr zur Anwendung kommen, man wollte nur noch Funkoffiziere mit dem Seefunkzeugnis 2. Klasse oder dem höherwertigen Zeugnis 1. Klasse akzeptieren. Den Inhabern der Sonderzeugnisse wurde eine Übergangsfrist zum Erwerb der 2. Klasse eingeräumt, und das war es dann.

Für den Erwerb des 2.Klasse-Zeugnisses besaß ich weder die erforderliche Berufsausbildung noch ein gleichwertiges Praktikum. Da stand nun der abgeschmetterte Funkerkandidat und guckte dumm aus der Wäsche.

Die Pläne in Sachen Seefahrt hatten sich in Luft aufgelöst, eine Alternative musste her.

Eine Reifenhandlung in der Heimatregion suchte einen Verkaufsfahrer, zur Überbrückung kam das gerade recht. Diesbezügliche Sachkenntnisse fehlten völlig, mir war lediglich bekannt, dass Reifen rund, aus Gummi und zum Fortkommen eines Autos sehr vorteilhaft sind. Somit war für einige Monate der vermutlich erfolgloseste Verkaufsfahrer Südhessens im Großraum Darmstadt unterwegs. Mehr und mehr drängte sich der Gedanke auf, vielleicht doch die zwei Jahre Praktikum in Kauf zu nehmen, um die Voraussetzungen für den Besuch der Seefahrtschule zu schaffen. Aber zwei Jahre können verdammt lange dauern, besonders, wenn man jung ist. Und dann waren ja auch noch drei Semester Schulbesuch zu absolvieren. Dreieinhalb Jahre also. Und was tun, wenn ich das alles durchzog und hinterher feststellte, dass die Seefahrt doch nicht meine Welt war? Es gab 'ne Menge zu grübeln in jenen Tagen.

Nach längerer Orientierungsphase kam mir dann eine besonders tolle Idee, zumindest hielt ich meine Kopfgeburt für so was. Es müsste doch möglich sein, irgendwie bei einer Reederei so eine Art „Schnupperreise" zu absolvieren, ein Bordpraktikum oder etwas Ähnliches. Auf dem heimischen Postamt lagen die Telefonbücher der ganzen Republik, nichts wie hin, die Adressen mir bekannter Reedereien müssten ja dadrin stehen. Aus Erzählungen kannte ich nur drei, Hapag-Lloyd, DDG Hansa und Frigga. Letztere antwortete gar nicht, Hansa lehnte dankend ab und Hapag-Lloyd bot mir in einem kurzen Schreiben eine Anstellung als Aufwäscher an. Keine Ahnung, was ein Aufwäscher zu tun hatte, egal, nun würde es mit der Seefahrt klappen. Ich kontaktierte die in dem Brief aufgeführte Telefonnummer und wurde umgehend nach Bremen einbestellt. Seefahrt, Schlörit kommt, zweiter Anlauf...

Der Einstieg...
Ein Aufwäscher geht an Bord

Hapag-Lloyd, damals Deutschlands größte und bei Landratten auch bekannteste Reederei, war erst 1970 durch Fusion der beiden traditionsreichen Unternehmen Norddeutscher Lloyd (Bremen) und Hapag (Hamburg) entstanden. Eigentlich standen beide Firmen immer in heftiger Konkurrenz zueinander, dieser Geist hatte auch die Besatzungen durchdrungen, und je nach Standort wollte man diesen Hamburgern oder Bremern nichts zu tun haben. Es brauchte einige

Jahre, bis aus beiden Reedereien wirklich ein Unternehmen geworden war. 1972 gab es teilweise noch getrennte Verwaltungsbereiche, und das alte Lloyd-Heuerbüro im Bremer Überseehafen existierte auch noch. Dort stand ich an einem nasskalten Januarmorgen vor einem gewissen Herrn Pauli, der die Lloyddampfer (und damals nur diese) mit Mannschaftsgraden bemannte. Meine Einstellungsprozedur war denkbar kurz, mit einer Art Laufzettel ging es zum Vertrauensarzt der See-Berufsgenossenschaft, der untersuchte den hoffnungsvollen seemännischen Nachwuchs und stellte dann die obligatorische Gesundheitskarte aus, dazu noch den sogenannten ‚Seuchenpass', wenn die Verwendung im Bedienungssektor vorgesehen war. Wieder bei Pauli gelandet, folgte die Frage, ob man gerade polizeilich gesucht würde. Nach meinem Kenntnisstand war das nicht der Fall. Auf meine Frage, was denn bitteschön ein Aufwäscher eigentlich zu tun hatte, lautete die kurze Antwort: „Na, saubermachen halt.   Geschirr spülen, Gänge feudeln und so'n Kram." Aha!

Dann überreichte mir Pauli mein Seefahrtbuch, wichtigstes Dokument überhaupt, um Arbeit auf einem Schiff zu finden. Neben persönlichen Daten und einem Passbild enthielt es auf vielen Seiten Raum für Visa und Vermerke sowie die Eintragung aller Borddienstzeiten, die ich jemals leisten würde. Mir schien es in dem Moment das kostbarste Dokument zu sein, das ich besaß.

„So", meinte Pauli abschließend, „Nun fahren 'se mal wieder nach Hause, wir schicken ein Telegramm, wenn's dann soweit ist" Das war es dann.

Nach Hause zurückgekehrt, meldete ich meinem Freundeskreis Vollzug in Sachen beginnender Seefahrtskarriere und lud umgehend zu einer feuchtfröhlichen Abschiedsfeier, schließlich konnte jeden Moment das angekündigte Telegramm eintreffen. Dass in der christlichen Seefahrt die Uhren etwas anders tickten, hatte mir niemand vermittelt. Wir haben dann acht Wochen lang immer wieder mal sehr intensiv Abschied gefeiert, allmählich schmolz meine Barschaft dahin, dafür stiegen die Leberwerte.

Endlich, als ich schon fast nicht mehr daran glaubte, trudelte ein Telegramm ein, mit kurzem Text: DIENSTANTRITT MIT ALLEN EFFEKTEN 27.03.72 MS BURGENSTEIN = HALO BREMEN +.

Was bitteschön waren Effekten? Keine Ahnung, was das nun wieder sollte, aber der zum Dienst einberufene Seelord packte seinen Bundeswehr-Seesack, davon ausgehend, dass ein Seesack das allgemein übliche Verpackungsmöbel für Seeleute sei. An Bord stellte sich heraus, dass der frisch gestrickte Aufwäscher der einzige Verwender dieses Traditionsgepäcks war, Hein Seemann reiste 1972 schon mit Koffer und Reisetasche. Und übrigens, mit Effekten war lediglich meine persönliche Ausrüstung gemeint... Aber der Reihe nach.

Am 27. März stand ich wie angeordnet wieder vor dem Heuerstall im Bremer Hafen. Mit mir noch einige andere Gestalten, die aber im Gegensatz zu mir schon verdammt erfahren wirkten. Wir wurden alle in einen Kleinbus verfrachtet und zum Schiff gekarrt, der genaue Liegeplatz ist mir nicht mehr erinnerlich.

Tja, und da lag sie dann. MS „BURGENSTEIN", ein klassischer Stückgutfrachter, 1958 als Typschiff einer Serie von zunächst drei Schiffen in Dienst gestellt und mit 8.495 BRT vermessen. 147 Meter lang, 20 Meter breit, von einem 9.000 PS-Diesel angetrieben. Platz für 10.900 Tonnen Fracht und neun Passagiere.

Nicht gerade ein Riesenschiff, aber mir kam es im Moment gigantisch vor. Schwarz gestrichener Rumpf, weiße Aufbauten, ein gewaltiger Schornstein in Ockergelb mit der schwarzweißroten Hapag-Schornsteinkappe. Und jede Menge Masten, eine andere Bezeichnung für das umfangreiche Ladegeschirr war mir unbekannt. Der Zossen war gerade von einer Mexiko-Reise via Antwerpen und Rotterdam wieder nach Bremen zurückgekehrt und sollte nun zunächst nach dem Löschen der Ladung in Bremerhaven eindocken. Apropos Zossen, an jenem Tage kannte ich diesen Begriff noch gar nicht und sprach hochachtungsvoll nur von einem Schiff. Für den Seemann aber ist jeder ‚Dampfer' ein ‚Zossen', ein ‚Schlorren', ein

‚Zarochel', ein ‚Eimer', alles Mögliche, aber kein Schiff.

Nun also die ersten Schritte in diese neue Welt. Mit leichter Verzögerung, wir mussten an der Gangway kurz warten, weil die Wasserschutzpolizei gerade zwei Typen in Handschellen an Land schleppte. Einer davon war mein Aufwäscher-Vorgänger, wir mir später erklärt wurde. Die beiden hatten vor der Ausreise irgendetwas ausgefressen und waren schon beim Einlaufen sehnlich erwartet worden...

An Deck zerstreuten sich die mit mir eingetroffenen Crew-Mitglieder in Windeseile und „der Neue" stand dumm in der Gegend herum.

Anscheinend war ich der Einzige, der nicht wusste, wo er sich hinzuwenden hatte. Irgendwann erbarmte sich jemand meiner und fragte „ Als was steigst'n du ein?" – „Aufwäscher" – „Ach so, also dann, erste Reise oder was?" – „Jou" – „Na, dann geh mal hoch zum Chiefmate und gib dein Buch ab, der verklickert dir alles Weitere." – „Und wo find' ich den?" – „Na, 3. Deck, Steuerbord Vorkante, Kannste nich' verfehlen!" Konnte man doch, völlig frei von Ahnung stolperte der Anfänger in den Aufbauten herum und landete dann nach einigem Suchen schließlich doch noch beim Gesuchten. Keine Ahnung, warum der damals die Bücher einsammelte, normalerweise ist das der Job des Pursers. In späteren Jahren als Funkoffizier war das meine Aufgabe.

Besagter Chiefmate (*1.Offizier*) nahm mich kaum wahr, ein Aufwäscher war in der noch sehr traditionellen Hierarchie beim Lloyd am unteren Ende der Skala angesiedelt. Auf der Crewliste waren 48 Mann aufgeführt, der Aufwäscher agierte unter der Nummer 48 und stand damit in den Augen eines 1. Offiziers wohl auf der gleichen Hierarchieebene wie eine Küchenschabe. So, wie der mich anguckte, betrachtet man normalerweise eine Schmeißfliege, die unvermutet auf dem Tellerrand auftaucht. Mein Auftritt war äußerst kurz, dann schickte mich seine Eminenz zur weiteren „Behandlung" in Richtung Mannschaftsmesse, was wieder eine längere Such-Expedition in den Aufbauten zur Folge hatte.

Seefahrtbuch mit An- und Abmusterungsvermerk

Dort wurde mir zum ersten Mal so etwas wie richtige Aufmerksamkeit zuteil. Der für diese Mannschaftsmesse zuständige Messesteward war Uwe, ein pickliger Jüngling von 18 oder 19 Jahren, und er war gewissermaßen mein unmittelbarer Boss. Für ihn war der Aufwäscher, na ja, vornehm ausgedrückt, eine Art Assistent. „Also Bernd, wir machen hier die Backschaft für die Mannschaftsmesse. Auch den Laden sauber halten und so. Und dann machst du jeden Tach die Kammern vom Scheich, vom Timmi, vom Storie und vom Chef!" „Hää?"

Dann die Übersetzung: vom Bootsmann, vom Schiffszimmermann, vom Storekeeper und vom Koch. Tragen die hier alle Künstlernamen oder was?

Mit Uwe zusammen bewohnte ich auch gemeinsam eine Kammer, eine ziemlich kleine Bude mit zwei übereinander liegenden Kojen, kleine Bank, Stuhl, zwei schmale Schränke, Waschbecken, das war's.

Klimaanlage gab es nicht, Toilette und Dusche in Indien (jenseits des Ganges).

Auf dem gleichen Gang waren auch die Unterkünfte anderer Mitglieder der „Kolonne Fress und Feudel". Neben uns wohnten die Kochsmaaten.

An Bord fuhren einige Stewards, Stewardessen und nachgeordnete Bedienungskräfte, dieses Bedienungspersonal rangierte unter dem abfälligen Begriff „Feudelgeschwader". Der Begriff „Feudel" kam mir bei der Seefahrt zum ersten Mal unter, bei uns in Hessen nennt man das „Butzlumbe". Und beim Bund war es ein Aufnehmer...

An der Spitze des Feudelgeschwaders stand der 1. Steward oder Chiefsteward, er bediente die Führungsspitze des Dampfers im Salon. In der Offiziersmesse agierten zwei Stewardessen, in der Mannschaftsmesse Uwe und sein ,Assistent'.

In der Kombüse wirkten drei Mann, ein Koch und zwei Kochsmaaten, der eine davon Bäcker und der andere gelernter Schlachter. Die Verpflegung war für meine Begriffe überraschend üppig, wer das unbedingt wollte, konnte sich hier dumm und dämlich fressen.

Für die Mannschaftsmesse war ich neben Uwe als Backschafter zuständig, Landratten würden es vielleicht „Kellner" nennen, für die Crew waren wir die „Messbüddels". Zu bedienen waren sämtliche Mannschaftsdienstgrade des Dampfers, Offiziere und vergleichbare Halbgötter waren meinen Blicken meistens entzogen, die tafelten in der Offiziersmesse und im Salon.

Die Mannschaften also. Da kannte man zwei Fraktionen, Deck und Maschine. Zur Deckscrew zählten der Scheich oder Bootsmann als Herr und Meister über den Decksbetrieb sowie seine Matrosen und Decksleute, überwiegend Deutsche, ein Spanier und drei Türken. Die Jungs unterschieden sich durch die Ausbildung, Matrosen waren gelernte Facharbeiter, die Decksleute ungelernte Hilfskräfte. Einer der Matrosen war für das Kabelgatt (*Aufbewahrungsraum für Kabel, Drähte, Farben*) zuständig, agierte unter der Bezeichnung „Kabel-Ede" und war auch so etwas wie der „erste Matrose" an Deck. Ebenfalls in einer Art Meisterebene, wenn auch nicht so hervorgehoben wie der Bootsmann, arbeitete der „Timmi", der Schiffszimmermann. Solche Kähne wie die BURGENSTEIN führten ziemlich viele Holzkomponenten in den Aufbauten und im Decksbetrieb, so hatte sich dieser Traditionsberuf noch bis in die Siebziger Jahre gehalten. Später fuhr man dann Decksschlosser, Holz an Bord starb aus. Besagter Timmi hatte bei den damaligen Besatzungsstärken noch einen „Juzi", einen Jungzimmermann als Mitarbeiter. Lang ist's her.

Neben dieser Decksgang gab es die Maschinisten. Die hatten auch einen Vorarbeiter im Meisterstatus, den Storekeeper alias „Storie" (*Lagerhalter*). Seine Leute waren entweder Motorenwärter oder Motorenhelfer. Erstere, allgemein als „Schmierer" bezeichnet, hatten teilweise abgeschlossene Berufsausbildungen im Metallbereich, die Helfer, genannt „Reiniger", waren in der Regel Ungelernte.

Weiterhin saß in der Crewmesse der „Eisbär", ein Kühlraummechaniker. Das Schiff verfügte für temperaturempfindliche Ladung über eine begrenzte Kühlraumkapazität, der Eisbär war für das Funktionieren der Kühlung verantwortlich.

Eine Besonderheit auf diesem Frachter war die Ausbildungsgruppe. Zehn Decksjungen inklusive Ausbildungsbootsmann waren eingeschifft, sie absolvierten ihr erstes Lehrjahr für den Matrosenbrief. Junge Kerle, so um die sechzehn, die benahmen sich auch so und fraßen dank häufiger Arbeit in frischer Luft wie die Haie, was uns Messbüddels zu deutlicher Mehrarbeit verhalf.

Und dann saß in unserer Messe noch ein einsamer Chinese herum. Damals gab es ihn noch, den „Max" bei Hapag, den „Fritz" beim Lloyd. Traditionell fuhr man Chinesen für den Betrieb der Bordwäscherei, Wäsche fiel ja auf diesen „Style-Dampfern" mit Passagieren und kopfstarken Besatzungen genügend an. Da die Seeleute nicht im Traum daran dachten, sich chinesische Namen zu merken, wurden die Chinesen mal Fritz, mal Max genannt. Übrigens waren das keine Reederei-Mitarbeiter, die wurden ausgeliehen, ihr Boss war irgendein ominöser „Oberchinese", der seine Wäscher an die Reedereien vermietete. Dieses tolle Geschäftsmodell wird heute in weiten Teilen von der deutschen Wirtschaft kopiert...

Die Offiziersmesse habe ich während der gesamten Reise nicht betreten. Wie schon gesagt, Hierarchieebene Küchenschabe. Dort nahmen ein zweiter und ein dritter nautischer Offizier, drei Schiffsingenieure in gleicher Zählweise, diverse nautische und technische Offiziersassistenten, ein Elektriker und ein Funker ihre Mahlzeiten ein. Diese Würdenträger wurden aber nie so genannt, ein nautischer Offizier war ein ‚Steuermann', ein ‚Mate', ein ‚Stürmann'. Wobei der Steuermann das Schiff nicht steuerte, diese Tätigkeit oblag dem Rudergänger. Und der war schlicht ein Matrose, der nach strikten Anweisungen des Steuermanns, Kapitäns, Lotsen oder wer sonst gerade das Schiff fuhr, den Zossen lenkte. Schiffsingenieure waren ‚Ings'. Der Elektriker hieß ‚Blitz', der Funker ‚Sparks', ‚Sparky', ‚Funkrat', ‚Purser', kein Mensch sprach vom Funkoffizier. Nautische Offiziersassistenten hießen ‚NOA', ‚OA', oder ‚Oase'. Die technischen vergleichbaren Dienstgrade waren ‚Assis', Einzahl ‚Assi'. Es dauerte einige Zeit, bis ich keines Dolmetschers mehr bedurfte.

Auf einem anderen Planeten, zumindest aus meiner Perspektive, befand sich der ‚Salon', dort speisten die drei „Eisheiligen", also der Kapitän, der erste Offizier oder ‚Chiefmate' und der Leitende Ingenieur cder ‚Chief'. Sollten Passagiere mitreisen, und das war in der Regel auch der Fall, wurden auch sie im Salon verpflegt.

Meinen Job hatte ich nach kurzer Einweisung zu verrichten, mehr Ausbildung war auch nicht notwendig, das lief nach dem Motto: „Feudeln und Geschirrspülen kann jeder Depp!" Ab sofort war ich der Kommandant der Geschirrspülmaschine. Präziser formuliert, ich war die Geschirrspülmaschine, eine solche gab es nämlich an Bord nicht. Trotz meiner verzweifelten Bemühungen wollte der Geschirrberg nicht schrumpfen, irgendwann kam es mir so vor, als ob die Crew ununterbrochen mit Nahrungsaufnahme beschäftigt sei. Morgens in aller Frühe wird umfangreich gefrühstückt, und das hieß nicht nur Brötchen, Butter, Marmelade, auch ein warmes Gericht war Bestandteil der ersten Tagesmahlzeit. Zumindest Eier in allen Varianten, gebacken, gerührt, gekocht, gekrault und weiß der Geier, was noch. Die nannten das „Eier nach Wahl", bei den Mengen, die da verdrückt wurden, sah es mir eher wie „Eier vom Wal" aus. Um 10:00 Uhr war „Smoketime", die ganze Truppe rückte an und schlürfte Kaffee, den der Aufwäscher zu kochen hatte. Mittags volles Lunch-Programm mit drei Gängen, und das hatte gefälligst flott zu gehen, die Gang hatte nicht ewig Mittagspause. Nachmittags „Coffeetime", wobei die Janmaaten nicht nur den bereitgestellten Kaffee weg pumpten, sondern sich noch zwischendurch ein paar Brote schmierten und in wenigen Minuten die gerade mal frisch gereinigte Messe wieder einsauten. Abends dann kalte Platten mit Wurst und Käse, und auf dass niemand den Hungertod erleide, gab es auch da eine warme Mahlzeit dazu. Mit entsprechendem Spülaufwand, vor 19:00 Uhr kamen wir nicht aus der Pantry. Wenigstens die erste Zeit nicht, gewisse Kniffe und Tricks musste man sich noch aneignen.

Noch in der Nacht nach meinem Einstieg legte die BURGEN-STEIN in Bremen wieder ab und verholte nach Bremerhaven. Ich lag bereits in der Koje, als der ganze Kasten anfing zu vibrieren und zu grummeln. Ich sprang in die Hose und hetzte nach draußen, der in der gleichen Kammer nächtigende Uwe tippte sich an die Stirn. Dann stand ich an der Reling und war fast enttäuscht, wie unspektakulär alles ablief. Ein Greenhorn geht auf Reisen...

Am frühen Vormittag des Folgetages wurde das Schiff in der Hapag-Lloyd-Werft in Bremerhaven eingedockt.

Man rechnete mit einer Woche Werftliegezeit, danach sollte der Dampfer in der Kanada-Große Seenfahrt eingesetzt werden. Umfangreiche Überholungsarbeiten standen an, für die Messbüddels machte das aber wenig Unterschied zum normalen Betrieb. Wir spülten, deckten auf, deckten ab, putzten Kammern und Gänge, und der Frischling hatte darüber hinaus alle Mühe, sich in dieser neuen und fremden Welt zurechtzufinden.

MS BURGENSTEIN, eingedockt in Bremerhaven

Möglichkeiten, Mist zu bauen, gab es in Hülle und Fülle, wie ich bald feststellte. Uwe hatte mich nach dem Mittagessen mit der „Fullbrass" nach achtern geschickt. Das war ein ziemlich großer Kübel voller Speiseabfälle, die dort in eine Müll-Luke entsorgt werden sollten. Normalerweise wurden Abfälle aller Art damals einfach über die Reling gekippt, Umweltschutz war als Begriff noch weitgehend unbekannt. Nur für die Hafenliegezeiten gab es achtern einen Abfallraum, der dann später auf See wieder ausgespült wurde. „Bring den Schiet mal wech, achtern auf'm Poopdeck is 'so 'ne Klappe. Machste auf und feuerste alles da rein." So lautete mein Auftrag. Also Abmarsch mit der reichlich schweren Tonne, Niedergänge runter, übers Deck, Niedergang hoch (egal, ob hoch oder runter, an Bord ist jede Treppe ein Niedergang) und da war eine Klappe. Stand sogar schon offen. Ich holte gerade mit Schwung aus, da waren da unten Stimmen zu vernehmen. Kurzer Blick in die Luke, hoppla, da standen der Scheich und der Kabel-Ede fröhlich ins Gespräch vertieft. Das war nicht die Müll-Luke, sondern irgendein anderes Verlies. Wäre eine Superreise geworden, wenn ich den beiden den ganzen Abfall übers Haupt gekippt hätte.

Im Trockendock einen Tag später der nächste Fauxpas.Schiffstoiletten waren auf diesen alten Pötten wohl schon an Fäkalientanks angeschlossen, der Dreck wurde dann aber einfach ins Meer gespült. Aus einem mir damals nicht bekannten Grund war die Benutzung der Toiletten im Dock nicht möglich, man musste über einen Steg rüber an die Dockskante und die dort installierten Toiletten aufsuchen. War jedem sonnenklar, mir aber nicht. An Bord war auch alles abgeschlossen und die Toilettentüren entsprechend beschildert, ausgerechnet auf meinem Gang war es wohl vergessen worden. Ich suchte also jenes Örtchen auf, drückte mir einen beachtlichen Kupferbolzen aus dem Kreuz und betätigte die Spülung. Kurz danach drangen von draußen, von den bereits am Schiff errichteten Stellagen, deutliche Unmutsäußerungen durchs Bulleye herein. Später hörte ich dann in der Messe den Bootsmann sagen: „Die Werftgrandis sind stocksauer, irgendeine blöde Sau hat denen direkt vor die Füße auf die Stellage geschissen, möchte wissen, welcher Dödel da nicht lesen kann..." Jetzt war Mund halten angesagt. Nichts zugeben, was nicht bewiesen werden kann!

Um aber mitreden zu können, musste ich ganz flott den allgemeinen Sprachgebrauch verinnerlichen. Backbord und Steuerbord waren nicht das Problem, von Luv und Lee hatte ich auch schon gehört, vorn und achtern waren mir ebenfalls klar. Dass eine Back aber sowohl ein Tisch als auch der ganz vorne und höher gelegene Decksabschnitt ist, muss man erst mal wissen. Verballhorntes Englisch war sprachlich stark vertreten, die Leute an Bord waren die „Piepels". Hier noch einige Beispiele an seemannssprachlichem Allgemeinwissen: Verpasst ein Sailor das Auslaufen des Schiffes, dann ist er *„achteraus gesegelt"*. Wird er aufgrund dessen gekündigt, bekommt er *„einen Sack"*. Danach packt er keinen Koffer, sondern seinen *„Zampelbüddel"*. Werden Überstunden geleistet, spricht der Janmaat vom *„Zutörnen"*, steigt er mit einer Dame in die Koje, spricht er von *„Eintörnen"*. Besagte Dame wird auch gerne mal *„Schlitzmatrose"* genannt. Und zum *Eintörnen* zog der Maschinist nicht den Overall, sondern das *„Kesselpäckchen"* aus.

Sämtliche Arbeitsvorgänge trugen für mich fremde Bezeichnungen, da wurde *gefeudelt, gehievt, gefiert, gemalt, gelenzt, gebunkert, gepönt*, ich könnte minutenlang weiter aufzählen. Weiß ein Leser vielleicht, was *„labsalben"* bedeutet? Ich wusste es damals auch nicht. (*labsalben = Eisenteile und Drähte der Takelage gegen Rost konservieren*).

Einer der vordersten Räume, vor dem ersten Kollisionsschott des Schiffes, ist die *„Vorpiek"*. Pinkelt der Seemann, nennt er das *„Vorpiek lenzen"*. Mir flogen die Insider-Vokabeln nur so um die Ohren, merkwürdigerweise blieben die Ferkeleien besonders gut im Gedächtnis erhalten.

Während der einwöchigen Werftliegezeit ging es reichlich turbulent her. Wie sich nun zu meiner Überraschung herausstellte, war die endgültige Besatzung für die Anschlussreise noch gar nicht an Bord. Wenn die Schiffe von ihren Linienreisen zurück nach Europa kamen, liefen sie ja in der Regel Antwerpen, Rotterdam, Bremen und Hamburg an, auf Ausreise von Hamburg dann wieder Bremen, Rotterdam, Antwerpen. Um der Stammbesatzung einige Urlaubstage zu ermöglichen, bot die Reederei für diese Küstenreise Ablösung durch so genannte Hafenablöser an. Traf der Kahn dann ausgehend wieder in Antwerpen ein, wurde erneut ausgewechselt, und die Jungs von der Stammbesatzung waren dann 10 oder 14 Tage zu Hause gewesen. So befanden sich auch hier jede Menge Urlaubsvertreter bzw. Hafenablöser an Bord, viele davon im Pensionsalter. Außerdem gab es eine gewisse Fluktuation, einige neu eingestiegene Maaten befanden, dass sie auf diesem Zossen doch nicht fahren wollten und stiegen einfach wieder aus. Oder ein Vorgesetzter war der Meinung, dass er mit diesem oder jenen Mann nichts anfangen könne – mangels Eignung oder wegen zuviel Durst – und schickte den Betreffenden wieder nach Hause. Eine neu angemusterte Stewardess war auch ganz schnell wieder weg, und das war Paul Steffens zu verdanken.

Paul Steffens war der Koch, ebenfalls ein Urlaubsvertreter. Paul war beim Norddeutschen Lloyd eine legendäre Erscheinung, stolze 74 Jahre alt und fuhr immer noch gerne als Hafenablöser. Und außerdem war er meines Erachtens die größte Pottsau, die mir bis dahin begegnet war. Nicht im Bezug auf seine Kombüse, da war alles tipptopp. Aber der Gute war völlig übersexualisiert, zentrales Gesprächsthema war der menschliche Fortpflanzungsakt in allen Varianten. Während die Kochsmaaten die Mahlzeiten zubereiteten, widmete sich Paule hingebungsvoll dem Studium dänischer Pornomagazine und kommentierte ausführlich deren Darstellungen. Vermutlich war in seiner Vorpiek schon lange Ruhe eingekehrt, aber im Kopf hatte er es noch. Einmal sah ich ihn in der Kombüse in der Ecke sitzend und ganz versunken mit einer Handarbeit beschäftigt. Bei der nächsten Abholung einer Mahlzeit wurde mir stolz das Ergebnis seiner Bemühungen präsentiert, er hatte in eine große geschälte Kartoffel eine Vagina geschnitzt, sehr filigran und authentisch, auch die Schamhaare, dargestellt durch Petersilie, fehlten nicht. Vagina nannte er es übrigens nicht, er drückte sich da etwas herber aus. Paul war ganz stolz auf sein Werk und schleppte die Kartoffelvagina dann tagelang mit sich herum, bis sie unansehnlich wurde.

Eines Abends wurden zu den kalten Platten noch Würstchen mit Kartoffelsalat zubereitet. Die gerade erst neu und übrigens zum allerersten Male eingestiegene Salonstewardess brachte die Platten für den Service in die Kombüse, für die drei Eisheiligen wurde sogar auf Silbergeschirr serviert, für die Offiziere feineres Porzellan mit Reedereiwappen, für die Crew dann eine schlichtere Variante. Kaum war das Mädel wieder weg, schnappte sich Paule eine der Platten, wühlte seinen Penis aus der Hose und auf die Platte, klatschte etwas Kartoffelsalat dazu, garnierte das Ganze mit einem Salatblatt und wartete. Die Kochsmaaten, Uwe und ich warteten ebenfalls, das durfte man sich auf keinen Fall entgehen lassen.

Die Stewardess erschien, um ihre Platten abzuholen. Paule steht da, Platte vorm Bauch und kräht fröhlich: „Hier, mien Deern, dat Würstchen für'n Kaptein!" Sie wollte gerade zugreifen, als sie die Situation realisierte. Schriller Aufschrei, irgendwas, das wie „alte Sau" klang, dann ein überstürzter Abgang der Stewardess.

Paul verstaute ungerührt seine Genitalien und ließ alle Beweise verschwinden. Minuten später stand der Chiefmate in der Tür. „Herr Steffens, was war hier los?" – „Wie, wat soll denn lous sein?" Dem Ersten dämmerte ziemlich schnell, dass er mit seinen Ermittlungen an die Wand fahren würde, er trat den Rückzug an. Am folgenden Morgen hatte die Stewardess abgemustert...

Die Werfttage vergingen wie im Flug, so nach und nach trudelten Teile der Stammbesatzung wieder ein, die Letzten würden in Antwerpen wieder zusteigen. Mein Boss, der Chiefsteward, ging auch, an seine Stelle trat eine Chiefstewardess.

Inzwischen war ich guten Mutes, mit der Besatzung klar zu kommen. Der Bootsmann war ein sehr agiler drahtiger Bursche mit einem trockenen Humor, Timmi und Storie waren auch gemütliche Vertreter, und die ganze Decks- und Maschinengang hatte kein Problem mit mir als Neuling. Von den noch zu erwartenden Leuten der Stammcrew wurde auch nur Gutes berichtet, von mir aus konnte es losgehen. Aber Aufwäscher werden in der Regel nicht konsultiert, wenn es um die Festlegung des Auslauftages geht.

Natürlich nahm ich auch schon an einigen Landgängen in Bremerhaven teil. Noch keine Meile zur See gefahren, aber schon Landgang und auf dicke Hose machen. Meine neuen Kollegen schleppten mich die Rickmersstraße hoch und runter und zeigten mir alles, was ein Neueinsteiger ihrer Ansicht nach zu wissen hatte. Um nicht gleich auf meine Heuer angewiesen zu sein, war ich mit 400

Mark in der Tasche nach Bremen gereist, 1972 war das noch eine brauchbare Summe. Nach der Werftliegezeit war das Geld weitgehend weg, ich hatte fast alles auf den Kopf gehauen, aber auch 'ne Menge Spaß gehabt...

Reichtümer konnte man als Aufwäscher nun wirklich nicht erwarten, die Grundheuer lag so bei 380 Mark. Ausschlaggebend waren wie bei allen anderen Mannschaften auch die Überstunden, und die gab es beim Feudelgeschwader reichlich, man kam in meiner Funktion schon auf ca. 700 oder 800 Märker.

Die Zeit im Trockendock verlief in meinen Augen chaotisch, an allen möglichen Baustellen im Schiff wurde Tag und Nacht gearbeitet, unzählige Piepels liefen an Bord herum, es war mir manchmal nicht ersichtlich, wer zur Crew und wer zur Werft gehörte.

Nach einer Woche waren die Werftarbeiten abgeschlossen und es wurde ernst. MS BURGENSTEIN sollte nun in den Häfen längs der Nordsee Ladung einsammeln und dann über den Nordatlantik in das Zielgebiet Kanada – Große Seen fahren. Die geplanten Anlaufhäfen und die dortigen Agenturadressen wurden uns mit einem Postzettel ausgehändigt, den wir dann umgehend an die Lieben zuhause weiterleiteten. Zu den schon erwähnten Ladehäfen kam noch Grangemouth in Schottland dazu, dann sollte es über den Atlantik gehen. Auf der anderen Seite des großen Teiches würden wir in den St.Lorenz-Strom zunächst nach Montreal und anschließend über den Ontariosee nach Toronto fahren. Weitere Häfen waren nach dem Passieren des Welland-Kanals Cleveland und Toledo am Eriesee, danach sollten noch Detroit sowie Bay City am Huronsee und Chikago am Michigansee bedient werden. Auf der Rückreise wurden die gleichen Häfen wieder angelaufen, um Ladung für Europa zu übernehmen.

Für mich war dieses Fahrtgebiet nicht gerade ein Volltreffer, den Norden der USA kannte ich ja schon ein wenig, meine Vorstellungen gingen mehr so in Richtung Palmen, Rum, braune Damen. Seefahrt ist aber das ziemliche Gegenteil eines Wunschkonzerts, also bitte, dann eben ‚Große Seen'.

Eines schönen Nachmittags dockten wir aus, und ab ging's nach Hamburg. Zum ersten Mal erlebte ich, wie ein Seeschiff so richtig zum Leben erwacht. Die Bewegungen, das Wummern des Diesels, die allgegenwärtige Vibration, das ununterbrochene rhythmische Klirren in meiner Pantry, Knacken, Knistern und Scheppern ohne Unterlass. Die Nordsee in jenen Apriltagen zeigte sich recht unfreundlich, grauer Himmel, ruppiger Seegang, nasskalt. Prompt stellte sich die Seekrankheit ein, natürlich genau zu Abendessenzeit. Mit kaltem Schweiß auf der Stirn wackelte ich zwischen Kombüse und Messe hin und her und durfte Spiegeleier mit Spinat servieren, alleine der Essensgeruch ließ mich permanent würgen. Kabel-Ede schaute mich kurz an und fragte: „Sach ma', biste in meinen Teller gefallen?" – „Nö, warum?" – „Weil du genauso grün bist wie der Spinat!" Ach so...

Die Seekrankheit machte mir während der Küstenreise noch einige Tage zu schaffen, man ist ja als Messbüddel auch permanent den Speisegerüchen augesetzt, da schlägt ein empfindlicher Magen erst recht Purzelbäume. Irgendwann stellt sich aber doch ein Gewöhnungseffekt ein, und dann wechselt die Gesichtsfarbe wieder von lindgrün in schweinchenrosa. Gott sei dank, sonst hätte ich die ganze Seefahrt gleich unter „Erledigt" abheften können. Es lag nicht in meiner Absicht, mich pausenlos rund um den Globus zu kotzen.

Die BURGENSTEIN befuhr nun die sogenannte „Rotterdam-Antwerpen-Range". Arbeitsame Tage für die Decksbesatzung, Einlaufen, Festmachen, Luken öffnen, Bäume stellen, dann das Ganze wieder in umgekehrter Folge, Auslaufen und schon der nächste Hafen. Zu den erwähnten Abfütterungszeiten kamen die Maaten in die Messe geschlurft, feuerten die Arbeitshandschuhe in die Ecke und erwarteten prompten Service. Wehe dem Messbüddel, der dann vor sich hin pennt. Zumal ein Großteil der Typen alles andere als harmlos wirkte, da lagen tätowierte Unterarme auf der Tischplatte, die eher an Kanalrohre erinnerten.

Liegezeiten waren üppig in jenen Tagen, das Schiff lud konventionelles Stückgut mit entsprechendem Zeitaufwand. Einige Container nahmen wir als Decksladung an Bord, diese Transportkisten waren in der Seeschifffahrt noch verhältnismäßig neu, Jahre später würden sie die gesamte Branche revolutioniert haben.

Zum ersten Mal kam ich in Rotterdam wieder an Land, einige Stunden verbrachten wir in einer Kneipe mit Namen ‚Wallenstyn'. Uwe vergatterte mich aber zur Zurückhaltung, die Kneipe war Hansa-Territorium, also die Heimstätte der Seeleute von der Bremer Reederei DDG Hansa. Lloydfahrer waren dort nur geduldet. Hängte man sich da zu weit aus dem Fenster, gab's was aufs Maul. Originalzitat Uwe.

Mit Landgang war das so eine Sache, möglich war er für uns Messeheinis erst am Abend nach erfolgter Abfütterung aller Raubtiere und anschließender Messe- und Pantryreinigung. An der Gangway hing eine Tafel mit der voraussichtlichen Auslaufzeit, im Übrigen wurde die Rückkehr vom nächsten Dienstbeginn bestimmt. In den ständig angelaufenen Häfen hatten die Jantjes meistens eine ‚Stammkneipe', die sie häufig als ureigenstes Territorium betrachteten, Devotionalien der eigenen Reederei wie die Kompanie-Flagge oder Aschenbecher in der Schornsteinfarbe der Firma zierten die Theke, Schiffsbilder des Unternehmens die Wände und die Piepels hatte so in jedem Port ein eigenes „Zuhause".

Das war dann das Basislager aller Unternehmungen, von hier aus wurden die Fühler in andere Bereiche ausgestreckt, mal ein Fressladen heimgesucht, die Nuttengasse inspiziert und nicht ganz so häufig auch die Sehenswürdigkeiten der Hafenstädte besichtigt. Am Schluss landeten die meisten Sailors wieder in der „Reederei-Kneipe". Die Leute auf den Linienfrachtern hatten so ein weltweites Kneipennetz gespannt und fanden überall ihr kompanieeigenes Wohnzimmer vor.

Antwerpen bescherte mir auch ganz neue Erkenntnisse, dort gab es nämlich Damenbesuch der dritten Art. Einige Maaten hatten die Bars in der Umgebung des Liegeplatzes abgeklappert und ein paar etwas abgegriffene Schönheiten zu einem Besuch auf unserem Kahn überredet. Zunächst gab es da Verteilungsprobleme, im Mannschaftsdeck waren überwiegend Zweimann-Kammern, und die Ladys wollten keine Zuschauer oder gar Turnübungen mit mehreren „Mackern" akzeptieren. Nach einigem Palaver hatten sich die Paare irgendwie verteilt, und es ging zur Sache. Ich kam gerade von einem kurzen Barbesuch zurück und steuerte meine Kammer an, als plötzlich eine wild kreischende nackte Frau mit wehendem Penis an mir vorbeiraste, der Schlachter fluchend achtern ran, wobei er bei jedem Schritt eines ihrer Kleidungsstücke hinter ihr her schleuderte. Irgendwie hatte er sich einen Transvestiten eingefangen und das erst gemerkt, als er die Überraschung ausgepackte. Später hörte ich, dass auch einige andere Janmaaten voll daneben gegriffen hatten, man war halt in der falschen Kneipe gewesen. Antwerpen war wohl in jenen Tagen bekannt für seinen „Trafo-Strich", immer wieder mal irrten sich Seeleute bei der Damenwahl und reagierten dann entsprechend angefressen.

Grangemouth hieß der letzte Anlaufhafen an der europäischen Küste. Die schottische Hafenstadt liegt an der Mündung des Flusses Carron am Ufer des Forth und machte auf mich nicht gerade einen einladenden Eindruck, auf einen Landgang habe ich dann verzichtet. Abends spät konnte man auf einmal wieder allerhand Gegacker und Gejauchze auf den Gängen vernehmen, schottische Weiblichkeit gab sich die Ehre. Die Damen waren aber wirklich von erlesener Hässlichkeit und außerdem in erster Linie an alkoholischen Getränken interessiert, trotzdem fanden sich Piepels, die sich auf den Deal „welkes Fleisch gegen eine Buddel Schluck" einließen. Zu meiner Verblüffung gebärdeten sich zwei der zur Ausbildung eingeschifften 16jährigen Decksjungen besonders aktiv, die witterten eine reelle Chance, Erfahrungen zum Dumpingpreis zu sammeln. Eigentlich zählte es zu den Aufgaben des Ausbildungsbootsmannes, seine Schützlinge vor solchen moralischen Entgleisungen zu bewahren. Aber der hatte selbst so eine Schabracke auf seiner Kammer und konnte ja auch nicht überall gleichzeitig sein.

Voll beladen machte sich die BURGENSTEIN nun auf den Weg über den Atlantik, vor uns lagen gute 3.000 Seemeilen bis zum Erreichen des ersten Löschhafens, runde acht Tage sollte die Überfahrt dauern. Ich kann mich nicht erinnern, während der ganzen Atlantiküberquerung einmal so etwas wie blauen Himmel gesehen zu haben. Graues unfreundliches Wetter, raue kabbelige See.
Inzwischen war ich so leidlich seefest geworden und konnte weitgehend unbeeinträchtigt meinen täglichen Aufgaben nachgehen. Ich putzte, feudelte, reinigte Kammern, schleppte Teller, spülte Geschirr,

und fing nach Abschluss dieser Arbeiten gleich wieder von vorne an. Dabei hatte ich noch einen der komfortableren Jobs, die Decksmannschaft war bei Wind und Wetter draußen mit irgendwelchen Wartungsarbeiten befasst, die Maschinenleute schufteten in ihrem überhitzten „Fettkeller" und unsereiner spülte lediglich Geschirr.

MS Burgenstein auf dem Nordatlantik

Von den seemännischen Tätigkeiten an Bord waren die Messbüddels ja ausgeschlossen, aber die vielen abendlichen Schnack-Runden mit den Matrosen und „Maschinesen" erschlossen mir auch diese Welt immer ein bisschen mehr. Auf den Schiffen in dieser Zeit gab es nach dem abendlichen Dienstende noch ein reges Gesellschaftsleben, dabei musste man aber gewisse Grundregeln beachten. Die Kammertüren verfügten über einen Haken, eine Art Abstandshalter, um die Türen auf einige Zentimeter Öffnung zu fixieren. Geschlossene Tür bedeutete Draußenbleiben, der oder die Bewohner wünschten nicht gestört zu werden. Tür auf Haken hieß „Besucher willkommen".

Und auf der BURGENSTEIN waren allabendlich viele Türen ‚auf Haken' gesperrt, irgendwo fand immer eine Party statt. Natürlich bildeten sich auch Cliquen, die mal in dieser, mal in jener Kammer tagten. Zumal fast jeden zweiten Tag, manchmal auch in Folge, die Uhr eine Stunde zurückgestellt wurde. Wir fuhren ja westwärts und hatten uns immer der jeweiligen Ortszeit anzupassen. Wenn ich also gegen 19:00 Uhr das Geschirrhandtuch an den Haken hängte, konnte ich davon ausgehen, dass es eigentlich erst 18:00 Uhr sei. Partytime.

Maßgebliches Hilfsmittel für diese gesellschaftlichen Aktivitäten war der schier unerschöpfliche Vorrat an Beck's-Bier, den die Chiefstewardess verwaltete und sukzessive an uns verhökerte. Und so kam die Crew eines Abends auf die glorreiche Idee, einen Beck's-Bier-Club zu gründen. So frei nach dem alten Motto: „Wo mehr als zwei Deutsche zusammenhocken, gründen sie einen Verein." Die Sache wurde mit germanischer Gründlichkeit organisiert, die Reiniger und Schmierer bastelten aus Kupferblech kleine Anstecknadeln in der Form des auf jedem Flaschenetikett abgebildeten Brauereiwappens, und diese waren dann unter allen Umständen bei Tag und bei Nacht zu tragen. Nichtbeachtung hatte eine Kiste Bier als Strafgebühr zur Folge. Sitzungen des Clubs fanden zweimal wöchentlich in der Messe statt, dazwischen auch Spontankonferenzen auf den Kammern.

Junggrade und „Oldies" im Beck's Bierclub

Mitglieder waren innerhalb kurzer Zeit alle unteren Chargen, selbst ein Teil der Unteroffiziere. Einige Offiziere wären wohl gerne beigetreten, das sah man aber höheren Orts gar nicht gerne. Lediglich der Funker pfiff drauf und ließ sich häufiger als Gast blicken, natürlich mit 'ner Beck's-Kiste als Türöffner bewaffnet.

Besagter Funker war einer der wenigen Sparkys beim Lloyd, die noch mit einem Seefunksonderzeugnis fuhren. Die Reederei legte eigentlich Wert auf Offiziere mit den „richtigen" Befähigungszeugnissen und nicht auf solche mit verkürzter Ausbildung und Ausnahmegenehmigung. Aber der damalige allgemeine Funkermangel zwang auch den Lloyd zu Zugeständnissen. Dieser Sparks benahm sich auch nicht so abgehoben wie die meisten Streifenträger auf dem Schiff, von mir auf eine Besuchsmöglichkeit der Funkstation angesprochen, hatte er sich ganz selbstverständlich dazu bereit erklärt, dem Aufwäscher mal seinen Laden detailliert vorzustellen.

Anschluss bei den Piepels zu finden war das geringste Problem. Mit einer ziemlich deftigen Kodderschnauze gesegnet, fand ich schnell die richtige Wellenlänge im Umgang mit den Janmaaten. Recht bald zählte ich zu einer Clique mit dem Koch, dem Bäcker, einem Reiniger und ab und zu dem Kabel-Ede, auch der Eisbär schloss sich uns gelegentlich an. Ein gutes Verhältnis zum Eisbär hatte seine Vorteile. Seine primäre Aufgabe war eigentlich die Wartung und der sichere Betrieb der Kühlräume. Aber er betrachtete sich auch als „Ladungsbeauftragter" und klaute aus der Fracht alles, was für einen Seemann von Nutzen sein konnte. Wir fuhren ja noch herkömmliches Stückgut in Kasten, Kisten, auf Paletten, in Säcken und dergleichen. Auf dieser Reise hatten wir in Antwerpen unter anderem sehr hochwertige Weine geladen, Eisbär entnahm „Warenproben", wie er das nannte, und seine Gäste hatten natürlich Anteil an der Beute.

Ladungsdiebstahl war rechtlich gesehen ein glatter Kündigungsgrund, aber man musste ja erst mal erwischt werden. Der Eisbär meinte lakonisch: „Das nennt man Arbeitsteilung. Zunächst mal klauen die Hafenmalocher beim Laden. An Bord bin ich dran. Und beim Löschen mopsen die Docker wieder, was sie kriegen können. Den Rest kriegt der Befrachter, ein bisschen Schwund ist immer, Bruuhahahaha"! Er schüttete sich schier aus vor Lachen über seine eigenen Gedankengänge. Mit der flächendeckenden Einführung von Containern ist das Problem in dieser Form nicht mehr aktuell, die Crew kommt kaum noch an Ladung heran. Dafür verschwinden im Umfeld der Häfen manchmal ganze Container...

Besagter Eisbär war wirklich eine interessante Type, groß, breitschultrig und mit einem veritablen Rauschebart ausgestattet, sah er wirklich aus wie ein Grizzly im Kesselpäckchen.

Er wohnte gewissermaßen auf dem Schiff, zählte schon ein Jahr zur Stammbesatzung und hatte sich perfekt eingerichtet. Die Kammer hatte er mit einer Teakholz imitierenden Tapete ausgekleidet und damit eine gewisse Segelschiff-Atmosphäre geschaffen. Und die Partys auf seiner Bude waren legendär.

Als ich zum ersten Mal im Rahmen einer größeren Schluckspechteversammlung als Gast auf seiner Kammer weilte, fiel mir ein gerahmtes Foto an der Wand auf.

Ein begeistert grinsendes nacktes Weib posierte an einem Kanal, im Hintergrund fuhr ein Lloyd-Dampfer vorbei. Auf Anfrage erzählte er, dass er sich auf jener Reise an Bord dieses Schiffes befand, das Foto wurde vor zwei Jahren am Wellandkanal in der Nähe von Toronto aufgenommen. Ein cleverer Kanadier war auf die Idee verfallen, seine Freundin splitternackt am Kanal zu positionieren und dann mit den verschiedenen Schiffen im Hintergrund zu fotografieren. Später kreuzte er in Toronto an Bord auf und verscherbelte die Bilder für 15 Dollar pro Stück. Tolles Geschäftsmodell, die sabbernden Maaten rissen ihm die Fotos förmlich aus der Hand. Wir würden kurz vor Toronto diesen Kanal passieren, ich war finster entschlossen, ein solches „Schiffsfoto" zu erwerben, wenn der Typ auftauchte. Der kam aber dann nicht, die Freundin war es wohl leid geworden, nackt am Kanal herum zu hampeln, während hinter ihr ein Dampfer vorbei zog, wohl wissend, dass von der Brücke sämtliche Ferngläser auf ihren Hintern gerichtet waren.

MS BURGENSTEIN schob sich stetig weiter nach Westen vor, das Hämmern des Schiffsdiesels, das Grummeln und Rumpeln des ganzen Schiffskörpers, ein beständiges leichtes Stampfen und Rollen bestimmte unseren Alltag. Ich benötigte einige Zeit, um mich an das fortwährende Vibrieren, an die permanenten Bewegungen und die allgegenwärtigen Gerüche zu gewöhnen. Mein Alltag spielte sich überwiegend in der eng begrenzten Welt zwischen meiner Kammer, der Pantry und der Kombüse ab. Und wie schon gesagt, für die Unteroffiziere agierte ich noch als verantwortlicher „Raumpfleger", täglich waren ihre Kammern zu reinigen, die Kojen zu bauen und dergleichen mehr. Der Aufwäscher wurde so ziemlich mit den „niedrigsten" Tätigkeiten betraut, die an Bord eines Frachters zu vergeben waren. Was mir aber herzlich gleichgültig sein konnte, ich betrachtete das als „Durchgangsstation", hütete mich aber, diesen Umstand lauthals zu betonen.

Als wir uns nach einigen Tagen Neufundland näherten, trieben Growler auf der See, kleine Eisberge in immer dichterer Folge. Die erfahrenen Janmaaten hatten kaum ein Auge dafür übrig, aber für mich war das natürlich sensationell, wie nahezu alles, was sich hier so abspielte. Und dann war auf einmal vor uns ein kilometerbreites flaches Eisfeld.

Der Alte (inzwischen nannte auch der frischgebackene Aufwäscher den Kapitän so, jedenfalls, wenn er nicht in der Nähe war...) hielt aber unverändert Kurs, und wir pflügten in langsamer Fahrt hindurch. Ob das nun ein Risiko darstellte oder nicht, konnte ich in meiner seemännischen Unbedarftheit nicht beurteilen, aber so kam ich zu einigen spektakulären Fotos. Unsere fünf oder sechs Passagiere auch, und es wurde allgemein behauptet, dass der Alte nur aus diesem Grunde durch das Eisfeld gefahren sei.

Endlich erreichten wir nach acht Tagen die Mündung des St. Lorenz-Stromes und sahen…nichts. Pottendicker Nebel hüllte uns und das Festland ein, wir krochen in langsamer Fahrt nach Kanada hinein, ließen Quebec rechts liegen und machten schließlich in Montreal fest.

Meine erste Atlantiküberquerung per Schiff war beendet. Es sollten noch viele folgen…

Große Seen-Fahrt

Montreal

Am Abend des ersten Liegetages stellten wir beiden Messbüddels einen neuen Abwaschrekord auf, wir wollten ja frühstmöglich an Land gehen. Zu viert zogen wir los, die beiden Kochsmaaten, Uwe und meine Wenigkeit. Ich lernte, dass Landgang in fremden Häfen nicht unbedingt eine ganz leichte Angelegenheit ist, besonders wenn alle Beteiligten zum ersten Mal in diesem Hafen lagen. Wo ist es denn für den Seemann interessant? Und wie kommt man dahin? Gute Tippgeber waren gefragt, einige Piepels mit „Große-Seen-Erfahrung" befanden sich an Bord, aber deren Aussagen waren ziemlich widersprüchlich. Sehenswürdigkeiten kamen weniger in Betracht, wir arbeiteten am Tage, Zeit hatten wir erst am Abend. Daher ist es wenig erstaunlich, dass Landgänge häufig in Kneipen endeten. Taxifahrer waren die ersten Kontaktpersonen in fremden Ports, und die meinten es nicht immer ehrlich mit Hein Seemann. Man nannte den Namen einer Kneipe, die angeblich das Glück auf Erden verhieß, der Laden war in unmittelbarer Nähe des Liegeplatzes, was die Janmaaten aber nicht wussten, und schon kam man in den Genuss einer recht teuren und unergiebigen Stadtrundfahrt. So ähnlich verlief mein erster Landgang in Kanada.

Zwei Tage lagen wir in der Stadt, ein Teil der Ladung wurde gelöscht, darunter bedauerlicherweise das Weindepot unseres Eisbären. Und wieder hieß es „Leinen los" Richtung Toronto am Nordufer des Ontariosees.

Zunächst aber kamen wir mit dem Erreichen des Sees in das Gebiet der „Thousand Islands", einem Gewirr von unzähligen Inseln und Inselchen, viele davon mit beeindruckenden Villen bebaut. Hier hatte sich viel Geld angesiedelt, es wimmelt auch von Motoryachten aller Größen. Und merkwürdige Bauten gab es dort, so diesen Nachbau einer deutschen Burg.

Wann immer möglich, stahl ich mich aus der Pantry und versuchte, meine Eindrücke mit der Kamera festzuhalten.
Wir erreichten Toronto, damals schon eine Millionenmetropole. Die Liegezeit war etwas üppiger bemessen, Landgang war also dringend geboten.

Skurrilerweise landeten wir, das heißt neben mir der Koch, der Bäcker und Pipifax, der Reiniger, in einem bayerischen Schuppen mit Lederhosen-Combo, Kellnerinnen im Dirndl und viel „Humptata". Die kanadischen Gäste amüsierten sich wie Bolle, viele davon waren deutscher Herkunft und hatten (so wie es auch viele Deutschamerikaner tun) mittlerweile völlig verdrängt, dass nicht ganz Deutschland aus Bier saufenden Lederhosenträgern besteht.

Da saßen dann emigrierte Niedersachsen oder Saarländer mit einem Gamsbarthut aus Pappmachee auf der Rübe und grölten „Oans, zwoa Gsuffa". In unseren Augen war das reichlich grotesk, was da ablief. Besonders meine drei Kumpane sahen das so, die stammten alle von der Küste, und die weißblaue Partykultur war denen völlig suspekt. Lediglich die Maßkrüge fanden ihren Beifall. „Endlich mal 'n richtiges Maul voll Bier!", meinte Pipifax.

Irgendwann verließen wir diesen Tumult und streunten ein wenig in der Gegend herum, wir fanden noch einige nette Bars, kamen auch mit ein paar recht ansehnlichen Kanadierinnen ins Gespräch, die aber mit Seeleuten nichts am Hut hatten. Zumal gerade während einer solchen Kontaktaufnahme unser Motormann Pipifax sturzbesoffen vom Barhocker fiel, das war nicht so werbewirksam. Aber alles in allem war es ein unterhaltsamer Abend.

Am übernächsten Tag ging es dann weiter, auf uns wartete der Wellandkanal, der es den Schiffen erspart, die Niagarafälle herunterzufallen. Das war jedenfalls die Begründung, die Kabel-Ede für den Bau dieses Kanals lieferte. Erst dieser Wasserweg erschließt die weiter westwärts gelegenen Great Lakes für die Seeschifffahrt. Über eine Strecke von ca. 40 Kilometern überwindet er mit 8 Schleusen knappe 100 Meter Höhenunterschied. Für die Deckscrew und die Schiffsleitung bedeutete die Kanalpassage eine Schweinearbeit, Matrosen mussten in jeder Schleusenkammer mit dem Ladebaum an Land gehievt werden, um fest und wieder los zu machen. Wir passierten den Kanal an einem Sonntag, an den Schleusen befanden sich Tribünen wie auf einem Sportplatz, auf denen sich ganze kanadische Großfamilien eingefunden hatten. Schiffe gucken hatte hier wohl einen hohen Nennwert im allgemeinen Unterhaltungsangebot. Wir haben später noch ausgiebig diskutiert, wer bei der Besichtigung die Zoobesucher und wer die Affen waren. Alles eine Frage der Perspektive. Wobei die Janmaaten sehr gelassen damit umgingen, ihre Arbeit vor gut besetzten Zuschauertribünen zu verrichten. Wenn sich allerdings gutaussehende Weiblichkeit auf der Tribüne zeigte, löste dies allenthalben deftige Kommentare aus. Blieb zu hoffen, dass die wenigsten Kanadier des Deutschen mächtig waren.

Die dienstfreien „Piepels" geniessen die Kanalfahrt

Cleveland in Ohio war unser nächstes Ziel. Da dies der erste US-Hafen der Reise war, erlebte ich zum ersten Mal die überaus umständliche Einklarierungsprozedur der amerikanischen Behörden. Von der Einklarierung, also der grenzpolizeilichen und zollmäßigen Abfertigung eines Schiffes, hatte ich bis dahin nichts mitbekommen, das spielte sich im Salon zwischen den Behörden und dem Kapitän beziehungsweise dem Purser ab. Die Amis aber ließen die komplette Besatzung antreten und überprüften mit strenger Miene jedes Seefahrtsbuch samt zugehörigem Sailor. „Gesichtsparade" nannten die Piepels das.

Der ganze Auflauf zog sich mächtig in die Länge, immer wieder blätterte ein Immigration-Officer in seinem dicken Wälzer, der wohl alle in den USA unerwünschten Personen auflistete. Eisbär unterhielt mich während der Wartezeit mit Döntjes aus früheren Jahren, als man sich sogar von jedem Seemann anlässlich der Einklarierung das Geschlechtsorgan vorzeigen ließ, um tripperkranke Maaten herauszupicken. Erst als die Franzosen in Le Havre ein Passagierschiff mit zahlreichen US-Passagieren an Bord in gleicher Weise kontrollierten, wurde das entwürdigende Verfahren stillschweigend abgeschafft. Ich stellte mir diese Prozedur reichlich grotesk vor, da sitzt so ein wichtiger Gesundheitsbeamter im Salon, und der Reihe nach wedeln ihm die Sailors mit dem Schniedel vor der Nase herum.

Nach zwei Stunden war auch diese Gesichtsparade überstanden, wir durften Cleveland betreten. Genau in dieser Stadt war ich ein Jahr zuvor gewesen und diente mich meiner Clique als Guide an. Was nicht sehr zielführend war, soviel Ahnung betreffend der dortigen Sehenswürdigkeiten hatte ich nun wirklich nicht. Nach einiger Zeit landeten wir in einem Steakhaus, Amisteaks waren laut Aussage der Kollegen Kult bei jeder USA-Reise. Einer unserer Schmierer war zwar des Englischen kaum mächtig, aber finster entschlossen, sein Steak so zu ordern, wie er es aus zahlreichen Western-Storys kannte. „Hör ma'", lautete seine Ansage an die Waitress „you bring me mal ein Zwölf-Unzen-Steak, not bloody und mit Pilze!" Große Ratlosigkeit beim Bedienungspersonal. „I mean Steak with Pilze...Pepperlings and Champions, you know?" Ich griff dann unterstützend ein, und letztlich vertilgte er wie wir alle ein ausgezeichnetes T-Bone-Steak, und zwar ganz ohne Pepperlings und Champions.

Von Hafen zu Hafen arbeitete unser Dampfer nun den Fahrplan ab, nächste Station war Toledo.

Dort waren wir aber nur einen Tag, das Hafenviertel wirkte nicht so attraktiv, und ich blieb an Bord. Ähnlich sah es in Detroit aus, aber wir schwärmten wenigstens ein paar Abende aus, um die nähere Umgebung zu erkunden. Der Port war von Industriehallen, Lagergebäuden und heruntergekommenen Häusern umgeben, überwiegend Afroamerikaner lungerten an den Ecken herum, und alles machte damals schon einen heruntergewirtschafteten Eindruck. Scheinbar keine Kneipe weit und breit. War aber nicht so, nach den ersten drei Runden um den Block hatten die Jantjes schon eine zwar reichlich verkommene, aber immerhin geöffnete Kaschemme gefunden. Überhaupt habe ich damals schon und auch in den kommenden Jahren die unglaubliche Findigkeit der Seeleute bewundert. Wenn es um das Aufspüren von Kneipen und dem Sailor wohl gesonnene Damen ging, zeigten sich die Janmaaten als reinste Trüffelschweine. Ich bin heute noch überzeugt, dass der durchschnittliche Fahrensmann maximal eine Stunde benötigen würde, um in Mekka eine Bierbar und in Vatikanstadt einen Puff zu finden.

Besonders attraktive Ziele gab es in der unmittelbaren Nähe der Liegeplätze nie, die Hafengegend in diesen US-Ports wirkte in allen Fällen reichlich heruntergekommen. Das trifft aber gemäß meinen späteren Erfahrungen auf viele Häfen dieser Welt zu, verlässt der Seemann seinen Frachter, lernt er sein Gastland zunächst mal „von unten" kennen. Bars in Hafennähe waren in Ami-Land alle gleich. Meistens dunkle Läden, Licht fiel nur auf den Billardtisch, sofern vorhanden. In einigen Schuppen wurde Tabledance geboten, irgendein weibliches Wesen hampelte fast nackt auf einer Tresen-Bühne umher, da waren nur Schambereich und Brüste mit irgendwelchen Plastikaufklebern notdürftig abgedeckt, das Gesetz wollte es so. Um den Tresen hockten schweigend ein paar abgerissene Amis vor ihrem Flaschenbier, die Basecap nach achtern gezogen, und verfolgten stumm diese Darbietungen. Und ab und an steckte dann einer der Gäste eine Dollarnote in den kaum vorhandenen Slip der Künstlerin, die warf dem edlen Spender dann Blicke zu, die sie wohl für erotisch hielt, und weiter ging die „Show". Gab es dort Prostitution, wirkte sie eher abschreckend als anziehend.

Vieles in diesen heruntergekommenen Läden entsprach nicht dem, was man aus der deutschen Kneipenszene gewohnt war. Bier wurde grundsätzlich mit dem Adjektiv „icecold" beworben. Klar, die Brühe schmeckte so übel, dass sie nur nahe am Gefrierpunkt genießbar wurde. Bier vom Fass, also „Draft Beer", wurde teilweise mit Schläuchen direkt in die vor den Gästen stehenden Gläser gepumpt, Tankstellenbetrieb gewissermaßen. Und die Toiletten waren sensationell, man hockte in dem meist völlig versifften Toilettenraum vor begeistertem Publikum auf einem offenen Thron, Türen an den Kabinen fehlten sehr häufig. Ein Umstand, der bei den Sailors immer wieder für große Heiterkeit sorgte. Das ging soweit, dass sich Pipifax und der Bäcker beim Scheißen gegenseitig fotografierten, um dann mit den Bildern den Daheimgebliebenen den ‚American Way of Life' mal näher zu erläutern.

Natürlich existierten in den amerikanischen Städten auch Lokale mit weitaus besserem Niveau, dazu musste man aber schon ein wenig weiter in die City vordringen.

Letzte Häfen auf der Ausreise waren Bay City und Chicago. Unser Liegeplatz in Bay City befand sich in unmittelbarer Nähe eines Sportgeländes, vor uns hatte ein dänischer Dampfer festgemacht. Kaum waren wir fest, erschien eine Delegation der Wikinger-Crew und forderte uns zu einem Fußballmatch heraus. Das gab es häufiger, es wurden sogar von einigen Besatzungen Pokale ausgespielt, und es existierte eine Ranking-Tabelle mit den erfolgreicheren Besatzungen. Dazu zählte unsere Gang nicht, aber einige fußballbegeisterte Piepels nahmen die Herausforderung an und organisierten eine Mannschaft. Ich war noch nie fußballinteressiert gewesen, wurde aber als Mitglied des medizinischen Betreuungsteams eingeteilt. Das heißt, mit den anderen „Betreuern" schleppte ich etliche Kisten Bier zum Veranstaltungsort. Da die Dänen sich leicht verspäteten, wurde sogleich schon mal ein bisschen medizinisch behandelt, besonders heftig von unserem Star-Reiniger Pipifax. (Wir kannten ihn alle nur unter diesem Spitznamen, ich glaube, nur der Purser wusste, wie er wirklich hieß). Kurz nach dem Anpfiff schoss Pipifax zunächst mal ein Eigentor. Nachdem wir ihm noch einmal die eigentliche Stoßrichtung seines Teams erläutert hatten, rannte er noch eine Zeitlang sehr engagiert, aber weitgehend nutzlos mit und zog sich dann doch vor dem Ende der ersten Halbzeit zur weiteren medizinischen Behandlung an den Spielfeldrand zurück. Auch der Rest unserer glorreichen Truppe brachte nicht viel mehr Leistung, die Dänen hauten uns zweistellig in die Pfanne.

Chikago war Endhafen unserer Reise, die Liegezeit dauerte drei Tage.

Wir zogen abends ein paar Mal an Land, die üblichen Lokalitäten aufsuchend. Schon möglich, dass die Offiziere da in besseren Kreisen verkehrten, in den von uns frequentierten Spelunken habe ich in Amiland jedenfalls keinen Streifenträger gesehen. Wir streunten an den Abenden doch überwiegend in schiffsnahen Bereichen umher. Selbst der Besuch bei einem Friseur geriet da unversehens zur Klamotte. In den USA existierten noch zahllose „Barbershops", in denen ausschließlich Männer bedient wurden, diese Läden erkennt man schon von weitem an einem neben der Tür angebrachten Glaszylinder mit einer sich drehenden farbigen Säule. Mit vier Mann fielen wir dort ein, dem schwarzen „Barber" wurde leicht mulmig ob dieser Klientel.

Kurze Ansage vom Koch: „Make me 'an Haircut, but not so fucking short!" Feinstes Seemannsenglisch. Da der Schwarze mit seinem Slang nur schwer zu verstehen war, beantwortet Cookie jede

Frage mit „Yes" – mit dem Ergebnis, dass er schlussendlich fast keine Haare mehr auf dem Kopf hatte und dank eines üppig eingesetzten süßlichen Rasierwassers für den Rest des Tages stank wie eine Nutte bei Dienstbeginn. Wir anderen drei Maaten verzichteten dann kurzfristig auf die Dienste dieses Figaros.

Wie diese Hafenviertel beschaffen waren, zeigte sich auch, als wir bei einem Fußmarsch in der Hafengegend von der Besatzung eines Streifenwagens gestoppt wurden. Nach eingehender Kontrolle unserer Landgangsausweise forderte uns ein sichtlich ungehaltener Cop auf, unseren Hintern schleunigst in ein Taxi zu verfrachten, er habe keine Lust, unsere abgestochenen Kadaver irgendwann hier in seinem Bezirk aufzusammeln. Er organisierte anschließend über Funk auch ein „Cab" und blieb bei uns stehen, bis wir abtransportiert wurden, ,full service' gewissermaßen. Wir hatten gar nicht realisiert, in was für einer gefährlichen Ecke wir herumstrolchten.

In Chicago hatten wir dann auch das Glück, einen Hafensonntag zu genießen. Ein Großteil der Besatzung hatte einen arbeitsfreien Tag, und auch ich bekam eine der seltenen Gelegenheiten, einmal Landgang zu erleben, bevor die Säufersonne aufging. Mit ein paar Maaten landete ich auf einem Open-Air-Konzert einiger hier sehr populärer Rock-Bands. In meinem ganzen Leben habe ich noch nicht so viele bekiffte Gestalten gesehen, die Masse der Besucher lag total bedröhnt in der Gegend herum. Mit diesem Zeug hatte ich noch nie was am Hut gehabt, aber einer der Kochsmaaten hatte da wohl ein bisschen Kraut von den Amis abgestaubt und verschwand dann auch in einem anderen Universum. Den Heimweg zum Dampfer legte er nahezu frei schwebend zurück.

Von nun an befanden wir uns auf Heimreise. Das Schiff begann nun damit, in den gleichen Häfen wieder Ladung einzusammeln, lediglich Quebec sollte noch zusätzlich in den Fahrplan aufgenommen werden. Natürlich marschierten wir auch „homeward bound" immer wieder mal an Land und zogen um die Häuser. Da sich diese Aktivitäten aber grundsätzlich erst spätabends nach Dienstende entfalteten, endete alles sehr schnell in den einschlägigen Bars. Höhepunkt war dabei noch einmal eine zweitägige Liegezeit in Toronto, die Schiffsleitung organisierte über die Agentur einen Ausflug zu den Niagarafällen.

Blick auf die Niagarafälle, im Hintergrund Buffalo

Solche Ausflüge wurden in jenen Jahren immer wieder mal angeboten, sowohl die Liegezeiten als auch die Besatzungsstärken schufen beste Vorausetzungen dafür. Für viele Maaten war es oft die
einzige Gelegenheit, mal über die Hafenmeile hinauszukommen und
mehr vom Land zu sehen als die lokalen Kneipen und Pinten. Nicht,
dass Hein Seemann überhaupt keine Chance dazu gehabt hätte,
aber oft war er zu phlegmatisch, um sich auf eigene Faust den Mü-
hen einer weitergehenden Exkursion zu unterziehen. Außerdem
mussten erst mal gewisse Primärbedürfnisse befriedigt werden,
dann blieb vielleicht noch Zeit für das Kulturprogramm...

Der Trip zu den Fällen war ganz nett, aber auch dort hatte Ich
mich ein Jahr zuvor als Tourist schon einmal aufgehalten. Trotzdem
genoss ich auch dieses Mal wieder die spektakulären Ausblicke, es
ist schon ein tolles Naturschauspiel.
Im Übrigen ist die Stadt Niagara Falls eine hundertprozentige Tou-
ristenstadt und darüber hinaus als eines der nordamerikanischen
Hauptziele für Flitterwöchner bekannt, Honeymoon in Niagara Falls
hat einen hohen Stellenwert. Unser Koch fand auch gleich die passende Begründung dafür: „Wenn de gleich nach der Hochzeit
schnallst, dass die Olle nix taugt, schmeißt ’se in die Wasserfälle

und gut is'!" Auch 'ne Logik.

In den nächsten Tagen fühlte ich mich wie ein Zuschauer in einem rückwärts laufenden Film, wieder ging es durch die tausend Inseln, den St. Lorenz hoch, Montreal und Quebec boten letzte Gelegenheiten, noch mal einen Fuß an Land zu setzen, dann lag der Atlantik wieder vor uns. In Montreal wurde mir auf meinen Wunsch mal ein freier Tag gewährt, und ich machte mich alleine auf die Socken, um mir die Stadt näher anzuschauen. In dieser Metropole, übrigens der größten in der Provinz Quebec, wurde überwiegend französisch gesprochen, nicht unbedingt meine Stärke, aber man konnte zurechtkommen. Längere Zeit hielt ich mich auf dem Gelände der Weltausstellung auf, die 1967 dort stattgefunden hatte. Bei der Gelegenheit lernte ich eine junge Kanadierin kennen, die mir dann für einige Stunden als Tour Guide Gesellschaft leistete, schlussendlich verabredeten wir uns für die nächste Reise, wenn das Schiff in fünf oder sechs Wochen wieder zurück sein sollte. Auch so etwas gab es gelegentlich...

In Quebec blieb mir Landgang versagt, schade, diese Provinzhauptstadt mit ihrem berühmten Altstadtkern hätte ich mir gerne einmal näher angeschaut. Aber die kurze Liegezeit ließ keine weiteren Aktivitäten zu.

Am Abend verließ die BURGENSTEIN diesen letzten Hafen vor der Atlantiküberquerung, vor uns lagen wieder etliche tausend Seemeilen. Im Gegensatz zur Anreise war das Wetter dieses Mal ausgezeichnet, bei strahlendem Sonnenschein ging es über den St. Lorenz in Richtung offenes Meer. Landgänge wurden nun wieder durch vermehrte gesellschaftliche Aktivitäten an Bord ersetzt, der Beck's-Bier Club tagte in dichter Folge. Auch der Eisbär gab sich in seiner Kammer wieder häufiger die Ehre und ließ uns an dem Ergebnis seiner jüngsten Laderaumkontrollen teilhaben, in Montreal hatten wir nämlich etliche Paletten „Seagrams Golden Crown" geladen, einen kanadischen Whisky der Premium-Kategorie. Natürlich hatte man versucht, diese Paletten durch geschicktes Stauen einigermaßen gegen Diebstahl zu sichern, aber unser Eisbär hätte sich vermutlich auch dann zum Whisky durchgegraben, wenn er hinter Stahlschotten eingeschweißt worden wäre. Um bei einer eventuellen Kammerkontrolle nicht aufzufallen, hatte er den Stoff in Plastikkanister umgefüllt, während der ganzen Überfahrt stand immer ein guter Tropfen zur Verfügung. Natürlich durften wir es nicht übertreiben, exzessiver Verbrauch dieser Ladungsbestandteile wäre wohl zuerst der 1. Stewardess aufgefallen, bei ihr wäre nämlich der Kantinenumsatz dramatisch eingebrochen.

Jeden Abend um eine bestimme Zeit öffnete sie ihren Zoll-Laden und verkaufte den Piepels, was so benötigt wurde. Neben Bier, im geringeren Maße Spirituosen (die brauchte kaum jemand, die wurden ja geklaut) und Zigaretten waren das auch Toilettenartikel und allerlei Kleinkram des täglichen Bedarfs. Wir zahlten bei ihr nicht in Cash, sondern per Unterschrift auf einem Ticket. Diese Einkäufe fanden sich dann später auf der Heuerabrechnung wieder und sorgten bei manchem Maaten für üble Überraschungen, man kauft halt viel unbekümmerter ein, wenn man nur eine Unterschrift zu leisten hatte und keine harte Kohle rüber schieben musste.

Mich selbst nutzte die Dame als Lastesel, die Eisheiligen und einige andere Offiziere ließen sich ihre Waren auf die Kammern liefern. Dieser unbeliebte Auftrag wurde in der gesamten Hierarchiekette des Feudelgeschwaders nach unten durchgereicht, und ganz unten befand sich meine Wenigkeit. Die Bierlast und die Zollstores waren tief im Bauch des Schiffes, die Streifen tragenden Abnehmer der Ware residierten ziemlich weit oben. Schon mal mit zwei Kartons Beck's auf dem Ast vier oder fünf Decks hochgekraxelt? Da kommt Freude auf, wenn der Kahn vorne hochsteigt, wird der Niedergang immer steiler, man kippt fast hintenüber. Dann rauscht der Schlorren in ein Wellental, die Treppe wird gefühlt flacher und man rennt die Stufen mit der Bierladung hoch wie ein vergifteter Affe. Bei solchen Gelegenheiten hatte ich anfangs einiges an Bruch produziert, weil ich den akrobatischen Anforderungen nicht immer gewachsen war.

Die Rückreise war also auch mit regem Partyleben erfüllt, aber doch in geringerem Maße als bei der Ausreise. Wieder wurden in steter Folge die Uhren verstellt, dieses Mal aber voraus. Das heißt, uns fehlte allabendlich eine Stunde. Je näher wir dem alten Kontinent rückten, umso ruhiger wurde es im Schiff.

Bei sommerlichem Wetter erreichten wir wieder nach acht Tagen Antwerpen, es begann eine neue Europa-Küstenreise. Nur wenige Besatzungsmitglieder hatten um Hafenablöser ersucht, es gab kaum Abmusterungen, und die Gang blieb weitestgehend zusammen. Ich hatte mich schon vor einiger Zeit entschlossen, auch noch eine Reise mitzufahren, meine ursprünglichen Absichten, nur mal einen Schnuppertrip zu wagen und dann ins Elektronik-Praktikum zu gehen, hatte ich etwas aus den Augen verloren. Ich amüsierte mich hier einfach zu gut...

Inzwischen hatte ich auch mehr über die einzelnen Tätigkeitsfelder an Bord in Erfahrung gebracht. Durch die vielen Gespräche mit den Piepels bekam ich allmählich eine Ahnung davon, wer an Bord für was verantwortlich war. Fragt man eine Landratte nach seemännischen Berufsbildern, fallen ihr in aller Regel Matrosen und Kapitäne ein, Ende der Fahnenstange. Vielleicht noch die nette Bezeichnung „Smutje" für den Koch, aber die ist in der Handelsschifffahrt verpönt. Die Sache war aber weitaus komplexer, zahlreiche Besatzungsmitglieder besaßen seefahrtspezifische Berufsabschlüsse, unterstützt wurden sie aber auch, wie schon erläutert, von etlichen ungelernten Hilfskräften. Über allem thronte natürlich der Kapitän, der hatte sich nach seinem Aufstieg durch sämtliche Offiziersränge zum Stellvertreter des Reeders qualifiziert (Böse Zungen sagen „manchmal auch nicht!") und war nun Herrscher „über das Ganze". Wohl nicht mehr „Master next God"', da legten ihm die Gesetze mittlerweile auch Beschränkungen auf, aber doch noch mit enormer Machtfülle ausgestattet. Wachdienst ging er nicht, in der Regel führten die Kapitäne das Schiff vom Schreibtisch aus, bei kniffligen nautischen Situationen war ihre Anwesenheit auf der Brücke aber unerlässlich. Gesehen habe ich die Kapitäne während meiner Aufwäscherfahrzeit höchst selten, das „Wir da unten" und das „Ihr da oben" war sehr ausgeprägt. Für die Maschine war auf diesen alten Linienfrachtern auch der Chief so eine Art Gottkönig, ebenfalls mehr am Schreibtisch, weniger in seinem Fettkeller anzutreffen. Zum „Deck" zählten auch alle nautischen Offiziere, die auf See sich gegenseitig ablösend das Schiff fuhren. Traditionell ging der Erste die so genannte Vier-acht-Wache *(Brückenwache von 0400 bis 0800 und von 1600 bis 2000 Uhr)*, der Dritte die Acht-zwölf-Wache und der Zweite die Zwölf-vier-Wache, jeder der Nautiker war also täglich zwei mal vier Stunden auf der Brücke. Dazu kamen diverse Nebenaufgaben, der Erste war für die Ladung zuständig, der Zweite für Seekarten und nautische Unterlagen, der Dritte für den Sanitätsdienst und so weiter. Zur „Maschine" zählten naturgemäß alle vier Schiffsingenieure, die unterschiedliche Patente besaßen. Dann die Ingenieur-Assistenten, die Assis. Auf Schiffen wie der BURGENSTEIN gab es noch keinen wachfreien Maschinenbetrieb, ein Ing und ein Assi bildeten eine Wache und schoben im schon erwähnten 4-8-Rhythmus Dienst an der Antriebsanlage. Die Mannschaftsgrade arbeiteten in der Wartung und wurden auch mit ständigen Reinigungsarbeiten beschäftigt, der Bedarf dafür war im Decks- wie auch Maschinenbetrieb recht hoch.

Aus früherer Zeit wird überliefert, dass sich die beiden Fraktionen auf den alten Dampfschiffen spinnefeind waren, für Matrosen soll es sogar lebensgefährlich gewesen sein, im Quartier der Heizer aufzutauchen, umgekehrt galt das auch.

In der von mir geschilderten Epoche war der traditionelle „Krieg" zwischen Deck und Maschine schon nicht mehr aktuell, aber ein gewisser Konflikt beherrscht bis in die Gegenwart das Denken der Seeleute. Schiffsingenieure leiden bis zum heutigen Tag darunter, dass ihnen die höchste Würde, die Stellung des Kapitäns, verwehrt bleibt, diese Position ist nun einmal den Nautikern vorbehalten, den von den Ings gerne so genannten „Fensterguckern". Nautiker sind sich durchaus bewusst, dass ohne die Techniker da unten im Maschinenraum absolut nichts mehr ginge, sprechen dessen ungeachtet aber gerne von „Keller-Asseln". Es gab in den letzten Jahren Anstrengungen, den nautischen und den technischen Offizier zugunsten eines für beide Bereiche ausgebildeten „Multifunktions-Offiziers" zu ersetzen, eine Eier legende Wollmilchsau könnte man es auch nennen.

Das scheint aber bisher nicht so recht zu funktionieren, also existieren beide Bereiche weiterhin nebeneinander mit den altbekannten Rivalitäten.

Küche und Bedienung bildeten einen eigenen Bereich, zu dieser Zeit war der Sektor noch sehr stark besetzt, drei Mann in der Kombüse und etwa sechs Leute im Service sind heute auf einem Frachter undenkbar.

Spezielle Positionen bekleideten der Schiffselektriker nebst Assistent sowie der Funkoffizier. Der ‚Blitz' stand zwar der Maschine näher als der Deckstruppe, wurde aber in beiden Bereichen benötigt und auch eingesetzt, Generatoren, elektrische Windenantriebe, die allgemeine Installationselektrik an Bord und später die wachsende Elektronik forderten einen in allen Bereichen kompetenten Allround-Elektriker. Der Funker unterstand ausschließlich dem Kapitän, er saß da oben in seiner Funkbude in einer Art Sonderrolle und wurde, da er nie schweißtriefend in der Nähe hohen Arbeitsanfalls gesichtet wurde, von Deck und Maschine zwar respektiert, aber häufig auch als fauler Sack betrachtet. Das ist nun einmal das Los von Spezialisten, die sich mit für Laien schwer begreiflichen Künsten beschäftigen. Dazu zählte auch die Morserei.

Auch die nächste Reise führte wieder in die Großen Seen, das Schiff sollte die ganze Sommersaison in diesem Fahrtgebiet verbleiben. Im Winter wurde die Große-Seen-Fahrt eingestellt, die Eisverhältnisse ließen kein Befahren mehr zu. Natürlich gab es auch bei diesem Trip sowohl an Bord als auch an Land diverse schräge Erlebnisse, aber der Reiz des Neuen begann schon etwas zu verblassen. Die Maaten, die schon die Mexiko-Reise des Schiffes im Winter mitgemacht hatten, waren allerdings der Meinung, ich wäre auf dem falschen Dampfer, bei diesem Fahrtgebiet sei nicht viel zu holen. Nächtelang hörte ich mir bei diversen Kammerpartys wilde Storys aus der Karibik und sonstigen Sunshine-Fahrtgebieten an, so kam es wohl zu dem Entschluss, meine weitere Ausbildung hinten anzustellen und unbedingt nach der BURGENSTEIN noch einen weiteren Dampfer als Aufwäscher zu beglücken.

Wenn die Mexikofahrer zum Umtrunk einluden, dudelte ununterbrochen aus ihren Kassettenrekordern der Song „Una lagrima por tu amor", diese Schnulze, gesungen von einer Estela Nunez, dröhnte wohl zu dieser Zeit in Zentralamerika aus jeder Juke-Box. Der Koch meinte einmal: „Man musste aufpassen, dass man nicht aus der

Kneipe geschwemmt wurde, die Nutten heulten alle Rotz und Wasser, wenn die Scheibe lief!" Den Song habe ich auch heute noch im Ohr, bei meinem ersten Trip nach Lateinamerika war er immer noch einer der meistgespielten Gassenhauer.

In Bremen wurden auf Ausreise noch einige Besatzungsmitglieder ausgetauscht, dort kam auch Karl an Bord. Ich stand gerade in der Nähe der Gangway, als die „Neuen" ankamen, ein etwas vierschrötiger Typ in einem Samtanzug trat an Deck, schüttelte die erstbeste Hand und verkündete „Hallo, ich bin Marlies!". Bitte was? Es stellte sich heraus, dass der „Kerl" als Stewardess anmusterte, Marlies war stocklesbisch, kleidete und verhielt sich männlich herb, infolge dessen lief sie künftig unter dem Spitznamen „Karl". Sie wurde aber bei der Crew vom ersten Tag an akzeptiert und stellte sich im Laufe der Reise als echter Kumpel heraus.

Selbstverständlich fand sie/er auch umgehend Aufnahme im Beck's-Bierclub und soff, wenn gewünscht, wie ein Loch.

Herausragend in meiner Erinnerung an diese zweite Reise ist die Affenhitze, die dann im Juni/Juli in den großen Seen herrschte. Das kontinentale Klima sorgte für einen wahren Glutsommer, Klimaanlagen waren auf der BURGENSTEIN unbekannt. In den Kammern kühlte es auch nachts nicht ab, der kleine Ventilator an der Kammerdecke rührte den Mief nur um.

Eine unangenehme Begleiterscheinung dieser Witterung war das ungehemmte Wachstum der Kakerlaken. Die Biester waren schon immer an Bord gewesen, bei normalem Klima aber klein und nicht so zahlreich. Ich hatte diese Reisebegleiter ohnehin erst bei der Seefahrt kennen gelernt, auf diesen alten Schiffen gehörten sie zum Stammpersonal. Zahlreiche Holzelemente in den Aufbauten schufen ein kakerlakenfreundliches Umfeld, in zahllosen Ritzen und Fugen fristeten sie ihr Dasein. Tja, und wenn es wärmer wurde, dann gediehen sie besonders prächtig. Da nicht sein konnte, was nicht sein durfte, wurde die Kakerlakenjagd zu einer meiner Hauptbeschäftigungen. Die Chiefstewardess hatte auf einem Kontrollgang in der Pantry eine zu hohe Populationsdichte dieser Biester ausgemacht, ich erhielt eine Dose Insektenkiller und mutierte zum Kammerjäger. Meine Sprüherei hat die braunen Gesellen aber nicht sehr beeindruckt, es wurden immer mehr. Ich wartete nur noch darauf, dass ich eines Tages ein ganzes Rudel vor der Spraydose auffinden würde, mit umgebundener Serviette auf die nächste Fütterung wartend. Wir spülten, sprayten, wuschen jedes Schapp täglich aus, aber nach einigen Tagen Ruhe waren unsere Freunde wieder da, emsig und geschäftig wie eh und je. Sie war halt ein alter Kasten, unsere BURGENSTEIN. Auf den späteren Schiffen, nur aus Eisen und Kunststoffen bestehend, fanden die Viecher nicht mehr so gute Lebensgrundlagen vor.

Nur die Kombüse und die Pantrys durfte man nicht aus den Augen verlieren, da hob „La Cucaracha" immer wieder mal das Haupt...

Montreal –auf dem Gelände der Weltausstellung

In Montreal hat es mit der in der ersten Reise getroffenen Verabredung wirklich geklappt. Meine kanadische Fremdenführerin Claire stand schon zum Einlaufen an der Pier, wir konnten uns aber lediglich für den Abend verabreden, schließlich durfte ich nicht einfach von Bord hüpfen. Sie lud dann zum Barbecue in ihrem Elternhaus, zwei Kollegen sollte ich auch noch mitbringen. Abends wurden wir abgeholt, der Bäcker, Pippifax und ich. Claire hatte ihrerseits zwei Freundinnen aufgeboten, und in einem Vorort stieg dann die Party mit Familienanschluss. Leider zuviel Familienanschluss, die Eltern meiner neuen Bekanntschaft hielten uns Seeleute wohl für höchst bedenkliche Sittenstrolche und wichen keine Sekunde aus dem Raum, die Girls waren mal eben 18 Jahre alt. Selbst, als mich Claire in den Garten lotste, um mir irgendwas zu zeigen, war Mutti sofort achtern ran, um es sich ebenfalls zeigen zu lassen. Oder so. Jedenfalls war es ein ziemlich verdruckster Abend. Da auch keinerlei Alkoholika zum Barbecue gereicht wurde, verfiel Pipifax zusehends in tiefe Depressionen.

Wir haben uns am nächsten Tage noch einmal getroffen, dann ohne Anstandswauwau. Auch auf der Rückreise kam es noch mal zum Rendezvous, einige Zeit standen wir dann noch im Briefwechsel, bis die Verbindung abriss. Das gab es ab und zu auch, dass Hein Seemann mal ein ganz bürgerliches Mädel kennen lernte, das nicht unbedingt in der gebührenpflichtigen Seemannsbetreuung tätig war.

Bei unserem letzten Transit durch den Wellandkanal hinterließ unser Dampfer noch eine besondere „Duftmarke". Die Schiffe verblieben ja während der Schleusung einige Zeit in der Schleusenkammer, manche Sailors von der Deckscrew nutzten diesen Kurzaufenthalt, um mit Ölfarbe den Schiffsnamen und das Datum des Transits auf die Mauer zu pinseln.

Die Schleusenpier ist mit Schiffsnamen bepinselt

Mit der Zeit war ein recht großes Verzeichnis von Schiffen entstanden, die mal den Kanal passiert hatten. So machten sich auch auf unserem Kahn eines Tages zwei Janmaaten ans Werk und fingen eiligst an zu malen. Merkwürdigerweise stand dann da nicht unser Schiffsname, sondern MV (Motor-Vessel, entspricht dem deutschen MS) und dann einige chinesische Schriftzeichen sowie das aktuelle Datum. Anschließend zerrten sie den Wäscherei-Fritz an die Reling, er möge doch mal den chinesischen Schiffsnamen übersetzten. Der las, las noch mal, und schüttelte völlig entgeistert den Kopf. Bis er endlich stockend übersetzte. Da stand MV LANGE UNTERHOSE. Wie sich dann herausstellte, hatten die zwei Artisten den Wäschezettel von Fritz als Vorlage genutzt, auf diesem Zettel waren in Chinesisch und Deutsch zur Erstellung der Abrechnung alle gängigen Wäschestücke aufgedruckt.

Ich stelle mir heute noch vor, wie viele China-Sailors später die Schleuse passierten und vor lauter Kopfschütteln ein Schleudertrauma erlitten. Diese Episode ist auch sehr bezeichnend für den „sense of humour", den die Janmaaten immer wieder auslebten.

Vieles, was sich da so ereignete, kann man getrost unter der Rubrik ‚Lausbubenstreiche' verbuchen, Seeleute bewahren sich die Neigung zu solchen Aktionen teilweise bis ins hohe Alter.

Am 30.07.1972 verließ ich in Bremen das Schiff, nach 4 Monaten und 4 Tagen endete meine erste Fahrtzeit. Anstatt nun zügig ein Praktikum in der Elektrobranche anzusteuern, beschloss ich, noch einen Dampfer dranzuhängen, ich hatte es auf einmal gar nicht mehr so eilig. Vielleicht klappte es ja dieses Mal mit einer Reise dorthin, wo man „Una Lagrima" spielte…

Es folgten einige Urlaubswochen zuhause in meiner Odenwälder Heimatgemeinde, Highlight dieser Zeit war wohl der Besuch von drei Bordkumpels, der Koch, der Bäcker und Kabel-Ede gaben sich die Ehre. In meiner damaligen Stammkneipe erfreuten sie die Eingeborenen mit mehreren eindrucksvollen Sondervorstellungen, selbst Jahre später hörte ich dort: „Wisst Ihr noch, als damals die Seeleute hier waren?"

SAWK

Im September brachte der Postbote wieder ein Telegramm:

> DIENSTANTRITT MIT ALLEN EFFEKTEN 14.09.72
> MS HESSENSTEIN=HALO BREMEN+

Mein Zuhause für die nächsten Monate wurde nun die HESSEN-STEIN. Das Schiff gehörte zu einer Bauserie von 7 Schnellfrachtern, die vom Lloyd ursprünglich für den Ostasiendienst beschafft wurden, die 21 Knoten schnellen Pötte waren mit 10.400 BRT vermessen, 161 Meter lang , 22 Meter breit und transportierten 12.700 Tonnen Ladung. Für Passagiere waren 12 Plätze vorgesehen, die Besatzungsstärke lag ebenfalls bei 45 Mann.

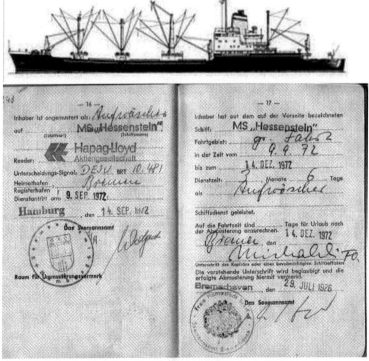

2.Fahrtzeit als Aufwäscher – Eintrag im Seefahrtbuch

Da sich in den frühen siebziger Jahren auch auf der Asienroute mehr und mehr die Containerfahrt durchsetzte, wurde die HESSEN-STEIN ab 1972 im Fahrtgebiet SAWK eingesetzt. Dieses Kürzel stand für ‚Südamerika-Westküste'. Und ich hatte das Vergnügen, als Feudel schwingender Geschirrspüler dabei zu sein. Dieser Dampfer entsprach ja genau meinen Vorstellungen, jetzt kam ich den Palmen, dem Rum und den braunen Damen meiner laienhaften Seefahrtträume deutlich näher. Dann schauen wir mal......

In Bremen wurde ich wieder gemeinsam mit einigen anderen Einsteigern in einen Bus verfrachtet und zunächst nach Hamburg gekarrt. Dieses Mal war ich nicht so hilflos wie noch vor einigen Monaten, ich marschierte nach dem Anbordgehen zügig zum Funker, gab mein Seefahrtbuch ab und meldete mich anschließend beim Chiefsteward. Dabei kam ich mir schon mächtig wie ein erfahrener Seemann vor. Dass ich hier nach wie vor nur Tellerwäscher und Putzhilfe spielte und weiterhin den letzten Platz auf der Mannschaftsliste besetzte, blendete ich ganz erfolgreich aus.

Auf diesem Kahn sollte ich nicht in der Mannschaftsmesse zum Einsatz kommen, sondern als Feudelknecht und Spüler in der Offiziersmessen-Pantry arbeiten. Der Chiefsteward erwies sich als ein routinierter und recht gelassener Profi in seinem Metier, ihm unterstand ein ganzes Rudel Stewardessen, uns stand nämlich eine Partyreise bevor.

Hundert Jahre zuvor hatte ein Schiff der Bremer Kosmos-Reederei als erster deutscher Frachter einen Liniendienst an die südamerikanische Westküste eröffnet.

Kosmos wurde später vom Norddeutschen Lloyd vereinnahmt, und damit nutzte der Lloyd diese Geschichte, um die bevorstehende Reise zur Jubiläumsreise zu deklarieren. In den größeren Häfen hatte man Empfänge und Partys für langjährige Reedereikunden und sonstige wichtige Honoratioren geplant, entsprechend groß war der Aufwand in der Proviantlast und beim zuständigen Personal. Kombüsen- und Bedienungs-Crew waren handverlesen, der Aufwäscher eher nicht. Die Europa-Ladereise startete also in Hamburg, die nächsten anzulaufenden Häfen hießen Bremen, Rotterdam, Antwerpen und Bilbao.

Weitere Stationen auf dem Fahrplan waren nach der Atlantiküberquerung Cartagena an der Karibikküste Kolumbiens und nach dem Passieren des Panamakanals Buenaventura / Kolumbien, Guayaquil / Ecuador, Callao / Peru und in Chile die Häfen Arica, Iquique, Antofagasta und Valparaiso.Von dort sollte es über die gleichen Ports wieder zurück nach Europa gehen, die Dauer der gesamten Rundreise betrug drei Monate.

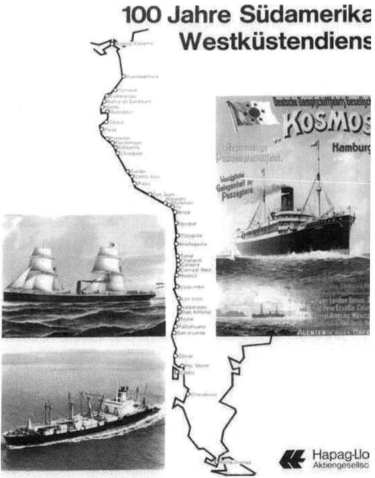

Werbebroschüre der Jubiläumsreise – links unten die HESSENSTEIN

Zunächst musste ich betrübt feststellen, dass durch diese geplanten Jubiläumsaktivitäten meine Landgangsmöglichkeiten etwas eingeschränkt waren. Bei den vorgesehenen Empfängen wurde natürlich das komplette Bedienungspersonal benötigt, und da gehörte der Aufwäscher nun einmal, wenn auch als unterste Knallcharge, dazu. Dafür allerdings winkten „plenty overtimes", es gab was zu verdienen. Zu den Überstunden kamen dann noch von den Gästen reichlich hinterlassene Trinkgelder, die der Chiefsteward nach einem geheimnisvollen Schlüssel unter dem Kombüsen- und Servicepersonal aufteilte. Auch für den kleinen Aufwäscher fielen da einige Krümel vom Tisch des Herrn ab.

Der erste größere Gästeaufmarsch fand in Antwerpen statt.

Alte Postkarte aus Antwerpen

So um die hundert Piepels in großer Abendgarderobe drängten sich in der Offiziersmesse, im Salon und auch auf dem Bootsdeck, wo der Zimmermann aus Holz einen recht ansehnlichen Bar-Tresen errichtet hatte. Ich war in der Pantry der O-Messe eingesetzt und kämpfte mit dem Rücken zur Wand gegen die unablässig einlaufenden Geschirrmengen, die ständig wieder gespült werden mussten.

Mit mir werkelte in diesem Bereich noch ein Messesteward, den man sich kurzerhand von einem anderen Lloydampfer im Hafen zusätzlich ausgeliehen hatte.

Und außerdem stand in dieser Pantry ein Riesenkessel mit „Pisco Sour". Großer Fehler, wie der Chiefsteward später feststellen musste. Dazu muss man wissen, dass Pisco Sour der Nationaldrink an der südamerikanischen Westküste ist, besonders in Peru und Chile. Ein Traubenschnaps, der mit Limettensaft und Eierschnee verrührt wird, oben drauf kommt noch eine Messerspitze Zimt – und fertig ist der Hammer der Inkas. Das sollte natürlich bei diesen Partys bevorzugt gereicht werden, quasi als Verbeugung vor der Trinkkultur unseres Fahrtgebietes. Nun stand da dieser Kessel, und unmittelbar daneben standen der Messesteward und der Aufwäscher und spülten um die Wette. Irgendwann fiel auch dem 1. Steward auf, dass der Spülbetrieb immer mehr ins Stocken geriet, die beiden damit betrauten Fachkräfte allerdings immer fröhlicher aus der Wäsche guckten. Es fiel ihm aber reichlich spät auf, wir waren eigentlich schon granatendicht, als er endlich den Pisco-Behälter aus unserem Wirkungsbereich entfernte. Bei der folgenden Trinkgeldverteilung kam mir mein Anteil irgendwie reduziert vor...

Letzter Hafen vor der Überfahrt war Bilbao. Die HESSENSTEIN lag nur einen Tag an der Pier, aber der Liegeplatz war sehr stadtnah, also wetzte ich mal eben nach der Mittagsabfütterung für zwei Stunden an Land, zusammen mit dem Bäcker und einem Reiniger. In einer kleinen Bodega bissen wir uns fest und schlabberten einige Bierchen. Dort sprach ich den ersten spanischen Satz meines Lebens, ich hatte ihn gerade vom Bäcker gelernt: „Tres cervecas, por favor." Eine gute Basis, um sprachlich später darauf aufzubauen, wenigstens, was die Getränkeversorgung im romanischen Sprachraum betraf. In Punkto Fremdsprachen agierten die Seeleute auf sehr unterschiedlichem Niveau. Die Offiziere sprachen in der Masse recht flüssiges Englisch, auch bei der Mannschaft waren gewisse Kenntnisse vorhanden. Grundkenntnisse in Spanisch konnten die meisten Maaten vorweisen, die schon häufiger in Lateinamerika waren, wobei der Sprachschatz sich aber häufig aus den wichtigsten Begriffen der Gastronomie und Bordellszene bildete, Puffspanisch, wie es der Scheich kurz und bündig bezeichnete. Natürlich existierten Ausnahmen, Seeleute, die aufgrund ihres familiären Hintergrundes eine oder sogar mehrere Fremdsprachen flüssig beherrschten, waren gar nicht mal so selten.

Bilbao lag hinter uns, die HESSENSTEIN richtete den Wulstbug nach Westen. In den ersten Tagen herrschte auf unserer Route zwar bestes Wetter, blauer Himmel, Sonnenschein, alles wie in einem Kreuzfahrtprospekt. Nur der Atlantik selbst spielte nicht mit, viel weiter nördlich zog wohl irgendein Sturmtief über den Teich, die von diesem Tief ausgehende Dünung brachte uns mächtig ins Rollen. Unentwegt holte der Dampfer über, von Backbord nach Steuerbord, von Steuerbord nach Backbord, von Backbord nach Steuerbord und so weiter und so fort. Originalzitat Bootsmann: „Der Schlorren wälzt sich wie eine schwangere Sau im Stroh." Bildhaft war sie schon, die Sprache der Janmaaten.

Diese tagelang anhaltende Rollerei war nun nichts Dramatisches, aber ich, und nicht nur ich, empfand sie als höchst lästig. Gut dran waren die etwas dickeren Figuren, die klemmten sich in ihre Koje und pennten selig ein. Ich aber war damals nur ein Strich in der Landschaft, so fett wie ein Hering zwischen den Augen, wie ein Matrose mal bemerkte. An Schlaf war für mich nicht zu denken, ich rutschte bei jedem Überholen in der Koje von einer Seite zur anderen und war eigentlich die ganze Nacht in Bewegung. Man vermittelte mir alle möglichen Tricks, Koje mit Klamotten voll stopfen, Matratze verkanten und ähnliches mehr, aber nichts half. Dazu noch der sonstige Klamauk, der durch die Schiffsbewegungen ausgelöst wurde, Vorhänge klappten ab und wieder an, Schubladen öffneten sich wie durch Geisterhand und knallten wieder zu, ein verlorener Kronkorken dasselte in irgendeinem Schapp hin und her und löste umfangreiche Suchaktionen aus, es war ein Rabatz ohnegleichen. Und wir fuhren nicht im Sturm, wir rollten halt nur bis zum Anschlag.

Stetig ging es weiter nach Westen, an den Azoren vorbei Kurs Karibik. Das penetrante Rollen ließ dann auch endlich nach, und wir genossen nun eine Schönwetterreise. Zu den seemännischen Aspekten dieser Reise verbietet sich jeder Kommentar meinerseits, davon hatte ich nach wie vor keinen Schimmer. Dafür wusste ich aber verdammt gut, wie man Tellerberge säubert und Silberbestecke putzt. Jeder war ein Spezialist auf seinem Gebiet...

Nach ungefähr neun Tagen hatte ich mich in die Karibik gespült und gefeudelt, zum ersten Mal nun in tropischen Gewässern. Häufig verbrachte ich meine zweistündige Mittagspause auf der Back und beobachte fliegende Fische und ganze Rudel von Delfinen, die uns immer wieder begleiteten. Mein Gesicht bräunte damals wohl nur zur Hälfte, weil ich ständig den Fotoapparat vor der Nase hatte. Die frische Atlantikbrise war einem feuchten Warmluftföhn gewichen, ab und zu entlud sich die schwüle Hitze in tropischen Regengüssen.

Für mich war dieser erste Aufenthalt in den Tropen sehr beeindruckend, so hatte sich der kleine Odenwälder die Seefahrt immer vorgestellt.

Kielwasser der HESSENSTEIN in voller Fahrt

Die Riege der Streifenträger vollzog den Wechsel auch optisch, mit Erreichen der Tropenzone verschwanden die blauen Uniformen, Khaki war jetzt der angesagte Dress der Wahl. Bei Lloyd-Offizieren war das Tragen der Uniform damals auch auf See zwingend vorgeschrieben, und zwar einheitlich. Nicht umsonst nannte man die Firma auch „Gottes eigene Reederei". Man gab sich sehr „stylisch" und traditionsbewusst. Mich betraf dieses Regelwerk allerdings nicht, ich tobte in Jeans und einer ausgebleichten Kochsmaatenjacke in der Pantry umher, es war völlig schnuppe, was wir Mannschaftsgrade trugen. Als ich Jahre später als F.O. selbst Uniformträger wurde, war das auch belanglos, ich trug die Streifen nur im Hafen bei Einklarierungen und sonstigen offiziellen Anlässen, auf See ging's leger her, wir latschten herum wie Mallorca-Urlauber. Ich fuhr dann auch nicht mehr bei „Style-Reedereien". Es waren durchaus solide und gut beleumundete Unternehmen, bei denen ich als Funkoffizier anmusterte, die legten aber weniger Wert auf das ganze repräsentative Getue.

Cartagena. Während der Ansteuerung sah ich die ersten Palmen meines Lebens, man konnte das Land förmlich riechen, am Abend ankerten wir vor der Stadt. Einlaufen war erst für den nächsten Morgen angesagt, wir verbrachten eine ‚Bauernnacht' auf Reede. Etliche Maaten standen abends an der Reling und gierten Richtung Küste, aber wir mussten uns gedulden.

Gott sei Dank war in diesem Hafen keine Party angesagt, auch das Feudelgeschwader hatte „Schangs auf Landgang".

Schon im Vorfeld dieser Liegezeit hatte sich eine erwartungsvolle Stimmung breitgemacht. „Wirste schon sehn, Bernd, das ist das Seemannsparadies. Schluck satt und Weiber, soweit das Auge reicht." Der Begriff „Weiber" gehörte seit einigen Tagen zu den meistverwendeten in der Mannschaftsmesse, die Piepels liefen sich mittels Erzählen geradezu unglaublicher Puffgeschichten langsam warm. Ich war inzwischen überzeugt, dass Cartagena ein einziges riesiges Freudenhaus sei, ganz am Rande mit einer Anlegestelle für Seeschiffe.

Am Abend des ersten Liegetages dann der heiß ersehnte Landgang, mit einigen Kumpels ging es los. Die Jungs hatten alle schon viel Erfahrung in diesem Fahrtgebiet, zielstrebig marschierten sie dorthin, wo sie das Seemannsparadies wussten.

Der erste Vergnügungsschuppen, den wir ansteuerten, erwies sich gleich als Volltreffer. Die Bude war gut frequentiert von HESSENSTEIN-Fahrern, und tatsächlich, die Chicas umschwärmten uns wie die Bienen den Honigtopf.

In unseren Augen in der Mehrzahl überirdische Geschöpfe, dieser Typ „Café con Leche", von dem die Maaten mir schon tagelang vorschwärmten. Die Kontaktaufnahme ging meistens von den Mädels aus, „ratz fatz" saß da so ein Engel neben mir auf dem Barhocker.

„Whats your Name?" war ihre erste Ansage, danach entspann sich eine mehr oder minder holprige Konversation, je nach Sprachkenntnissen. Gut waren die Jungs dran, die einigermaßen Spanisch beherrschten, das mochten die Chicas sehr.

Maßgeblich war das aber nicht, man wollte ja schließlich mit den Señoritas nicht die politische Großwetterlage diskutieren. Weiter ging's im Takt, man lud zum Drink ein. Salsa-Klänge dröhnten durch den Raum, man tanzte. Auch notorische Nichttänzer – wie ich – schoben plötzlich hinternwackelnd wie ein Pavian auf der Tanzfläche umher. Noch ein Drink, noch ein Tanz. Geschmuse hier, Gefummel dort. Irgendwann schaltet das Hirn dann auf Leerlauf, der Aufwäscher war tief beeindruckt...und fand sich nächtens auf einem Lotterbett wieder...

Ein sabbernder Aufwäscher und eine „Schöne der Nacht"

Morgens dann allgemeines Wiedersehen mit der Crew auf der Straße vor dem Etablissement. Gemeinsamer Taxitransport zur

Pier, einige winkende Chicas zurücklassend. Das war also „Una Lagrima-Land".

Nun gut, sagt dann die Landratte, aber das war doch Prostitution, Ausbeutung, frauenfeindlich, pfui bäh! Ein Seemann würde in diesem Falle noch nicht einmal antworten, sich aber höchstwahrscheinlich mit dem Finger an die Stirn tippen. Für die Jantjes war der Umgang mit diesen Mädels so normal wie Frühstück und Stuhlgang.

Dazu sollte man bedenken, dass diese jungen Frauen auf anderer Grundlage agierten als etwa eine osteuropäische Zwangsprostituierte hier in Deutschland. Diese Chicas wurden nicht von irgendwelchen Zuhältern bedrängt und geknechtet. Zuhälter sah man in den Häfen dieser Küste überhaupt nicht, die einschlägigen Bars wurden meist von einer „Mama San" betrieben. Dieser unter Seeleuten sehr gebräuchliche Name stammt eigentlich aus Japan und bedeutet soviel wie „mütterliche Wirtin", gemeint war aber 'ne ,Puffmutter'. Die war meist selbst eine frühere ,Puta', die sich hochgearbeitet hatte. Und dann natürlich ihre Mädchen auch nach Kräften ausnahm, es liegt wohl im Wesen der Prostitution, dass jeder jeden abzockt. Und die Mädels sahen eine reelle Möglichkeit, mit dem Dienst am Seemann ihren Lebensunterhalt zu verdienen, man vergesse nicht die Armut in dem damaligen und in Teilen auch noch heutigen Südamerika. Oft lebte eine ganze Familie von dem Einkommen, das die Kleine erwirtschaftete. Kinder zu ernähren hatten sie häufig auch, und zwar nicht unbedingt von irgendeinem Seemann, sondern oft auch von einem einheimischen Bengel, der sich dann umgehend aus dem Staub gemacht hatte. Und was heißt Ausbeutung? Weil sie ihren Körper verkaufen? Jeder verkauft das, was er hat. Der Bergmann verkauft seine Lunge und hustet sich irgendwann ins Grab, der Bauarbeiter verkauft seinen Rücken, den er irgendwann nicht mehr gerade biegen kann, wir alle verkaufen unsere Knochen, wenn wir für Geld ackern. Nirgendwo ist man an solchen Realitäten näher dran als in den Häfen dieser Erde.

Sicherlich ging das eine oder andere Mädel an der Sache auch zugrunde. Einige wenige schafften durch diese „Tätigkeit" die Grundlage für ein späteres bürgerliches Leben in bescheidenem Wohlstand. Dort in Südamerika gab es damals nicht so viele Möglichkeiten für junge Frauen, die nicht zur Oberschicht gehörten, ihr

Leben auf eigenen Beinen zu gestalten. Die Hafenmädels zählten oft zu den wenigen, denen das gelang. Dies mag so manchem Leser wie eine späte Rechtfertigung oder Beschönigung der Verhältnisse erscheinen, aber man muss das Leben sehen, wie es nun einmal ist. Seeleute landen nach längerer Reise im Hafen, stürmen an Land und sind teilweise spitz wie Nachbars Lumpi. Und an der Küste sind einige Damen bereit, gegen eine überschaubare Gebühr mit Nachbars Lumpi in die Koje zu hüpfen. Und schon fügt sich zusammen, was zusammen gehört.

Und schließlich reden wir hier vom ältesten Gewerbe der Welt, tausende Jahre theologischer und juristischer Bemühungen konnten nichts dran ändern und werden das auch die nächsten tausend Jahre nicht schaffen. Vielleicht fahren in hundert Jahren ferngesteuerte Frachtbehälter über die Meere, es gibt dann keine Seeleute mehr. Aber Nutten wird es auch dann noch geben. Jede Wette! Der Rest ist eine Frage der Moral, und „vor der Moral kommt immer noch das Fressen". Womit wir wieder am Anfang dieser Überlegungen wären.

Am nächsten Abend ging es wieder an Land. Gleicher Schuppen, gleiche Chica, gleicher Spaß. Es war eine der Besonderheiten dort, dass die Mädels oft während der ganzen Liegezeit diesen einen Sailor ‚betreuten'. Wechselfreudige Maaten mochten sie nicht so, sie nannten sie „Butterfly". Konnte auch Trouble bringen, die Mädels wurden manchmal richtig sauer, wenn man sie vor Auslaufen ‚verließ', und in dem einen oder anderen Fall kam dann auch mal die Rasierklinge zum Einsatz, die sie in ihren Handtaschen so mit sich führten.

Ein anderer Tag. Cartagena lag hinter uns, der Panama-Kanal voraus. Nun sollte ich zum ersten Mal die Durchfahrt durch diese berühmte künstliche Wasserstraße erleben. Der Kanal ist so um die 80 km lang und verläuft zwischen Cristobal-Colon auf der Karibikseite und Balboa auf der Pazifikseite. Ich hatte einiges über den Bau dieses Wasserweges gelesen, den unglaublichen Aufwand und die Tausende von Opfern, die er unter den Bauarbeitern gefordert hatte, jetzt sollte ich dieses Bauwerk mit eigenen Augen sehen. Kurz hinter Colon wurde unser Pott in der Gatun-Schleuse auf das 26 Meter höhere Niveau des Gatun-Sees gehoben, dann ging es durch den Gatun-See und den Rio Chagres, anschließend wurde das Schiff nach einer weiteren Kanaletappe mittels zweier Schleusen wieder auf das Niveau des Pazifik abgesenkt. Der Transit durch die Schleusen wird mit Hilfe von Treidel-Loks bewältigt, die den Kahn von Kammer zu Kammer ziehen.

Für mich ein faszinierendes Erlebnis, wann immer ich konnte, stahl ich mich aus meiner Pantry und lungerte an der Reling herum, natürlich immer mit Kamera vor der Nase. Noch heute erinnere ich mich daran, was mir damals durch den Kopf ging: ‚Mein lieber Schwan, vor wenigen Jahren hockte ich noch in einer Amtsstube und lernte, wie man Angelscheine ausstellt. Und jetzt fahre ich durch den Panamakanal...!'

MS HESSENSTEIN bei der Einfahrt in eine Kanalschleuse

Tage später. Wir machten in „Bonna" fest. Die Stadt heißt Buenaventura und ist einer der ganz heißen Häfen auf diesem Trip.

Und das ist nicht klimatisch gemeint. Am ersten Abend an der Pier hatte ich wieder mal die A...karte gezogen. Hapag geruhte Gäste zu bewirten – und nicht zu wenige, das bedeutete für das Feudelgeschwader Landgangsverbot und Überstunden. Ich tobte zähneknirschend zwischen Spüle und Buffet hin und her und fühlte mich wieder mal leicht gefrustet, meine Kumpels waren alle im Kollektiv auf den ‚Schanker Hill' gefahren. Dankenswerter Weise versorgte mich aber eine mir wohl gesonnene Stewardess mit Pisco Sour, den Pisco-Eimer ließ ja der 1. Steward nicht mehr in meine Nähe. So kam ich auch noch zu ein wenig Vergnügen.

Am nächsten Abend war auch der Aufwäscher mit dabei. Der Schanker Hill ist das legendäre Nachtjacken-Viertel dieser Stadt, berüchtigt wegen seiner Gewalttätigkeit. Uns wurde aus Sicherheitsgründen geraten, auf keinen Fall alleine dort herumzustreunen, Überfälle und Morde waren dort ganz groß in Mode, und unter Seeleuten soll es in diesen Jahren etliche Verluste gegeben haben. Wie mir erzählt wurde, haben die Kaschemmenbesitzer dort einen eigenen Sheriff angeheuert, der dann so als südamerikanische Variante von John Wayne durch die Gassen strolchte und sofort drauf los ballerte, wenn irgendwelche Kriminellen aktiv wurden. Angeblich musste die Stelle aber ab und an neu besetzt werden, weil auch der Sheriff mal ein Duell verlor. Ich habe ihn persönlich nie zu Gesicht bekommen, aber geschossen wurde tatsächlich irgendwo in der Nähe, als wir auf dem Hill zugange waren.

An der Pier von Buenaventura

Ziel war natürlich wieder so ein ‚Pressluftschuppen' mit vielen

Chicas, mucho Drinks und Salsa-Klängen bis an den Rand eines Hörsturzes. Auffällig war, dass der Laden voll auf Wandalismus-Sicherheit ausgerichtet war, der Tresen war gemauert, die Musikbox war bis auf Geldeinwurf und Wahltastatur vergittert, die Tische und Stühle aus solidem Blech. Außer den Flaschen hinterm Tresen und dem Schädel des Wirtes konnte nichts Nennenswertes beschädigt werden. Das ist so eine Art südamerikanischer Hafenbar-Baustandard, wie ich später feststellen konnte. Viele Schuppen waren so eingerichtet, es flogen halt immer mal Flaschen, Möbel und hin und wieder ein Seemann durch die Gegend, und so ließ sich allzu viel Bruch vermeiden.

Auch hier wieder sehr zutrauliche Damen, in allen Mischungen und Hauttönen. Und alle bildhübsch, und das sage ich nicht, weil uns eventuell der reichlich konsumierte Cuba Libre die Sehkraft eingetrübt hätte. Es bestätigte sich auch etwas, dass mir schon etliche Maaten vorher erzählt hatten: Der wohl meistvergebene Frauenname in ganz Lateinamerika war Maria. Meist in Verbindung mit anderen Namen, Maria Conception, Maria Elena, Maria Pilar, es nahm der Marien kein Ende. Ein Matrose verkündete nach einem Landgang salbungsvoll: „Ich hatte heute meine vierte Maria auf dieser Reise, ab sofort möchte ich nur noch Josef genannt werden!" Wir taten ihm den Gefallen.

Auf dem Schanker Hill achteten wir aus Sicherheitsgründen verstärkt darauf, zusammenzubleiben und morgens gemeinsam mit dem Taxi zum Liegeplatz zu fahren. Die ganze Horde landete also im gleichen Rennstall und gab sich dort dem Marienkult hin.

Neuer Hafen, neues Glück. Wir liefen Guayaquil an, den wohl bedeutendsten Hafen Ecuadors. Es war unglaublich schwülheiß hier in unmittelbarer Äquatornähe, für die in diesem Schiff befindliche Klimaanlage war ich richtig dankbar. Sofort nach Ankunft am Abend bezog ein materialischer Posten an der Gangway Aufstellung, mit weißem Helm, Khakiuniform und Karabiner. Er sollte unter Anderem unbefugte Landbewohner vom Betreten des Schiffes abhalten, aber das funktionierte nicht zufriedenstellend. Für ihn jedenfalls nicht, während er die Landseite absicherte, kamen auf der Seeseite einige Kanus längs, und nach kurzer Zeit hatten unsere Piepels mit runter geworfenen Tampen einige Damen an Bord gehievt.

Weder die Schiffsleitung noch der tapfere Krieger an der Gangway schnallten irgendwas.

Ich beteiligte mich allerdings nicht an dieser Party, sondern strebte mit meiner Clique abends wieder an Land. Eigentlich wollten wir auch mal was von der Stadt sehen, aber zwischen der City und dem Schiff lag die Anita-Bar, und da endete auch unser Ausflug. Der Rest war eine Neuauflage des bereits Geschilderten, wir hatten kollektiv wieder eine Marienerscheinung...

In Guayaquil bekam die Decksmannschaft Verstärkung, die sogenannte Manta-Crew wurde eingeschifft. Das waren Seeleute hier von der Küste, die traditionell von Hapagdampfern für die Küstenreise angeheuert wurden und dann der Stammcrew viel Dreckarbeit abnahmen. Ihre Lohnkosten waren vergleichsweise gering, sie fuhren mit bis zum Endhafen Valparaiso und dann wieder die Küste hoch bis hierher. Leider gab es keinen Manta-Aufwäscher für mich, dem ich meinen Job andrehen konnte, für mich ging es weiter wie gehabt.

Geschäftstüchtige Kinder handeln an der Bordwand mit Südfrüchten

Weiter Richtung Süden. Und wieder begann eine elende Rollerei, an der Küste stand ein übler Schwell, der mir wieder einige schlaflose Nächte bereitete. Inzwischen hatte ich aber gelernt, auch damit umzugehen, viele Unbequemlichkeiten der Seefahrt muss man mental bewältigen, besonders, wenn man nichts ändern kann. Dieses gewisse Phlegma, mit dem Unabänderlichen umzugehen, habe ich mir bei der Seefahrt angeeignet, und bei vielen Seeleuten habe ich in späteren Jahren eine ähnliche Geisteshaltung bemerkt. Anders lässt sich dieses Leben in Isolation und auf engstem Raum auch nicht bewältigen. Im Moment war ich ja auf einer äußerst kurzweiligen Reise mit hohem Unterhaltungswert, aber später bin ich gelegentlich auch auf Bulkern mit wochenlangen Seezeiten und miesen Häfen gefahren, da war es sehr angebracht, die Dinge locker zu sehen.

Nach einigen Tagen der nächste Port: Callao, einer der Haupthäfen an der Westküste und in unmittelbarer Nachbarschaft der peruanischen Hauptstadt Lima gelegen.

Auch hier wieder mehrfach „Schangs" für Landgang, bevorzugte Kaschemme der Crew war ein Schuppen mit dem Namen ‚Blue Moon', und schon hatten wir flugs jeder eine neue Chica auf dem Schoß. Der Trip entwickelte sich zu einer Endlosschleife mit immer gleichen Abläufen. Mittlerweile hatte ich so einige Beobachtungen gemacht und interessante Details festgestellt. Den größten „Schlach" bei den Mädels hatten die Kollegen mit dem gewissen Germanen-Touch. Groß und blond kam gut an bei den „Damens" an der Küste. Spanischkenntnisse waren auch von Vorteil, mal abgesehen davon, dass der begnadete Linguist dann nicht nur seine Puta unterhalten durfte, sondern gleich noch für ein halbes Dutzend andere als Dolmetscher zum Einsatz kam. Jedenfalls in der Bar – auf der Bettkante wurde er dann nicht mehr benötigt... Aber auch wer nicht groß und blond und Spanisch sprechend unterwegs war, kam nicht zu kurz. Ich glaube, auch Quasimodo hätte dort sein Glück für eine Nacht gefunden.

Im Übrigen spielten die Mädels den aktiven Part. Und zwar recht unbekümmert, es konnte schon mal passieren, dass man harmlos am Tresen saß und plötzlich eine fordernde Hand am ‚Gemächt' verspürte. Begleitet von freundlichen Kommentaren wie: „Hola Hombre, grande Pistola!" Völlig unabhängig davon, wie grande die

Pistola gerade war, Komplimente befördern eben das Geschäft.

Mit Arica erreichten wir den ersten chilenischen Hafen. Die Tropenhitze weiter nördlich war schon lange einer Art Wüstenklima gewichen, hinter der Stadt zeigten sich fahlgelb die Bergketten der Anden. Wir lagen übers Wochenende dort, und ich konnte mal wieder einen halben Tag Auszeit ergattern, mit einigen Maaten mieteten wir uns einen Fahrer nebst altem Amischlitten und ließen uns hoch in die Berge karren. Ich wollte endlich mal weiter vorstoßen, als nur bis zum Kaschemmendistrikt. Durch meinen Job hatte ich grundsätzlich erst später abends frei, für irgendwelche Sightseeingaktionen war es dann definitiv zu spät, also mussten freie Tage geopfert werden. Später, als Sparks, war dieses Problem erledigt, ich streunte zu jeder Tages- und Nachtzeit an der Küste herum, notfalls mit einem Pseudo-Auftrag des Alten versehen („Ich muss mal zur Post").

Der Ausflug war nicht unbedingt spektakulär, mal abgesehen von einem tollen Ausblick, den man von den Bergen über der Stadt hatte. Wir karriolten einige Zeit da oben auf staubigen Straßen über zerklüfteten Schluchten und kehrten wieder in die Stadt zurück. Der Fahrer wurde ausgezahlt und Endstation war dann wieder ein Etablissement der unterhaltsamen Art.

Stadterkundung mit dem „Linienbus"

Iquique und Antofagasta waren die nächsten Häfen. Ich würde sie nicht in einer Rankingliste der Starhäfen aufführen, natürlich gab es auch ein paar Bars, ein wenig Unterhaltung, die übliche Zerstreuung halt. Die Landgänge waren weniger stark nachgefragt, schon seit Callao übten sich etliche Leute in merklicher Zurückhaltung. Dafür standen gelegentlich Kleinbusse für Arztbesucher an der Pier.

Nun, der Grund war ganz banal der, dass etliche Piepels ganz gepflegt *„einen am Arsch"* hatten. „Wie bitte?" wird die normale Landratte fragen. Nun, so nannte Hein Seemann den unschönen Zustand, wenn er sich einen Tripper eingefangen hatte. Einige Tage nach dem erotischen Kontakt signalisiert eine brennende Harnröhre unerwünschte Folgen zwischenmenschlicher Beziehungen. Hein Seemann trabt mit etwas unglücklicher Miene zum 3. Offizier, der an Bord in einer Nebenfunktion für die medizinische Betreuung zuständig ist, und zeigt den Störenfried vor. Der Dritte verpasst ihm eine erste Penicillin-Injektion mit hunderttausend und mehr Einheiten, und dann ist Schluss mit lustig. Alkohol ist gestrichen, um die Behandlung nicht zu gefährden, weitere Injektionen werden verabreicht, und im nächsten geeigneten Hafen wird der Patient dem Arzt vorgeführt.

Schon nach Cartagena waren die ersten Fälle aufgetreten. Buenaventura und Guayaquil trugen das Ihre dazu bei, am Ende der Reise hatten sich etliche Jungs *„die Gießkanne verbogen"*.

Zwar lagen in jedem Hafen die Präservative der See-Berufsgenossenschaft zur Selbstbedienung in der Messe, aber Hein Seemann lief meistens hochmütig daran vorbei. Es gab sogar Experten, die Stein und Bein schworen, dass sie ja ein krankes Mädel auf Anhieb erkennen würden. Na, das waren richtige Wunderärzte. Und oft auch die ersten, die auf einmal keinen Alkohol mehr tranken...

Vor uns lag nun einer der Höhepunkte der Reise: Valparaiso, kurz Valpo genannt. Die Liegezeit dort sollte fast eine Woche dauern, da in dem Hafen nicht nur die Restladung gelöscht, sondern auch erste Ladungsbestandteile für die Rückreise geladen werden sollten. Ein großer Empfang stand auch auf dem Plan, wieder ein Abend ohne Landgang. Aber bei fünf Tagen gab es auch für mich Möglichkeiten genug.

So tigerte ich schon am ersten Abend los Richtung ‚Roland Bar'. Der Schuppen war wohl von einem Bremer Einwanderer begründet worden und so was wie der zentrale Treffpunkt aller deutschen Seeleute in der Stadt. Man erzählte sich wahre Wunderdinge von dem Laden, auch einige der dort agierenden Damen genossen flottenweit höchsten Ruhm. Immer wieder erwähnt wurden „Revolver Berta" und „Taifun Mary", gesehen habe ich aber beide nicht. Vielleicht waren sie schon gar nicht mehr aktiv und lebten nur als Legende weiter.

In der Roland Bar war jede Menge Trubel, und die Señoritas gingen sofort zum Angriff über, als wir am Tresen Platz genommen hatten. Eine wirklich hübsche Maus, so etwa in meinem Alter, setzte sich zu mir und eröffnete die Konversation. Allerdings auf etwas merkwürdige Art und Weise, sie gestikulierte sehr heftig mit den Händen und gab nur schwer lesbare Laute von sich. Ich war etwas ratlos, ‚Mensch' dachte ich, ‚so ein paar spanische Brocken habe ich ja schon drauf, aber was schnacken die hier denn für einen Dialekt?'. Nach einigem Hin und Her wurde deutlich, dass die junge Dame hörbehindert war und bedingt dadurch auch nur eingeschränkt reden konnte. Der übliche, wenn auch nicht ganz korrekte Ausdruck dafür lautet ‚taubstumm'. Das hinderte sie allerdings nicht daran, hier auf den Matrosenstrich zu gehen, wie gesagt, sie sah wirklich gut aus. Nichts lag mir ferner als Hörbehinderte zu diskriminieren, also ließ ich mich auf das Spielchen ein. Wir verbrachten einige schöne Stunden in der Bar, nur unsere Unterhaltung war etwas komplizierter als sonst. Später dann landeten wir im ‚Hotel Norfolk' (aus einem mir rätselhaften Grund habe ich den Hotelnamen bis heute im Gedächtnis), einer etwas heruntergekommenen Absteige, außer uns beiden war noch ein Schmierer mit seiner Chica dabei.

Blöderweise blieben wir auf dem Weg in die Zimmer noch an der Hotelbar hängen und verpassten uns dort den finalen Schluck, den wir eigentlich wirklich nicht mehr gebraucht hätten. Dann ging es in die Koje.

Für den folgenden Morgen hatten wir um halb 6 Uhr Wecken angeordnet. Ich hatte ja zur Frühstückszeit wieder in meiner Pantry zu stehen. Um diese Zeit bollerte dann der Hotelknecht an meine Tür, danach noch der Schmierer, der tatsächlich rechtzeitig zu sich gekommen war. Fehlanzeige, der Aufwäscher war erschöpft, abgefüllt, fertig, ich hörte rein gar nichts. Meine Chica hörte auch nichts, die war ja taubstumm.

Irgendwann am späten Vormittag rüttelte sie mich wach, letztlich war es dann so gegen 14:00 Uhr, als ich an Bord auftauchte.

Dort herrschte bereits eine Bombenstimmung, außer mir wurden noch etliche andere Piepels vermisst, selbst eine der Stewardessen war an Land versackt und nicht erschienen, vermutlich hatte sie einen „Nutterich" gefunden. Der Chiefsteward meinte achselzuckend: „Wenn nur du verschütt gegangen wärst, hätte ich das ja noch untern Teppich kehren können, aber der halbe Dampfer fehlt, der Chiefmate hat sich alle Namen geben lassen und springt im Dreieck."

Na ja, kurz darauf hatte ich dann eine Audienz beim Ersten. Der stauchte mich nach allen Regeln der Kunst zusammen, seine Ausführungen beendete er mit der Ansage: „Und außerdem, solche Vögel wie Sie brauchen wir eigentlich überhaupt nicht, für Bremen können sie dann schon mal ihren Koffer packen!" – „Ja nun", erwiderte ich „ich hatte eigentlich auch vor, nach dem Trip abzumustern!" – „Ach ja?" kam das spöttische Echo, „wollen Sie sich dann nach einem besseren Job umschauen oder wie?" – „Genau!" meinte ich", „ich werde dann die Seefahrtschule besuchen, mir schwebt da eine Offizierslaufbahn vor!" – „Rauss!!!"

Den hätte ich später gerne mal wieder getroffen. So in voller Uniform, und dann laut „Siehste?" gebrüllt. Hat aber nicht sollen sein...

Natürlich machte mein Erlebnis schnell die Runde im Mannschaftsdeck. „Schon gehört, der Aufwäscher war mit 'ner tauben Olsch eintörnen, dann haben beide den Weckruf nicht gehört, ha ha ha!" Aus der tauben Olsch wurde dann irgendwann eine Taube, schließlich eine weiße Taube und schon hatte ich bei einigen Piepels meinen Spitznamen weg: La Paloma.

Die folgenden zwei Abende war es Essig mit Landgang, es fanden wieder großartige Empfänge an Bord statt. Diese verdammte Jubiläumsreise ging mir langsam auf die Klöten, an Land tobte das Leben, und ich schlug mich hier mit den Geschirrbergen der Partygäste herum.

Als ich dann endlich wieder in der Roland Bar auftauchte, war meine Flamme auch vor Ort, aber bereits in neuen Händen. Irgendein anderer Sailor war nun an ihrer Seite und becircte sie mit wild fuchtelnden Armen. „Na gut", dachte ich", „morgen wirst auch du verpennen, mein Freund" und orderte erst mal ein Bier.

Ich muss zu meiner Schande gestehen, dass ich damals von der schönen Stadt Valparaiso außer der Kneipenmeile nicht viel gesehen habe. Tagsüber war Arbeit an Bord angesagt, und abends spät war ein großartiges Sightseeing nicht mehr möglich. Übrigens ein Grundproblem für einen Seemann, der mit der Vision einstieg, fremde Städte kennen zu lernen. Für die meisten Janmaaten ruhte im Hafen keineswegs die Arbeit, Deck und Maschine waren permanent mit Wartungsarbeiten befasst und Kombüse und Bedienung hatten durch regelmäßige Fütterungen das Überleben der Crew sicherzustellen. Man war eben nicht als Tourist auf Reisen....

In Ilo kam ein größeres Kontingent Kupferbarren in die Laderäume

Auch die schönste Liegezeit geht mal zu Ende, nun gings wieder Richtung Heimat. Von Europa hatten wir überwiegend Industrieprodukte, Maschinenteile, Chemikalien und dergleichen transportiert, nun luden wir für die Rückreise eben jene Güter, die die Länder Südamerikas exportierten. In Chile kam zum Beispiel ein größeres

Kontingent Kupferbarren in die Laderäume, in Ecuador und Kolumbien übernahmen wir große Mengen Rohkaffee.

Wieder wurden fast die gleichen Häfen angelaufen und Ladung eingesammelt, neu im Fahrplan war Ilo in Peru. Wo ich den wohl merkwürdigsten Landgang der ganzen Reise erlebte. Zu viert trabten wir die Gangway runter und ins Städtchen. Und dieses Städtchen war toter als tot, keine Kneipe, kaum Lichter, der Hafen wirkte wie eine entvölkerte Town in einem Italowestern. Irgendwann fanden wir einen Schuppen, in dem eine stattliche Anzahl von Indios, sowohl Männlein als auch Weiblein, auf Bänken längs der Wand saßen und stumm aus riesigen Bierflaschen tranken. Richtige Inka-Nachfahren, mit steifen Bowler-Hüten und Zöpfen. Wir gesellten uns dazu, inhalierten ebenfalls Bier aus diesen Liter-Eumeln und stierten die Indios an. Welche wiederum uns anstierten, schweigend und stoisch. Nach zwei Stunden verkrümelten wir uns wieder Richtung Schiff. Niemand schaute zurück, als wir am nächsten Morgen ausliefen.

Hafen für Hafen arbeiteten wir uns Richtung Norden vor. In jedem Port kannten wir nun schon die wichtigsten „Places to go". Etliche Maaten wurden schon von ihren Chicas erwartet, man hatte sich schon auf der Ausreise für diese Liegezeit verabredet und törnte mit der gleichen Lady wieder ein. Diese Situation kam dem Märchen „in jedem Hafen eine Braut" doch schon sehr nahe.

Die HESSENSTEIN verlässt die chilenische Küste
In einem Fall hatte ich auch ein solches Date, und zwar in der ‚A-

nita Bar' in Guayaquil.

Kaum waren wir fest, verkündete der Chiefsteward die frohe Botschaft von einem weiteren großen Empfang an Bord. Kein Landgang fürs Feudelgeschwader. Mit hängenden Ohren schaute ich meinen Kumpels hinterher, als sie abends erwartungsvoll die Gangway runter dackelten. Die abendliche Party war dann auch noch eine der größeren Veranstaltungen, auf dem ganzen Kahn streunten Gäste umher, alles in großem Aufzug, weiße Smokings und tief dekolletierte Señoras, soweit das Auge reichte. Mit den Gästen kam ich kaum in Berührung, ich werkelte in meiner Pantry und schleppte ab und an Nachschub an die diversen Ausschankstellen im Salon und an Deck, sehnsuchtsvoll dachte ich an Maria, die ganz bestimmt genauso sehnsuchtsvoll in der Anita-Bar auf mich wartete. Gott gab dem Aufwäscher ein gehöriges Maß an Naivität mit auf die Reise...

Lange nach Mitternacht konnte ich mich dann davonstehlen und strebte dem Etablissement meiner Wünsche zu. Der Laden war fast leer, meine Kumpels waren alle schon mit ihren Señoritas zugange. Meine Maria war nicht zu sehen, vermutlich hatte sie schon längst einen anderen Josef an der Backe. Kurz vor meinem Eintreffen hatte es noch eine Keilerei zwischen einigen HESSENSTEIN-Maaten und ein paar griechischen Sailors gegeben, man war gerade mit Aufräumungsarbeiten beschäftigt. Der Barmann riet mir, mich besser zu verdünnisieren, die Griechen hätten eine Racheexpedition angekündigt, offenbar hatten unsere Leute ihnen recht erfolgreich die Jacke voll gehauen. Also machte ich mich vom Acker.

Die Sache hatte noch ein kleines Nachspiel. In der Nacht legte hinter uns ein schwedischer Dampfer an. Einige der Schweden, die da morgens am Schiff herumlungerten, sahen ziemlich ramponiert aus, Augen dicht gekloppt, Nase schief und dergleichen. Wie man hörte, war ein Teil der Schwedengang kurz nach mir in der Anita-Bar eingetroffen, unmittelbar darauf stürmte ein aufgebrachter griechischer Mob den Schuppen und fiel über die Wikinger her. Die waren wohl mit uns Deutschen verwechselt worden, welche dort kurz vorher die Griechen vermöbelt hatten. Wir äußerten den Schweden gegenüber viel Mitgefühl, trugen aber sonst nicht viel zur Aufklärung des aus schwedischer Sicht merkwürdigen Geschehens bei.

Buenaventura war dann die letzte Station im Pazifik, auch hier sollte noch mal so richtig das Leben genossen werden. Es gab aber sehr ernsthafte Warnungen, den Schanker Hill aufzusuchen, in der Zwischenzeit waren wohl wieder ein Sailor da oben abgestochen worden. Mit einigen anderen Jungs verzichtete ich auch auf einen Besuch, wir verlustierten uns dann in einer kleinen Bar in Hafennähe. Besser als an Bord abhängen war das allemal.

Bei dieser Schilderung kann nun leicht der Eindruck entstehen, dass die Sailors sich auf einer Vergnügungsreise befanden und von einer Party zur nächsten taumelten. Was ich hier wiedergebe, entspricht im Inhalt exakt dem, was sich Seeleute selbst erzählen. Den Arbeitsalltag, die zehnstündige tägliche Schinderei in der Maschine und an Deck, die sich ständig wiederholenden Abläufe in den einzelnen Tätigkeitsbereichen erscheinen den Maaten gar nicht der Erwähnung wert, so war halt ihr Leben. Während all dies geschah, wurde in den Häfen unentwegt geladen und gelöscht, dies bewältigten allerdings die lokalen Hafenarbeiter. Die Crew war aber in der Liegezeit je nach Aufgabenbereich ständig mit Pflege und Wartung des komplexen Systems ‚Schiff' beschäftigt, in jedem Port wurden in der Maschine Teilkomponenten repariert oder ausgetauscht, wurde an Deck und rund um den Schiffskörper der allgegenwärtige Rostbefall bekämpft, wurden in der Kombüse täglich 150 und mehr Mahlzeiten hergestellt und (jetzt kommt's) vom Aufwäscher immer wieder die gleichen Tellerberge gereinigt. Die ganzen Vergnügungen, die ich hier schildere, fanden dann nach Dienstende an Land statt. Dort, der Bordroutine entkommen, tobten wir uns dann aus.

Nicht ganz so „abwechslungsreich" war die Reise für diese vier Stewardessen, die zur Besatzung zählten. Kneipen, in denen irgendwelche Gigolos auf unsere Stewardessen lauerten, gab es nicht. Für diese lief die Reise etwas anders ab, einige der Damen waren schon etwas älter und nutzten ihre Landgänge ausschließlich in touristischer Art und Weise, amouröse Abenteuer blieben ihnen versagt. War die Stewardess noch recht knackig, hatte sie binnen kürzester Zeit einen festen Verehrer an Bord und war versorgt, die anderen Janmaaten akzeptierten das Verhältnis, und alles war in bester Ordnung. Besagter Verehrer musste sich dann aber an der Nuttenküste gut zusammenreißen, ihm blieben die Freuden seiner Kollegen verwehrt. Das ging auch gut, solange die Dame nicht auf die Idee verfiel, aufgrund des Überangebotes an Bord mal den Partner zu wechseln oder gar von Blüte zu Blüte zu hüpfen. Dann ‚war die Kacke am Dampfen', die Maaten gerieten sich in die Wolle, und im Extremfall war ein Einschreiten der Schiffsleitung geboten, falls nötig, wurde dem Fräulein dann auch gekündigt. Abgesehen davon, dass eine sexuell zu aktive Bordfrau schnell in den Ruf geriet, allen und jedem zur Verfügung zu stehen, was dann zur Folge hatte, dass auch mal nächtens ein Maat an ihrer Koje stand, den sie gar nicht eingeladen hatte. Und der hatte seine Hose der Einfachheit halber gleich in seiner Kammer gelassen. Ist alles schon vorgekommen…

Tage später. MS HESSENSTEIN befand sich auf Heimreise, wir hatten den Panama-Kanal ein zweites Mal passiert, die Karibik durchquert und wieder den offenen Atlantik erreicht. Und ich hatte Bilanz gezogen und war fest entschlossen, den dreieinhalbjährigen Weg zum Seefunkzeugnis zu gehen. Mit meinen zwei Fahrten als Aufwäscher war ich noch meilenweit davon entfernt, ein richtiger Seemann zu sein, aber zumindest hatte ich diese Lebenswelt einmal hautnah kennen gelernt, ich wusste, was mich nach der Ausbildung erwartete, zumindest glaubte ich es zu wissen. Was ich erlebt hatte, hat mich rundherum begeistert, ich war 23 Jahre alt, ich wollte mehr von dieser Welt sehen und auch mehr erleben, als mir bisher in meinem Landrattendasein geboten wurde.

Am 14. Dezember 1972 stellte ich in Bremen meinen Koffer auf die Pier.

Der Weg zum Seefunkzeugnis

Am 1. Februar 1973 begann mein Elektronik-Praktikum bei einem Zweigwerk des Bosch-Konzerns, dort wurden in unmittelbarer Nähe meines Heimatortes Industriesteuerungen entwickelt und produziert. Ein halbes Jahr später dann der Wechsel zu einem kleinen Unternehmen im Taunus, dort importierte man sogenannte CB-Funkgeräte aus Fernost, tauschte lediglich die Frequenzquarze gemäß deutschen Bestimmungen aus und verhökerte die Geräte dann weiter. Technisch konnte ich nicht allzu sehr davon profitieren, aber ich übernahm eigenverantwortlich die Lagerhaltung und wurde darüber hinaus mit allem beschäftigt, was so anfiel, Faktotum für dieses und jenes gewissermaßen. Vor allem, ich wurde besser als ein Praktikant bezahlt und konnte damit meinen Lebensunterhalt finanzieren.

Im zweiten Jahr des Praktikums bewarb ich mich auf der Seefahrtschule Hamburg für den im Februar 1975 beginnenden Lehrgang zum Seefunkzeugnis 2. Klasse und bekam prompt die Zusage. Mit den beiden Praktika waren die Eingangsvorrausetzungen für den Besuch der Schule erfüllt, das Ziel rückte in greifbare Nähe.

Am ersten Februar 1975 stand ich nun im Sekretariat der Hamburger Seefahrtschule. Zu meiner Verblüffung fragte kein Mensch nach meinen Praktika-Nachweisen, ich hätte in den zwei Jahren auch Schweine füttern können. Dann eröffnete man mir, dass der Lehrgang fast nicht stattgefunden hätte, es gab nur acht Anmeldungen. Mir blieb fast die Pumpe stehen. Aber letztlich hatte man sich entschlossen, den dreisemestrigen Kurs zu starten.

Die Seefahrtschule lag an der Rainvilleterrasse in Hamburg-Altona, hoch über der Elbe, man hatte einen sehr guten Blick auf die ein- und auslaufenden Schiffe. Es handelte sich um eine Fachhochschule, wir Funkschüler besuchten allerdings einen angegliederten Fachschulbereich. Lehrgangsleiter war ein Herr Weber, ein gemütlicher älterer Funk-Lehrer, der in seiner aktiven Fahrtzeit auf Passagierschiffen noch im Transatlantikdienst gefahren war, wir nannten ihn insgeheim Papa Weber. Funktechnik lehrte ein Herr Kühn, er galt als eine der ganz großen Koryphäen auf diesem Gebiet, war Mitglied in zahlreichen Fachgremien und hatte an vielen Entwicklungen des Seefunks maßgeblichen Anteil. Dann gab es noch einen Englischlehrer, dessen Name mir allerdings entfallen ist.

Zu Lehrgangsbeginn wurden wir mit dem Lehrplan vertraut gemacht, die ersten beiden täglichen Unterrichtsstunden waren der Morseausbildung gewidmet, und zwar dem Hören. Ich erklärte Papa Weber, dass ich auf einige Jahre Einsatz als Horchfunker zurückblicken konnte, er bot mir daraufhin einen Hörtest im späteren Prüfungstempo an, und ich schrieb diesen Test fehlerfrei mit. Papa Weber befreite mich umgehend von der Teilnahme an den morgendlichen Hörstunden, und damit war mein tägliches Lernpensum zeitmäßig auf vier bis fünf Stunden geschrumpft. Erst um 10:00 Uhr vormittags geruhte ich nun in der Schule zu erscheinen.

In der Stauffenbergstraße, unmittelbar am Rand von Blankenese, hatte ich mir ein kleines 1-Zimmer-Appartement gemietet, meine immer noch aufgesparte Bundeswehr-Abfindung und eine monatliche Bafög-Zahlung ermöglichten mir ein einigermaßen entspanntes Dasein.

Der Lehrplan war umfangreich, man unterrichtete Funkbetriebskunde, Telegraphie (Morsen), praktische Abwicklung des Funkverkehrs, Gerätekunde, Englisch, Ausbildung an der Schreibmaschine, Wetterkunde, Verkehrsgeographie und umfangreich Funktechnik. Alle Betriebsverfahren im Tast- und Sprechfunk wurden wieder und wieder geübt, auch mit den zu dieser Zeit verwendeten Funkortungsverfahren wurden wir vertraut gemacht. Während ich dem Hören meist fernblieb, musste ich nun aber intensiv an meiner Gebefähigkeit arbeiten, beim Bund war ich nur „Horcher" gewesen. Wir morsten unsere Übungstexte mit alten Junkerstasten, ein angeschlossener Streifenschreiber registrierte unbarmherzig jeden Piep, jedes Schmieren und Flattern. Ich muss eingestehen, dass ich mich da von Anfang an schwer tat, ich hatte keine saubere „Handschrift".

Im Technikunterricht wurden mir auch schnell Grenzen aufgezeigt, das zweijährige Praktikum war nun wirklich nicht mit einer abgeschlossenen Berufsausbildung als Radio- und Fernsehtechniker vergleichbar, und diese hatten fast alle meine Mitschüler. Dafür war ich der Einzige, der schon mal zur See gefahren war, zwar nur als feudelnder Geschirrspüler, aber immerhin. Meinen Erzählungen wurde recht gerne gelauscht...

Einmal stand ich in einer Unterrichtspause am Fenster und beobachtete ein Kühlschiff, das gerade in den Hafen einlief, es war ein ‚Bananenjäger‘ der Reederei F. Laeisz, der meine Aufmerksamkeit erregte. „Das wär's", so mein Kommentar, „das richtige Fahrtgebiet, der richtige Dampfer." Ich konnte solche fachmännischen Anmerkungen ja liefern, der einzige Funkschüler mit Borderfahrung, der Einäugige unter den Blinden. Papa Weber stand hinter mir und grinste mich etwas rätselhaft an. Später sollte ich mich einmal an diese Episode erinnern.

Während des zweiten Semesters wurde die Klasse verstärkt, einige bereits befahrene Inhaber des Seefunksonderzeugnisses stiegen bei uns ein, um ihr Patent zum 2.Klasse-Zeugnis aufzustocken. Nun konnte ich mit meiner Feudelfahrzeit zunächst mal die Klappe halten, da saßen nun richtige Sparkys um uns herum, die schon einige Jahre Funkpraxis auf See hatten. Von diesen Kollegen erfuhren wir eine ganze Menge über das, was uns in unserem zukünftigen Beruf erwarten würde.

Vom Hören befreit verbrachte ich trotz allen Beanspruchungen eine recht lockere Schulzeit. Rudi, einer der Sonderfunker, nahm die Sache auch ganz „easy", und gemeinsam streunten wir häufig über den Kiez und genossen das Hamburger Kneipenleben. Rudi war schon auf Bergungsschleppern gefahren, hatte einige Reisen auf einem Dauelsberg-Frachter gearbeitet und war auch längere Zeit auf dem Forschungsschiff „SONNE" im Pazifik im Einsatz gewesen. Außerdem war Rudi ein großer Getränksmann, bei unseren nächtlichen Streifzügen war er am Ende jedes Mal breit wie eine Natter. Das hielt ihn aber nicht davon ab, dann noch mit seinem Fahrrad nach Hause zu fahren, meistens mit fatalen Folgen. Rudi knallte mit schönster Regelmäßigkeit aufs Straßenpflaster und sah dann oft ziemlich ramponiert aus.

Basislager unserer Unternehmungen war die legendäre Hafen-kneipe ‚Tante Hermine'. Nach dem Ableben der Wirtin hatte ein anderes Wirtsehepaar den Laden noch einige Jahre weitergeführt, und zwar ganz im Sinne der verstorbenen Gründerin. Besonders an Wochenenden steppte der Bär in dem Schuppen, und wir steppten fröhlich mit. Die Bude war eigentlich recht klein, aber dort traf sich alles Mögliche, Seefahrtschüler, Hafenarbeiter, Seeleute, auch Tou-risten, die Nutten vom Straßenstrich schauten gelegentlich für einen aufwärmenden Kaffee rein, spätabends kamen die abgelösten Kran-kenschwestern vom Hafenkrankenhaus dazu, es war eine erlesene Mischung. Hinten im Raum, ein paar Treppenstufen höher, hing über einem alten Klavier der präparierte Penis eines Pottwals, ein Riesending, es sah irgendwie aus wie ein lederner Elefantenzahn. Tauchten irgendwelche Touristen in dem Schuppen auf, wurde der Dödel von der Wand geholt und den Ladys in die Hand gedrückt: „Nu rat mal Deern, wat dat is?" Einmal aufgeklärt, pflegten die Da-men zu juchzen und guckten dann ganz verträumt. Jedenfalls inter-pretierten wir das so...

Auch sonst wurde in Hamburg viel geboten. In Erinnerung ist mir noch der 24. Mai 1975, als die Hamburger Frachtschiffe MS „MÜNSTERLAND" und MS „NORDWIND" nach achtjährigem Auf-enthalt im großen Bittersee wieder in den Heimathafen zurückkehr-ten. Die Pötte waren 1967 beim Ausbruch des Siebentagekrieges im Suez eingeschlossen worden, zusammen mit 12 anderen Schif-fen aus allen möglichen Ländern. Als die Ägypter den Kanal 1975 endlich wieder öffneten, waren die beiden Hamburger Schlorren die Einzigen, die noch fahrfähig waren, man hatte die ganzen Jahre über Wartungs-Crews vor Ort eingesetzt und alles gut in Schuss gehalten. Die Ankunft im Hamburger Hafen wurde zum Triumphzug, Zigtausende von Zuschauern winkten an den Landungsbrücken, Schiffssirenen dröhnten, Feuerlöschboote spritzten Spalier, die Stadt feierte die Rückkehr der Schiffe als gigantisches Volksfest.

Im Sommer 1976 stand nun die Prüfung an. Prüfende Instanz war die Oberpostdirektion Hamburg. Von den acht ursprünglichen Funkschülern waren nur noch sechs dabei, die beiden anderen waren bereits am Morsen verzweifelt, dafür gingen vier Sonderfunker mit uns ins Examen. Einige höchst gestrenge Beamtendarsteller rückten an und nahmen zunächst die praktische Prüfung ab. Zuerst Hören. Ich hatte null Fehler, einige Kollegen fielen hier schon durch. Dann Geben. Und hier nahm das Desaster seinen Lauf, ich hockte mit einigen Mitschülern in der ersten Reihe des Übungsraumes, einer verkrampfte sich und fing wild und unkontrolliert mit der Taste an zu flattern, der nächste nahm den Ball auf und zu guter Letzt waren wir vier da vorne alle Opfer einer Art Morse-Panik geworden. So ein Mist aber auch. Den Rest des praktischen Tests (Durchführung eines Notverkehrs in Tast- und Sprechfunk, Absetzen einer Sicherheits- und einer Dringlichkeitsmeldung) bewältigte ich dann wieder, weil ich ja schon mein Durchfallen realisiert hatte und ziemlich teilnahmslos weitermachte, ohne jegliche Anspannung.

Am folgenden Tag dann technische Prüfung, Betriebskunde und alles, was man einen Funkschüler noch fragen konnte. Auch hier kam ich problemlos durch, selbst mein Angstfach Technik stellte keine unüberwindliche Hürde dar. Aber das verdammte Geben war nun einmal gründlich danebengegangen.

Die Regularien sahen nun vor, dass zwei Wochen später die Möglichkeit einer Nachprüfung bestand. Ebenso für meine auch gescheiterten Mitschüler, wobei die Frist zur Nachprüfung je nach Anzahl der vermasselten Prüfungsfächer differierte. Von den unbefahrenen Schülern hatten es nur zwei im ersten Durchgang geschafft, die Sonderfunker alle.

Täglich kreuzte ich nun in der Schule auf und übte verbissen an der Taste, bis mich Papa Weber rauswarf mit der Begründung: „Hör mit dem Scheiß auf. Du kannst das, du machst dich hier nur verrückt!" Also blieb ich der Taste fern und wartete auf den Nachprüfungstermin.

Mitte Juli war es dann soweit. Nach einer schlaflosen Nacht rückte ein höchst nervöser Kandidat in der Postbehörde an, um sein Haupt aufs Schafott zu legen. Als ich merkte, dass ich schon wieder das Flattern bekam, habe ich mal eben noch auf die Schnelle zwei Flaschen Bier in mich hinein geschüttet. Es war das erste und das letzte Mal in meinem ganzen Dasein, dass ich mir vor einer Prüfungssituation Alkohol in die Birne jagte. Ob das nun eine besonders schlaue Idee war, lassen wir mal dahingestellt sein. Mir war völlig klar, würde ich heute durchfallen, bedeutete dies ein Jahr Prüfungssperre, ich würde dann wohl nicht mehr antreten.

Die Gebeprüfung absolvierte ich in einem komaähnlichen Zustand, mein Hirn fühlte sich völlig leer an. Der Prüfer verschwand mit meinem Papierstreifen, der präzise jedes noch so kleine Zittern meiner Hand aufgezeichnet hatte. Banges Warten. Endlos. Dann öffnete der Postmensch die Tür, grinste mich an und sagte: „Herzlichen Glückwunsch. Sie haben es geschafft!"

Etwas später saß ich vor dem Fernmeldeamt in meinem alten Volkswagen und starrte minutenlang auf das kleine rote Dokument, das mich, so der Originaltext, dazu berechtigt, den Telegrafie- und Sprechfunkdienst bei deutschen Seefunkstellen nach den in der Bundesrepublik Deutschland geltenden Bestimmungen auszuüben.

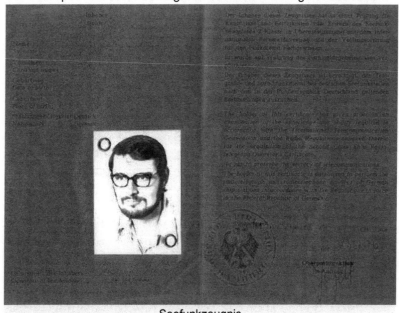

Seefunkzeugnis

Das Zeugnis trug das Ausstellungsdatum 13. Juli 1976. Ich war am Ziel. Der lange Weg zum Seefunkzeugnis war Geschichte.

Jetzt musste ich mich damit befassen, eine Reederei zu suchen. ‚Kein Problem', dachte ich, ‚gehste zum Arbeitsamt, die haben bestimmt Dampfer genug.' Durch viele Gespräche mit erfahrenen Kollegen wussten wir, welche Reedereien gut und welche nicht so empfehlenswert waren. Wird sich schon was finden.

Erster Gang nach der Zeugnisaushändigung war der Weg zur nächsten Telefonzelle, Papa Weber sollte Meldung erhalten, die Lieben zuhause auch. „So", meinte Weber, „ich wusste, dass du das schaffst. Jetzt pass ma' auf, morgen früh um Neune fährste an die Trostbrücke zu Laeisz, die suchen 'nen Sparks. Ich hab dich schon bei Dobert angemeldet, der fixt da alles mit den Funkern!" – „Ja, wie...?" – „Nix ja wie, du willst doch Bananenjäger fahren, also mach hin da!" OK, ich machte...

Zunächst mal stand eine monumentale Siegesfeier auf dem Programm, noch am gleichen Abend lief ich mit meiner kompletten Hamburger „Gang" bei Tante Hermine ein, es war wohl das wüsteste Gelage meiner gesamten Seefahrtschulzeit. Jan, ein Nautikstudent, fiel irgendwann zu später Stunde vom Barhocker und zog sich eine klaffende Kopfwunde zu, verweigerte aber jegliche Behandlung. Mit einem blutdurchtränkten Handtuch auf dem Haupt schluckte er weiter und ähnelte dabei auffällig dem Heiland auf alten Kreuzigungsbildern. Peter, ebenfalls Nautiker, schlief selig grinsend auf einer Sitzbank mit dem Walpimmel im Arm. Ich selbst wurde morgens gegen drei Uhr per Taxi notevakuiert. Rudi fuhr wie immer mit dem Rad los und dasselte in Altona mit Schmackes gegen eine Hauswand, er sah in den Folgetagen wirklich geküsst aus. Es war ein rauschendes Fest.

Am nächsten Morgen erschien ich pünktlich um 09:00 Uhr bei der Reederei Laeisz. Mein Befinden entsprach dem Status „von einem Güterzug überrollt", kein normaler Mensch sollte in so einem verkaterten Zustand ein Einstellungsgespräch führen. Es ging aber alles ganz locker über die Bühne, der für die Funker zuständige Herr Dobert begrüßte mich und erläuterte mir kurz die für eine Anstellung notwenigen Schritte. Danach wurde ich umgehend an eine nette Dame von der Personalabteilung weitergereicht, unterschrieb meinen Arbeitsvertrag und erhielt einen Bezugsschein für ‚Steinmetz und Hehl', einen der führenden Uniformläden Hamburgs.

Nach Abschluss aller Formalitäten griff die Lady in die unterste Schreibtischschublade, förderte eine Kognak-Buddel und zwei recht große Gläser zu Tage und meinte „Gestern haben sie ja ihre Prüfung bestanden, da sollten wir doch mal drauf anstoßen." – ‚Oh Gott, bitte nicht', war mein erster Gedanke, aber ich hielt feige die Klappe, schließlich kann man ja nicht schon am ersten Tag das Gesicht verlieren. Ich habe keine Erinnerung mehr, wie ich das Zeug herunterwürgte. Ich weiß nur, dass ich kurz davor war, der netten Lady vor den Schreibtisch zu kotzen. Aber irgendwie ist mir doch noch ein Abgang in aufrechter Haltung gelungen.

Den Rest des Tages verbrachte ich aufgebahrt in meiner Wohnung.

Zwei Tage später hatte ich meine Zelte in Hamburg abgebrochen und trudelte wieder in meiner Odenwälder Heimat ein, ausstaffiert mit einer kompletten Uniform-Grundausstattung für Funkoffiziere. „Machen se zuhause noch ein bisschen Urlaub, wir müssen mal schauen, wo wir sie einsetzen!" gab man mir mit auf den Weg.

Nun, es war gar nicht ausgemacht, dass ich wie gewünscht auf einem Kühlschiff einsteigen würde, Laeisz fuhr zu der Zeit vier Kühlschiffe, zwei Containerschiffe und zwei Bulker unter deutscher Flagge. Außerdem noch einige Kühlschiffe unter belgischem und zwei uralte Zementfrachter unter Panama-Feudel. Die beiden Bulker, Massengutschiffe der Panmax-Klasse, wurden weltweit in der Trampfahrt eingesetzt, die Containerschiffe waren im Liniendienst zwischen Kalifornien, Taiwan und Hongkong unterwegs und die älteren Kühlschiffe wurden in US-Charter in der Bananenfahrt beschäftigt. Darüber hinaus wusste ich von Laeisz nur noch, dass das Unternehmen zu den ältesten und traditionsreichsten in Hamburg zählte. Vor dem ersten Weltkrieg hatten die Frachtsegler dieser Reederei auf der Salpeterroute nach Chile einen Geschwindigkeits-Rekord nach dem anderen aufgestellt, so kam die Company zu dem Beinamen „Flying P-Line", alle Schiffe der Firma tragen bis heute mit „P" beginnende Namen. Die unglückliche „PAMIR", die 1957 mit dem größten Teil der Besatzung unterging, war ein ehemaliger Laeisz-Segler. Die „PASSAT", die heute als Museumsschiff in Travemünde liegt, ebenfalls.

Nach zehn Tagen der Anruf, die nette Dame mit dem Kognak-

Depot war in der Leitung: „Sou, Herr Schlörit, nu geit lous. Sie sind für die „PEKARI" vorgesehen, wir haben ein ETA (*vorausberechnete Ankunftszeit*) für den 29. Juli, Bremerhaven!" Volltreffer. Ein Bananenjäger.

Am 28. stieg ich in Bremerhaven aus dem Zug, nach letzten Infos sollte das Schiff irgendwann nachts festmachen. Ich suchte mir in Hafennähe eine kleines Hotel und verbrachte eine unruhige Nacht, morgen würde es also losgehen. Als alleinverantwortlicher Funkoffizier, voll gestopft mit Schulwissen und völlig unbeleckt von Erfahrung und Praxis. Könnte für alle Beteiligten recht spannend werden.

Alles Banane...

Ein Taxi bringt mich am frühen Morgen in den Hafen, es ist ein grauer Tag, nasskalt.

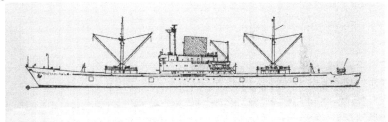

Und da liegt sie: MS PEKARI, 1966 gebaut, mit 4.917 BRT vermessen und mit 139 Metern Länge und 18 Metern Breite nicht gerade ein Gigant. Wie die meisten Kühlschiffe in diesen Jahren weiß gestrichen, Aufbauten mittschiffs, zwei Masten, Bäume und über allem ein etwas überdimensionierter Schornstein in der fahlgelben Laeisz-Farbe. Über den Luken schweben weit ausladende Elevatoren, deren Laufbänder unablässig Bananenkisten an Land und in den lang gestreckten Fruchtschuppen befördern. Auf der Pier reger Betrieb, ein LKW liefert gerade Proviant an, eine ganze Schar dunkelhäutiger Exoten schleppt Kiste um Kiste an Bord. Andere Trucks bringen Ölfässer und technisches Equipment, ziemlich was los auf dem Kai. Ich wuchte meinen Koffer die Gangway hoch, in den Aufbauten der schiffstypische Geruch, ein Mix von Dieselmief, Küchendunst, Reinigungsmitteln, ich kann es kaum beschreiben, Lüfter summen, tief aus dem Schiffsbauch das Brummeln der Hilfsdiesel, seit über drei Jahren fühle ich zum ersten Mal wieder ein Schiff.

REEDEREI F. LAEISZ

Heuerschein

Vor- und Nachname: Bernhard Schlörit

Nr. des Seefahrtbuches:

Geburtsdatum: 1.3.1949   Geburtsort: Miltenberg

Familienstand: ledig   Kinder:

Wohnort: 6120 Michelstadt-Steinbach, Darmstaedter Straße 90

Schiffsname: PEKARI   Dienststellung: Funkoffz. 2. Klasse

Dauer des Vertrages für: unbestimmte Zeit

Heuer und sonstige Bedingungen: laut Heuer- und Manteltarifvertrag f. d. deutsche Seeschiffahrt

Ort und Tag der Anheuerung: 28.7.1976 in Hamburg

Ort und Zeit der Anmusterung: 29.7.1976 in Bremerhaven

Ort und Zeit des Dienstantritts: 29.7.1976 in Bremerhaven

Bezahlung ab: 28.7.1976 als Funkoffz. ab 3. Jahr

Sonstiges: Herr Schlörit übernimmt die Verwaltungsarbeiten an Bo

Heuerabtretung

Die Abtretung der Heuerforderung ist gemäß § 390 B.G.B. ausgeschlossen.

Erklärung

Ich erkläre hiermit mein ausdrückliches Einverständnis, daß die Reederei F. Laeisz mit Ausnahme der sogenannten Ziehscheinzahlungen an meine Angehörigen bzw. auf mein Konto irgendwelche Abtretungserklärungen oder Ratenzahlungsverpflichtungen von mir gegenüber dritten Stellen nicht anerkennt und daher auch keine Abschlagszahlungen à conto meiner Heuer an Dritte vornimmt. Die Anweisungen werden nur ausgezahlt, wenn diese durch den Kapitän der Reederei aufgegeben werden.

F. LAEISZ

i. A. Schröder

Heuerschein – auf ein bestimmtes Schiff bezogener Arbeitsvertrag
Die Funkbude ist ganz oben, wo auch sonst? Ich schleppe mein

Gepäck drei Decks hoch, diese Zossen haben noch nicht diese turmhohen hässlichen Wohnspargel, die auf späteren Schiffen als Deckshäuser fungieren. Nein, die PEKARI sieht noch aus wie ein richtiges Schiff. Und zwar ein sehr schönes Schiff, einer Yacht ähnlicher als einem Frachtkahn.

Arbeitstisch mit Empfängern und Stationsuhr

Oben der Funkraum, die Tür steht offen. Da sitzt mein Vorgänger, gepackte Koffer hinter der Tür. „Sie sind Herr Schlörit? Ja, Mensch, das ist jetzt schade, ich hatte sie gestern Abend schon zum Einlaufen erwartet, da hätten wir richtig schön lange und gründlich Übergabe machen können, ist ja ihre erste Reise. Nun werde ich gleich abgeholt, aber kommen se, wir gehen das alles mal schnell durch!" Puh, da war wohl etwas mit dem ETA nicht richtig bei mir angekommen, so ein Mist.

„Na gut, gehen se erst mal zum Alten, der fühlt sich auf den Schlips getreten, wenn Sie sich nicht gleich melden, und dann schauen wir mal!" Ich also ein Deck tiefer, zum Office des Kapitäns. Die Bude total mit Zigarettenqualm vernebelt, um den Alten sitzen jede Menge ganz wichtiger Figuren, wohl Reederei-Inspektoren und ähnliche Würdenträger. Großes Palaver. Der Alte gibt mir kurz und etwas mürrisch die Hand: „Tach auch. Sie sind neu in der Branche, richtig? Na dann lassen se sich mal alles zeigen. Wir sehn uns!" Und schon stehe ich wieder draußen.

Der Kollege nimmt sich nun doch noch die Zeit, das Wichtigste zu erklären.

Das Sendergestell der Station mit Kurz- und Mittelwellensendern

Zu meiner großen Erleichterung ist die Funkstation fast identisch mit der Anlage, die in der Seefahrtschule zu Ausbildungszwecken verwendet wurde. Alles da, was ich bereits kenne, der Telefunken-Sender S526 für Kurzwellenbetrieb, der Mittelwellensender S519, der Mittelwellennotsender S527. Auf der Arbeitsplatte links und rechts zwei identische Empfänger, E566 von Siemens. Diese klassischen, ganz in grün gehaltenen Standardanlagen findet man auf vielen Schiffen aus den 1960er Jahren, jetzt, im Jahre 1976, entsprechen sie schon lange nicht mehr dem aktuellen Stand der Technik. Einseitenbandbetrieb ist nicht möglich, mehr als 400 Watt Leistung durfte man nicht erwarten. Wenn ich mich richtig erinnere, gibt der Hauptsender im A1-Betrieb nur 250 W her. Aber egal, ich kenne die Anlage, und nur das zählt im Moment.

Null Ahnung, welche Verwaltungstätigkeit von mir erwartet wird.

Auf der Schule war das kein Thema gewesen, die bildete uns zu Funkern aus. Es wird von Reederei zu Reederei sehr unterschiedlich gehandhabt, was man dem Funker sonst noch aufs Auge drücken kann. Bei Laeisz habe ich alle erforderlichen Listen und Unterlagen für die so genannte Einklarierung vorzubereiten, also die grenzpolizeiliche und zolltechnische Abfertigung des Schiffes, wenn es einen Hafen anläuft. An dieser Abfertigung habe ich grundsätzlich teilzunehmen. Ich bin auch Zahlmeister, die Crew bekommt von mir in den Häfen „Schuss" ausgezahlt, am Monatsende habe ich die Heuerabrechnungen zu erstellen. Bis zu 20 Verwaltungsstunden ist die Reederei bereit zu zahlen, die müssen aber einzeln als Überstunden geschrieben und auch begründet werden. Dies alles wird mir in schneller Folge erklärt, mir schwirrt ganz schön die Birne. Dankenswerterweise hat mein Vorgänger aber auch alle wichtigen Punkte in Kurzform niedergeschrieben, an diesen Leitfaden klammere ich mich in den nächsten Wochen wie ein Affenbaby an die Mutter. „Ach ja, wo fährt der Dampfer jetzt eigentlich hin?" – „Keine Ahnung, zunächst geht ihr mal Richtung Panama-Kanal, Lade-Order kommt dann unterwegs per Funk!" Und dann ist der Kollege weg. „Also, viel Glück, gute Fahrt, ich muss los…" Ich bin alleine. Verdammt alleine, keine Sau mehr, die man mal fragen könnte…

Funker waren in jener Zeit die einzigen Schiffsoffiziere, deren Ausbildungsplan keine Borddienstzeit vorschrieb. So gelangten viele Funkoffiziere über ihre Elektroberufs- und Seefahrtschulausbildung an Bord, ohne jemals zuvor ein Schiff gesehen zu haben. Und dort fuhren sie grundsätzlich von Beginn an alleine, kein erfahrener Kollege stand dem Anfänger bei Problemen hilfreich zur Seite, während junge nautische und technische Offiziere immer auf die Unterstützung der alten Hasen bauen durften. In den 1980er Jahren wurde die Ausbildung für Funkoffiziere ein letztes Mal reformiert, die Lehrgänge für die beiden bisher bekannten Zeugnisklassen entfielen, dafür erwarb der Funkschüler in einem viersemestrigen Lehrgang ein ‚Allgemeines Seefunkzeugnis'. Für die Absolventen dieses Lehrganges war dann zum Einstieg eine dreimonatige Assistentenfahrzeit unter Anleitung eines erfahrenen Funkoffiziers vorgeschrieben. Allerdings nur für kurze Zeit, wenige Jahre später wurde im

Hinblick auf die technische Entwicklung die Ausbildung von Schiffs-funkern komplett eingestellt.

Mittags mache ich einen kleinen Rundgang, um mir einen Über-blick zu verschaffen, dann sitze ich in der Offiziersmesse. Vor ein paar Jahren war mein Platz noch in der Pantry an der Spüle gewe-sen... Kurze Vorstellung: „Hallo, ich bin der neue Funker, wo saß denn mein Vorgänger?" Schnelles Kennenlernen über den Suppen-teller hinweg, und schon sitze ich wieder in der Funkbude. Ein Kommen und Gehen, Anmusterer erscheinen und hinterlegen ihr Seefahrtbuch, dabei geben sie gleich ihre Ziehscheine auf, jene Daueranweisung für die Reederei, mit der der Seemann einen festen Teil seiner Heuer monatlich auf ein Heimatkonto überweisen lässt. Abmusterer holen ihre Papiere ab, nebenan auf der Brücke werkeln Techniker an diversen Geräten herum. Der mürrische Alte taucht auf: „Äh, hörn se mal, im Hafen hätt' ich gerne, dass Sie Uniform tragen. Und dann, Sie wissen ja, wir laufen heute Abend aus, be-sorgen Sie mir mal das Wetter, und außerdem brauche ich baldmög-lichst neue Crewlisten!" Ende der Durchsage, weg ist er. War das jetzt ein Anschiss oder war der immer so drauf? Egal, ich steige in die Uniform, Standardausgabe für Funker, dunkelblaue Hose, wei-ßes Hemd mit Laeiszkrawatte und die Khaki-Jacke mit den Schulter-klappen, darauf zwei goldenen Streifen und der Funkerblitz. Nun würde ich den textilen Ansprüchen des Reiseleiters wohl genügen.

Schnell ein Blick in die Funkunterlagen, wann zum Geier kommt der nächste Wetterbericht. Glück gehabt, der nächste WX von Norddeichradio läuft in einer halben Stunde, also schon mal den Empfänger eingestellt. Und die Crewlisten, ja wie soll das denn gehen, es fehlen noch Anmusterer, die muss ich ja erst mal an Bord haben. Ich fange allmählich an, mich wie ein Brummkreisel um die eigene Achse zu drehen...

Mit den letzten Anmusterern erscheint auch familiäre Verstärkung für den Kapitän an Bord. Die Ehefrau vom Alten und der Junge vom Alten sollen die Reise mitfahren, Frau Kapitän bringt ihr Seefahrt-buch persönlich in die Funkbude, sie wird ja, wie alle mitreisenden

Ehefrauen bei Laeisz, als Purser-Assistent (*Verwaltungsassistent*) gemustert und ist damit „Crewmember". Sonst hätte man die Damen auf einer Passagierliste führen müssen. Und endlich kommt auch der letzte noch erwartete Maat an Bord, der Deckschlosser. Der ist ziemlich angefressen, für die Anreise hatte er sein Gepäck am heimischen Bahnschalter aufgegeben, und bei Ankunft Bremerhaven war es nicht da. Nun steht er hier mit lediglich seinen Klamotten am Leib und einer kleinen Umhängetasche, ein bisschen Unterwäsche hatte er sich wohl noch schnell in einer Bahnhofsboutique besorgt. Und wir sollen in Kürze ablegen.

Inzwischen habe ich den Nordseewetterbericht aufgenommen und zur Brücke gebracht, dort laufen schon die Auslaufvorbereitungen. Dann mit fliegenden Fingern eine Matrize mit der Crewliste getippt. Jawohl, damals nutzten wir noch Matrizendrucker zum Vervielfältigen. Eine Art Wachsfolie wurde beschriftet und in einen Handkurbelapparat gespannt, dieser wurde in der Trommel mit Spiritus befüllt, und dann druckte man mit vielen Umdrehungen sehr viele Listen. Und Crewlisten wurden in Massen benötigt, bei manchen Einklarierungen gingen 10 und mehr über den Tisch.

Unmittelbar vor dem Auslaufen noch schnell das Abendessen runtergewürgt, und schon sitze ich wieder in der Funkbude und harre der Dinge, die da kommen sollten. Es kommt aber nichts, beim Ablegen ist ein Funker ungefähr so wichtig wie die Eier vom Papst, der spielt da einfach keine Rolle. In späteren Zeiten lungerte ich bei solchen Manövern gerne auf der Brücke herum und unterhielt mich mit dem Alten oder den Steuerleuten, aber auf dieser ersten Reise als frischgebackener Sparky bin ich noch viel zu verkrampft.

Nun wird die PEKARI lebendig. Von unten gehöriges Zischen und Rumpeln, die Hauptmaschine kommt in die Gänge. Mein ganzer Elektroladen beginnt zu vibrieren und ich gleich mit. Auf der Brücke agiert ein Lotse, gedämpft höre ich durch das Brückenschott Kommandos, das UKW-Sprechfunkgerät quakt. Wir fahren.

In recht kurzer Zeit hat der Dampfer die Hafenschleuse hinter sich gelassen und über die Wesermündung die offene Nordsee erreicht. Die ist ein bisschen kabbelig, der WX, der Wetterbericht, hatte nordwestliche Winde Stärke 6 - 7 gemeldet. Nach jahrelanger Abstinenz von der See meldet mein Magen leichten Protest an, aber es ist noch verkraftbar. Der Alte erscheint und legt mir ein aufgeschlagenes Journal im DIN A4-Format auf den Tisch, darin in fein säuberlicher Blockschrift drei Telegramme aufgemalt. „So, Funker, haun se die mal wech. Das Buch bring' se mir dann runter, schreiben se die Abgangszeit vonne Telegramme rein, machen wir hier immer so!" Schon bin ich wieder alleine, und jetzt ist also der große Moment gekommen. Ich soll erstmals aktiv am Seefunk teilnehmen, den Sender anwerfen, Norddeichradio rufen, die Premiere steht bevor. Auf der Schule kannten wir nur Trockenübungen, ich hatte noch nie auch nur einen Pieps in den Äther gejagt. Also alles schön nach Lehrbuch, wie war das noch gleich? Empfänger auf Anruffrequenz eingestellt, Mittelwellensender hochgefahren, ebenfalls auf die Not- und Anruffrequenz eingestellt, abgestimmt, Kopfhörer über das Haupt gestülpt, Taste zurecht gerückt, noch mal gerückt, Blick zur Stationsuhr, tief Luft holen und los... Halt, ich Blödmann habe vor lauter Aufregung vergessen, den Spruchkopf für jedes Telegramm zu erstellen, mit fortlaufender Nummer, Anzahl der Wörter, Datum Uhrzeit. Schnell nachholen, Taste wieder zurechtgerückt, nu' aber: DAN DAN DAN DE DIFK DIFK DIFK QTC3 K. Mein erster Anruf ist draußen. Gespanntes Warten. Und dann, laut und deutlich, fetzt es aus den Kopfhörern: DIFK DIFK DIFK DE DAN DAN DAN PLS UP 425/474 K. Ja, leck mich doch... das funktioniert ja tatsächlich, ich kriege mich vor lauter Euphorie gar nicht mehr ein. Für Laien: Ich habe Norddeichradio (DAN) mitgeteilt, dass MS PEKARI (DIFK) 3 Telegramme abzusetzen wünsche. Norddeichradio hat mir mitgeteilt, dass ich mich zum Senden auf 425 kHz und zum Hören auf 474 kHZ begeben soll, und zwar flott. Kurze Zeit später waren alle drei Telegramme übermittelt, ich hatte meine Empfangsbestätigung, das so genannte QSL, umgehend trage ich das Telegrammbuch zum Alten und gucke dabei aus der Wäsche, als ob ich den Seefunk gerade neu erfunden hätte. Er hebt an seinem Schreibtisch noch nicht einmal den Kopf.

Später am Abend nehme ich noch einen Wetterbericht auf, höre erstmals die Anruflisten von Norddeich ab und stelle vor dem Wach-Ende noch das Autoalarmgerät ein. Der kleine Zauberkasten würde für mich Wache gehen, während ich schlafe. Dazu muss man wissen, dass der Sparks auf Frachtern acht Stunden Hörwache auf der internationalen Not- und Anruffrequenz 500 KHz sicherzustellen hat. Die restlichen 16 Stunden des Tages macht das Autoalarm-Gerät diesen Job. Sollte ein Dampfer in Seenot geraten, sendet er vor dem eigentlichen SOS eine Reihe von Alarmzeichen, in der Betriebsart A2 getastet mit vier Sekunden Dauer und einer Sekunde Pause dazwischen.

Das Autoalarmgerät erkennt diese Zeichenfolge und löst einen mörderischen Klingelton im Funkerwohnraum und auf der Brücke aus. Der Funker besetzt umgehend die Station und empfängt dann die eigentliche Notmeldung des Havaristen. Soweit die Theorie. Zur Praxis komme ich später...

Der nächste Morgen, die PEKARI brackert mit 20 Knoten nach Westen, dem Ärmelkanal entgegen. Früh auf den Beinen und schnell unter die Dusche. Die liegt außerhalb der Kammer auf dem Gang, die Funkerkammer auf diesen alten Reefern hat keine eigene Nasszelle. Runter in die Messe, eine Portion Rühreier wäre jetzt sehr willkommen. Der Steward ist einer der braunen Exoten, die mir schon am Vortag bei der Proviantübernahme auffielen. Zur Crew zählen 11 Gilbertesen, Bewohner zweier Inselgruppen mitten im Pazifik (teils Polynesien, teils Mikronesien), die bis in die Siebziger Jahre als Gilbert and Ellice Islands eine britische Kronkolonie bildeten. Heute sind beide Inselgruppen selbstständig und heißen Kiribati und Tuvalu, die braunen Jungs von dort werden aber immer noch bei einigen Reedereien beschäftigt.

Zum Frühstück werden Frikadellen serviert. „Typisch Ede Wolf", meint der 3. Offizier, der mir gegenüber sitzt. „Wieso Ede Wolf?" – „Nun, der Koch hier hat'n Lieblingsgerät, und das is' sein Fleischwolf. Wenn de Glück hast, kriegste hier morgens Rinderhack, mittags Hackbraten und abends Frikadelle. Wenn de den nich' zurückhälst, schüttet der noch die Suppe in den Apparat. Und deswegen nennen wir ihn Ede Wolf!" Na, das wird ja ein richtiger Gourmet-Trip, denke ich so im Stillen..

Weiter im Smalltalk: „Und wie ist die Stimmung sonst so?" – „Eigentlich ganz OK. Der Alte is' jetzt ein bisschen mürrisch, seine Olsch fährt nu' mit, und da muss er sich ein bisschen zusammenreißen." – „Wieso?" – „Wirste schon noch merken...!" Klingt rätselhaft, aber schauen wir mal...

Nach dem Frühstück die erste Funkwache. In Ermangelung eigener Erfahrung habe ich kurzerhand den Wachplan meines Vorgängers übernommen, erste Wache von 08:00 bis 12:00 Uhr, die zweite von 15:00 bis 17:00 und die dritte von 18:00 bis 20:00 Uhr. Als Anfänger geht mir jede Routine ab, ich mache mir erst mal eine Übersicht, eine „To do-Liste" wie es in modernem Management-Deutsch so heißt. Wetterberichte stehen ganz oben auf der Prioritätsliste, also erst mal checken, welche Küstenfunkstelle sendet wann was? Dann die Sammelanrufe. Die Küstenfunkstellen packen die Rufzeichen aller Schiffe, für die ein Telegramm oder ein Telefonat vorlag, in eine Liste und senden diese in regelmäßigen Abständen. Die Bordfunker hören diese Listen ab und melden sich dann ihrerseits bei der Küstenfunkstelle, wenn ihr Dampfer dabei ist. Anschließend wird die Nachricht übermittelt und das Schiff aus der Liste genommen. Einfaches Selbstabholerprinzip.

An diesem ersten Morgen, in dieser ersten richtigen Seewache, bin ich angespannt wie ein Hochseilartist. Ja nichts vergessen, wann kommt der nächste WX, wann die nächste Liste, ach verdammt, die Brücke kriegt ja täglich ein Zeitzeichen übermittelt, welche Küstenfunkstellen sind denn in der Nähe? Tausend Probleme schießen mir durch den Kopf, die eigentlich keine sind. Rückblickend muss ich heute noch schmunzeln, wenn ich an diese erste Reise als Sparks denke. Wie entspannt saß ich in den Folgejahren vor meinen Geräten, Buch in der Hand, Kaffeetasse auf dem Tisch, ein Ohr immer auf der Notfrequenz, der Rest Gelassenheit pur. An diesem Morgen bin ich da noch Meilen von entfernt.

Die Tür zur Funkbude steht weit offen, da fühle ich mich nicht ganz so isoliert. Ab und an kommt oder geht jemand zur Brücke an meinem Schott vorbei. „Moin Sparks!" – „Moin Moin!"

Gegen 10:00 Uhr erscheint einer der Gilbies, Messesteward Tiroko Nabaruru: „Good Morning Radio, I want to make your cabin!" So so, die nennen mich Radio, na meinetwegen. Und das war eine der angenehmen Seiten, wenn man in die Kaste der Offiziere aufgestiegen war. Es kommt täglich jemand und macht die „cabin".

Kurze Zeit später erscheint der OA und legte mir ein Wetterjournal auf den Tisch: „Moin Funker, der Dritte schickt mich, Sie sollen das wegschicken." Vor mir liegt ein OBS, eine nach einem internationalen Schlüssel zusammengestellte Nachricht mit Wetterbeobachtungen, die an Bord gemacht wurden. Bis zu drei mal täglich sende ich in der Folgezeit diese Wettermeldungen, Tausende von Schiffen weltweit nehmen in den 1970er Jahren an diesem Beobachtungsdienst teil und schaffen damit zusammen mit anderen Informationsquellen die Grundlage für verlässliche Wettervorhersagen. Das Absenden gestaltet sich unkompliziert, man teilt der Küstenfunkstelle schon im ersten Anruf mit, dass man ein OBS absetzen möchte und wird dann bevorzugt abgefertigt, Funkstellen mit Telegrammverkehr befinden sich dagegen häufig in einer Warteschlange.

Auf einmal sind wir in der Liste von Norddeichradio. Diese Küstenfunkstelle ist damals für „german ships" die „Mutter aller Küstenfunkstellen", über sie wird von den deutschen Seefunkstellen in weltweiter Fahrt die Verbindung mit der Heimat aufrechterhalten. Etwas entspannter als beim ersten Mal rufe ich DAN, werde prompt auf die Arbeitskanäle verwiesen und nehme nach kurzer Wartezeit ein Telegramm für einen der Assis auf. Der Mann hat an diesem Tag Geburtstag, die Freundin gratulierte telegrafisch, nun bin ich der reitende Götterbote. Viele private Dinge der Kollegen gehen über den Tisch des Funkers, absolute Verschwiegenheit ist sowohl moralische als auch gesetzliche Grundbedingung für diesen Job. Schließlich habe ich mich bei der Funkzeugnis-Aushändigung schriftlich auf Wahrung des Fernmeldegeheimnisses verpflichten müssen.

Der Alte taucht auf: „Moin Funker, alles klar?" – „Jou, Kaptän, alles klar!" – „Na, sie schaffen das schon, jeder fängt mal an." Nanu, der ist ja auf einmal wie ausgewechselt. Später finde ich dann heraus, dass viele Kapitäne gereizt drauf sind, wenn sie in deutschen Häfen liegen.

Für die Schiffsführer bedeutet es Stress pur, wenn sie nach monatelanger Reise wieder in Reichweite des Reeders landen, Inspektoren wuseln an Bord umher, Ausrüstungslieferungen stehen an, Crewwechsel wird in größerem Umfang durchgeführt, das ganze Schiff durchlebt stressige Tage. Erst wenn der Dampfer wieder die offene See erreicht hat und der Lotse von Bord geht, ist der Alte wieder unumschränkter Herr im eigenen Haus.

„Noch was", brummt der Alte, „wir nehmen hier am AMVER-Dienst teil, der Wachhabende bringt ihnen gleich die Meldung rüber. Und sie wissen ja, wir haben noch keinen Ladehafen, wir fahren Panama for Order. Kann aber sein, dass die Amis schon vorher 'n Telegramm schicken, also gut aufpassen, dass wir das baldmöglichst kriegen!" – „Jou, geht klar!"

AMVER machen die also hier auch. Dabei handelte es sich um einen Schiffsmeldedienst, den die US Coast Guard weltweit betreibt, die Teilnahme ist freiwillig. Schiffe melden nach dem Auslaufen in einer festgelegten Form Ihr Ziel und ihre geplante Route, während der Reise werden immer wieder Updates dieser Meldung gesendet. Dieses Verfahren soll der Sicherheit dienen, Schiffe können so leichter lokalisiert werden, wenn sie in Trouble geraten oder ohne Lebenszeichen von der Bildfläche verschwinden. So ganz nebenbei werden diese Daten, so sie denn von Schiffen aus dem Einflussbereich der NATO stammten, aber auch den Militärs zur Verfügung gestellt, die haben dann schon 'ne ganz gute Übersicht, welche Pötte wo verfügbar sind, wenn es zum großen Knall käme.

Und der Alte erwähnt das Ami-Telegramm. Die Reederei Laeisz betreibt ihre Bananenjäger 1976 nicht mehr auf eigene Rechnung, die vier Schiffe sind an den amerikanischen Fruchtkonzern United Brands verchartert. Dieses Unternehmen mit Sitz in Boston, früher bekannt und berüchtigt als United Fruit Company, besitzt zahllose Plantagen in ganz Mittelamerika und disponiert eine beachtliche Flotte von Kühlschiffen, darunter auch die PEKARI. „Panama for

Order" ist die Standardanweisung, am Panama-Kanal sind die Pötte in einer zentralen Verfügbarkeit und können dann kurzfristig zu einem der Ladehäfen an den Küsten Panamas, Costa Ricas, Honduras oder Kolumbien dirigiert werden. In europäischen Gewässern habe ich lediglich die Sammelanrufe von Norddeichradio zu überwachen, ab Atlantik dann Chatham-Radio, eine Küstenfunkstelle im Nordosten der USA. So schreibt es der Charterer vor. Und nun wartet der ganze Dampfer gespannt auf die Lade-Order.

Nach vier Stunden Wache dann Mittagspause. Der Fleischzerkleinerer von Ede Wolf scheint ausgefallen zu sein, es gibt Steaks. Messesteward Tiroko, sonst nur des Englischen mächtig, serviert mit einem fröhlichen „Mahlzeit, Radio!" „Wie läuft das mit den Gilbies denn so?" frage ich den Dritten. „Och, eigentlich sind das gute Seeleute. Anstellig, willig, die können ihren Job. Mit einigen Einschränkungen halt. Irgendwie können die einem auch leid tun, die reißen hier 12 Monate runter, ein Matrose oder AB macht so 800 Mark im Monat, davon gehen 400 bis 500 als Zwangsziehschein an die Familie. Den Rest kann er unterwegs verbraten!"

„Und wie kommen die ausgerechnet auf Gilbies?" – „Nun, angefangen hat das mit den Briten. Die Engländer bauten da 'ne Schule für Seeleute, weil man dort billige Arbeitskräfte abgreifen konnte. Bei dem Begriff ‚billige Arbeitskräfte' werden deutsche Reeder hellwach, die bauten gleich 'ne Schule dazu, und da trainieren sie die jungen Kerls von den Inseln ein Jahr, entweder als Decksmann, als Motorenhelfer, oder als Steward. Danach werden die auf die Schiffe verschickt. Meistens sind die am Anfang ganz krank vor Heimweh, nur ihr enger Zusammenhalt hält die über Wasser!" – „Und das läuft hier völlig problemlos ab?" – „Na ja, meistens. Bloß mit dem Alkohol haben die ein Problem, denen fehlt angeblich irgendein Enzym oder sonst ein Rädchen im Getriebe, die vertragen nix, und wenn sie dann einen drin haben, drehen die komplett durch. Die sind schon besoffen, wenn sie ein Brauereipferd beim Pissen sehn!" – „Und wie kriegt man das unter Kontrolle?" – „Ja also, hier an Bord ist das nicht schwierig, der Alte macht ja hier selbst die Kantine und gibt denen nur ein kleines Bier-Kontingent. Auf manchen Zossen kriegten sie schon die Flaschen einzeln und geöffnet verkauft, damit sie nichts bunkern und dann den großen Jahrhundertrausch fahren. Hier geht's eigentlich, wir haben hier sogar 'nen Gilbie-Bootsmann, der hat das einigermaßen im Griff. Bloß an Land ist's Scheiße, da drüben in Zentralamerika wetzen die los, die Cuba Libre kostet nur 'ne müde Mark, und nach ein, zwei Stunden sind die total breit. Wenn's überhaupt solange dauert. Dann fangen sie an zu randalieren, die Policia kreuzt auf und haut gleich zu. Die haben da so Gummiknüppel aus Hartholz, damit dreschen sie solange auf den Gilbies rum, bis die Ruhe geben. Anschließend wandern die hinter Gitter, und dort verbleiben sie meist bis Auslaufen. Der Alte zahlt Auslösung, die werden wieder an Bord gebracht, oft grün und blau gekloppt, und dann ist wieder Ruhe im Puff. Hier, der Tiroko, der Steward, der saß schon in jedem Knast, den es von Kolumbien bis Honduras gibt!" Na, das hört sich ja vielversprechend an. Und Gummiknüppel aus Hartholz...

Nachmittagswache von Drei bis Fünf. Wir pflügen durch den englischen Kanal. Nachdem ich mich mehrfach überzeugt habe, dass ich auch wirklich keinen Sammelanruf und keinen Wetterbericht versäume, dass ich wirklich alle aktuellen nautischen Warnmeldungen empfangen habe, traue ich mich mal auf die Brücke. Wir sind fast in der engsten Stelle des Kanals, um uns herum ist ein Betrieb wie auf dem Hamburger Dom. Mit uns in Sichtweite mehrer Kähne auf gleichem Kurs, Gegenkommer da, wo sie nach Ansicht des Wachhabenden nicht sein sollten, quer jede Menge Fähren, und als Sonderbonus noch etliche Fischerboote mit unklarer Fahrtrichtung. Auf der Brücke der Alte, der wachhabende Erste, der OA, ein Rudergänger, ein Ausguck in der Nock und ich als Zuschauer.

Wieder in der Station. Der Atlantikwetterbericht liegt vor, sieht alles ganz friedlich aus. Für den nächsten Tag will der Alte 'ne Wetterkarte, dann muss sich die Wetterkunde von der Schule mal bewähren, ich würde die Karte zeichnen. Und jetzt ist es Zeit für die Presse.

Die täglich von Norddeich, später von einer Postsendestelle in Usingen übermittelte Funkpresse war eine ganz wichtige Angelegenheit, das Ansehen eines Funkers an Bord hing maßgeblich davon ab, ob er täglich aktuelle Nachrichten lieferte. Es waren immer so eineinhalb DIN A4-Seiten, die mit zügiger Geschwindigkeit, so etwa 120 Morsezeichen pro Minute, gesendet wurden. Routinierte Funker tippten die Presse bei der Aufnahme direkt in die Maschine, je ein Exemplar für jede Messe sowie für Kapitän und Chief waren Standard.

In Seegebieten mit schlechtem Empfang stand alternativ die deutsche Welle zur Verfügung, die Funkoffiziere hatten damit die Möglichkeit, auf der Basis der mitgehörten Kurzwellennachrichten eine eigene Presse zu basteln. Die an den Wochenenden erzielten Fußballergebnisse hatten dabei eine besonders hohe Priorität, hatte der Funker keinen Presseempfang, musste er unter allen Umständen versuchen, die Resultate mittels Funkkontakt zu anderen Schiffen zu ermitteln. „Keine Fußballresultate" war gleichbedeutend mit „Der Funker ist ein Volltrottel!"

Nach dem Abendessen letzte Wache von Sechs bis Acht. Noch einmal ein OBS gesendet, die Listen abgehört, und es bleibt noch Zeit, meine Funkunterlagen auf den neuesten Stand zu bringen. Als Grundlage für den weltweiten Seefunkverkehr dienen auf deutschen Schiffen die Ringbücher des Nautischen Funkdienstes. Alle paar Wochen treffen Ergänzungen und Korrekturen an Bord ein, die entsprechenden Seiten muss ich nun austauschen oder Ergänzungen einkleben, eine Bastelei ohne Ende. In Bremerhaven war wieder eine größere Lieferung an Bord gekommen.

Zwanzig Uhr, mein erster See-Arbeitstag ist zu Ende. Autoalarm an, kurz danach haue ich mich in die Koje und schlafe schwer und traumlos. Das Gesellschaftsleben an Bord wird noch etwas warten müssen.

Frühstück am nächsten Tag. Von den 31 Mann Besatzung sind 14 in der Offiziersmesse beheimatet: der Alte und drei nautische Offiziere, der Chief mit drei weiteren Ingenieuren, Funker, Elektriker, ein NOA und drei Assis. Und auf dieser Reise noch Frau Kapitän mit ihrem 5jährigen Mäxchen. Bei mir an der Back hocken der 3. Offizier, der 2. Offizier, ein 3. Ing und der Elektriker. Einen Salon für die Eisheiligen gibt es zwar auch ein Deck höher, der wird aber nur noch für Einklarierungen und Repräsentationszwecke genutzt.

Auf der anderen Seite der Kombüse ist die Mannschaftsmesse angesiedelt, dort sitzen der Bootsmann, der Deckschlosser, sechs Matrosen und Decksleute, der Storekeeper, zwei Schmierer und zwei Reiniger, und wenn sie mal nicht für die Fütterung der Raubtiere sorgen, der Koch, der Kochsmaat und die beiden Stewards. Bootsmann, Deckscrew, die Reiniger und die Stewards sind Gilbies, alle anderen Deutsche. Ja, damals fuhren noch 'ne Menge Piepels auf so 'nem Schlorren. Aber schon ein Drittel weniger als wenige Jahre zuvor auf der BURGENSTEIN...

Dann existiert noch die ‚Schweinchenmesse', ein kleinerer Raum, der von den Maaten zur Einnahme der Mahlzeit genutzt wird, die gerade von einer richtigen Drecksarbeit kommen und sich nicht erst vor der Essenspause duschen und umziehen können. Da hocken dann immer mal wieder Maschinen- oder Decksleute im ölverschmierten Kesselpäckchen und lassen sich Edes Frikadellen schmecken. Und die gibt's wirklich reichlich.

Sowohl in der Offiziers- als auch in der Mannschaftsmesse geht es recht zwanglos her, aber es herrscht doch eine gewisse Grund-Etikette. Auf See laufen wir ja wirklich sehr locker durch die Gegend, aber mal eben in Badehose und mit bloßen Käsequanten zum Essen auflaufen ist nicht, der Kandidat flöge umgehend raus. Auch in der Mannschaftsmesse sorgt der Bootsmann für einen gewissen Anstand – das ist auf allen Schiffen so.

Wieder auf Funkwache. Wir entfernen uns zügig von Europas Küsten, noch habe ich gute Mittelwellenverbindung zu einigen britischen und französischen Küstenfunkstellen. Mit Norddeich hatte ich inzwischen mein erstes Kurzwellen-QSO gefahren, mal eben ein OBS auf 8 MHz weggeschickt. Und zwar unfallfrei, wie ich mit Genugtun feststellte. Scheint ja alles gar nicht so problematisch zu sein. Dass ich auf direktem Wege in ein Seegebiet voller atmosphärischer Störungen und sonstiger funktechnisch unschöner Einflüsse dampfe, ausgerüstet mit einem recht schwachbrüstigen Hauptsender, ist mir noch in keiner Weise bewusst.

Ich arbeite mich wieder an meinem Tagesprogramm ab, OBS verschicken, Listen abhören, Wetterberichte empfangen, und immer schön auf die Seenotpause achten.

Diese SP (silence period) für 500 kHz war auf der Stationsuhr rot markiert, und zwar jeweils bei jedem Stundenumlauf in den Minuten 15 bis18 sowie 45 bis 48. Dann hatte auf der internationalen Not- und Anruffrequenz Ruhe zu herrschen, um auch in Not befindlichen Schiffen mit schwächster Ausrüstung noch eine Chance einzuräumen, gehört zu werden. Für den Grenzwellenbereich, der ja überwiegend von nicht telegrafieausrüstungspflichtigen Schiffen genutzt wurde, gab es auf der Uhr noch eine grüne Markierung für die Minuten 00 bis 03 und 30 bis 33. Das betraf dann die dort verwendete Frequenz 2182 KHz, wir Funker auf den Telegrafieschiffen vernachlässigten diese Frequenz aber meistens, ein Grenzwellen- Alarmzeichenempfänger sorgte dort für die lückenlose Überwachung. Wichtig war, dass man die roten Sektoren für die 500 KHz nicht aus den Augen verlor, bevor man da auf die Taste haute. Ballerte man in die SP hinein, war die Folge meistens ein wüstes Gepöbel verschiedener Funkstellen. Wobei die Pöbler dann mindestens genauso viel störten wie der Penner, der in die Seenotpause hinein gemorst hatte.

Alles, was ich so in der Station anstelle, hat sich dann im Funktagebuch wieder zu finden, auch die Beobachtung der SP. Jede Aussendung, jede empfangene Meldung egal welcher Art, jede technische Überprüfung und Wartung war gewissenhaft einzutragen. In späteren Tagen totale Routine, aber als Greenhorn vergewissere ich mich eins ums andere Mal, dass ich nichts vergessen habe. So, und nun also Premiere Atlantikwetterkarte. Portishead Radio, das britische Equivalent zu Norddeich, sendet täglich eine Wetterkarte im internationalen Wetterschlüssel, das ist so ungefähr 'ne halbe DIN A4-Seite mit Zahlenkolonnen. Mein Job ist es nun, diesen Bericht zunächst aufzunehmen und dann nach diesen Angaben eine Wetterkarte zu zeichnen, Vordrucke, die den ganzen Nordatlantik darstellten, stehen zur Verfügung. Entschlüsselt geben die Zahlen die Positionen der Druckgebilde, den Druck in Millibar, den Verlauf der Isobaren, die Windbedingungen und den Verlauf der Fronten wieder, ich übertrage diese Werte auf den Kartenvordruck und es entsteht eine Gesamtübersicht des atlantischen Wettergeschehens.

Ein Kapitän erzählte mir später einmal, er hätte einen Funker gehabt, der die Zahlen gar nicht mitgeschrieben hätte, sondern direkt beim Zuhören die Karte zeichnete. Ja klar, der baute bestimmt auch aus einem alten Staubsauger und einer Rolle Klopapier einen neuen Sender, wenn der alte kaputt war. Und den Osterhasen gibt es auch...

Auf meine erste Wetterkarte bin ich mächtig stolz und trage sie mit geschwellter Brust zur Brücke. Dort wird sie allerdings höchst gleichgültig entgegengenommen, man hat nichts anderes erwartet.

In kurzer Zeit werden mir die Wachtätigkeiten zur Gewohnheit. Nur in der Kurzwellenfunkerei fehlt mir halt noch jede Menge Erfahrung. Frequenzbereiche, auf denen ich heute noch ein prima QSO mit Norddeich hatte, waren wenige Tage später nicht mehr zu gebrauchen. QSO steht für Funkverbindung, jeder Austausch mit einer anderen Funkstelle ist ein QSO. Diese Q-Gruppen gab es in großer Zahl, sie dienten dazu, den Nachrichtenaustausch in eine kürzere Form zu bringen. Hätten wir alle Betriebsinformationen in offenem Text übermittelt, wären wir wohl heute noch am morsen, obwohl die dazugehörigen Pötte bereits verschrottet sind. So, und nun muss ich ständig neu ausbaldowern, auf welchem Band ich mit meinem schwindsüchtigen Hauptsender noch nach Ostfriesland durchkomme. Selbst wenn ich Norddeich gut höre, bedeutet das noch lange nicht, dass DAN mich hört. Die überwachen dort ihre Anruffrequenzen und erwischen zunächst mal die Kähne, die mit starken Sendern und / oder einer günstigen atmosphärischen Konstellation gesegnet sind.

Dann kommt eine Weile nichts und dann vielleicht ich. Oft bin ich aber auch einfach auf einem ungeeigneten Band, hacke verbissen auf meiner Taste herum und wundere mich über das ausbleibende Echo. Wie gesagt, Erfahrung ist die halbe Miete...

Noch sind wir allerdings zwischen dem Kontinent und den Azoren, meine Funkerei klappt doch so einigermaßen und ich beginne, mich allmählich in meinem neuen Dasein einzurichten. Achtern gibt es das so genannte Palaverdeck, eine Art Laube mit einigen Sitzgelegenheiten. Bei zunehmend schönerem Wetter setze ich mich dann auch mal abends zu den Piepels, die dort den Abend bei einem Bierchen genießen und klinke mich allmählich in die Bordgemeinschaft ein. Erst mal 'ne Kiste Beck's auf die Back gestellt, und dann am allgemeinen Schnack beteiligen. Der Zweite war schon länger an Bord, auch die beiden 3. Ings. „Sach ma', was meinst du eigentlich damit, dass der Alte sich zusammenreißt, solange seine Olsch an Bord ist?" Ich war halt neugierig. „Na, der ist auch ein ganz schöner Getränksmann, wenn Mutti nicht auf der Brücke steht. Nicht dauernd, eher so anfallartig hin und wieder, aber dann mit Schmackes!" – „Und dann lässt der wirklich ganz schöne Bolzen los", meint einer der Ings. „Kennst du die Story von Tampico?" – „Nee, nie gehört". – „Also, Laeisz hat doch die zwei Zementgurken da im Golf, die „FLORIDA SILVERBOW" und die „FLORIDA STATE". Das sind so umgebaute Liberty-Frachter aus den vierziger Jahren, die haben Selbstlade-Equipment und fahren Zement zwischen Tampico und einem US-Golfhafen. Uralte Zarochel unter Panama-Flagge, deutsche Schiffsleitung, Filipino-Crew. Der Alte war Kommandant auf der FLORIDA STATE. Die liefen Tampico aus und begegneten auf der Außenreede der SILVERBOW, die dort vor Anker lag und auf den Pierplatz wartete. Der Alte hatte 'ne rauschende Auslaufparty mit dem Agenten durchgezogen und war total breit. Der fuhr dann ganz nahe an die SILVERBOW ran und ballerte mit der Signalpistole gezielt auf deren Brücke. Der andere Alte, nicht faul, schnappte seine Signalpistole und ballerte zurück, vielleicht war er auch duhn. Die schossen ein paar Mal hin und her, immer gezielt auf die Nock. Ein Wunder, das weder die Piepels noch die Dampfer zu Schaden kamen, da flogen ja brennende Magnesiumgeschosse durch die Luft. Und seitdem bezeichnet er sich als den ‚Sieger der Seeschlacht von Tampico'. Der andere Alte behauptet das von sich aber auch...!"

Ach du dickes Ei, dieser zurückhaltende und zurzeit ganz als Familienvater auftretende Alte soll so ein Chaot sein? Das könnte ja noch was werden...

„Und wie ist euer Chief so?" frage ich den Dritten Ing. „Der macht ja so einen gramuseligen Eindruck." – „Sprenkelbacke?" meint der

Dritte, „der gehört noch zur rustikalen Art, ist Leitender Ing, aber eigentlich immer ein Heizer geblieben. Und der lässt manchmal auch Dinger los, da greifste dir an die Murmel." „Zum Beispiel?" – „Na, unlängst hat er mal die fällige große Maschinenbestellung zusammengestellt, alles, was so Ankunft Bremerhaven benötigt wird. War 'ne Riesenliste, hundert Positionen oder so. Und zwischen rein schrieb er dann so Sachen wie *Gummipuppe, aufblasbar, selbstschmierend* oder *Präservative, Himbeergeschmack, doppelt vernäht.* Lauter Schweinkram halt, und in Hamburg lasen das die Tippsen in der Inspektion und haben sich gekringelt. In Bremerhaven hat der Maschineninspektor ein bisschen rumgenölt, aber Sprenkelbacke geht das am Arsch vorbei."

„Und die Sache im Persergolf", meint der Zweite, „da lagen sie mit der PERSIMMON am Schatt el-Arab vor Basrah auf Reede. Sprenkelbacke schrieb ein Telex über irgendwelche Maschinen-Probleme, das der Agent dann nach Hamburg schicken sollte. In den Kopf des Schreibens, wo Aufgabeort und Datum hingehören, schrieb er statt Schatt el-Arab aber Shit on Arab. Auf der Agentur lasen die das und haben sich fürchterlich aufgeregt. Der Alte musste sich ein paar Mal entschuldigen und Sprenkelbacke erklärte feixend, er habe sich vertippt."

Nachvollziehbar, dass ich nach diesen Informationen dem weiteren Verlauf der Reise recht erwartungsvoll entgegensehe.

Weiter 'gen Westen. Wir schreiben inzwischen August, die Abrechnungen für den Monat Juli sind zu erstellen. Zunächst mal für die DEBEG. Meine Station wird von der DEBEG betreut (ursprüngliche Abkürzung für „Deutsche Betriebsgesellschaft für drahtlose Telegrafie), sie hat das Schiff mit den notwenigen Geräten ausgestattet, ist für die Wartung zuständig und besorgt das umständliche Abrechnungsgeschäft. Also setze ich mich abends nach Wachende hin und erstelle die Funkabrechnung.

Für jede über eine Küstenfunkstelle geleitete Nachricht, egal ob Telegramm, Telefonat oder Telex waren Gebühren fällig, aufgeteilt in Bord-, Küsten- und Landgebühr. Die Berechnungen werden an Bord erstellt, als Berechnungsgrundlage dient der Goldfranken, eine Fiktivwährung zur internationalen Fernmeldeabrechnung. In den Sieb-

zigern lag der Goldfranken so etwa bei 1,30 DM. Die komplette Ab-rechnung geht an die DEBEG, die ihrerseits zieht die Gelder dann vom Reeder wieder ein und verteilt die diversen Gebührenanteile an die zuständigen Fernmeldeverwaltungen der einzelnen Länder, wo die Leistungen erbracht worden waren. Hört sich komplizierter an, als es ist. Es ist Aufgabe des Funkers, nach Ende eines Abrech-nungsmonats eine komplette Übersicht aller gesendeten und emp-fangene Nachrichten zu erstellen, mit genauer Berechnung jedes einzelnen Vorganges, dazu Einzelnachweise für Telegramme und Gespräche, es war ein ganz netter Haufen Papier, der da anfiel. Dabei war die Gesamtzahl der gebührenpflichtigen Messages gar nicht so gewaltig, etwa 100 bis 120 Telegramme plus ein paar Pri-vat-MSG`s, die auf die Besatzung entfielen, dazu einige UKW-Telefonate. Seltener gab es bei älteren Funkstationen GW- und KW-Telefonate, ohne Einseitenband war da die Qualität zu beschei-den, und die Kurzwelle wurde für diesen Zweck kaum genutzt.

Als Greenhorn traue ich mich anfangs noch nicht, den Verwal-tungskram so nebenbei während der Funkwache zu erledigen, viel zu konzentriert hampele ich da in meinem Radioladen herum. Ist auch gar nicht erlaubt, und außerdem würde das für den Reeder wahrscheinlich die ohnehin nicht so üppige Verwalterzulage in Frage stellen. In späterer Zeit pfeife ich – wie fast alle Kollegen – auf ir-gendwelche Regelungen und erledige selbstredend meine Verwal-tung im Wachdienst, und ich behaupte heute noch, dass mir trotz-dem nie irgendetwas im Funk entgangen ist.

Abends hocke ich an der Funkabrechnung. Und kaum ist die er-ledigt und eingetütet, tauchen die ganzen Unterlagen für die monatli-che Heuerabrechnungen der Crew auf meinem Schreibtisch auf.

Die Heuerabrechnung entstand auf der Basis der ermittelten Ar-beitsentgelte unter Berücksichtigung der während des Monats ent-standen Belastungen. Diese Belastungen setzten sich aus den Kan-tinenausgaben, den Vorschusszahlungen in den Häfen, der Höhe der Ziehscheine und den privaten Telefon- und Telegrammkosten zusammen. Vom Chiefmate und vom Chief erhielt der Purser, also der Funker, alle Angaben zu den geleisteten Überstunden, Zuschlä-

gen und sonstigen tarifbedingten Leistungen, die beim Decks- und Maschinenpersonal angefallen waren. Alle diese Daten wurden auf Heuermeldebögen eingetragen und auf dem Postwege der Reederei zugestellt. Wochen, manchmal sogar Monate später trafen dann an Bord die von der Reederei erstellten Gehaltsmitteilungen ein.

Die Ziehscheine, also jene monatlichen Festüberweisungen, die der Seemann bei der Reederei in Auftrag gegeben hatte, umfassten meistens den größten Anteil des monatlichen Einkommens. Vom Rest musste der Maat seine Kantinenausgaben, die Landgangskosten und eventuelle Telefonkosten bestreiten. Gelegentlich, besonders bei den Traumtrips mit einer dichten Folge von attraktiven Häfen, musste dann auch mal der Ziehschein vorübergehend reduziert oder gestoppt werden.

Die Vorschusszahlungen in den Häfen, von den Seeleuten „Schuss" genannt, waren die Gelder, die die Maaten für ihre Landgangsausgaben beim Purser beantragt hatten, entsprechende Listen lagen vor jedem Port in den Messen aus.Die bestellten Gelder wurden entweder vor dem Einlaufen beim Agenten in Landeswährung per Funk geordert oder mittels des in der Schiffskasse mitgeführten Bestandes ausgezahlt, dann in der Regel in US-Dollars. Für den Funker manchmal eine problematische Angelegenheit, mancher Jantje beantragte gerne mal etwas mehr Dollars, als das Guthaben betrug. Die Reedereien wiesen die Kapitäne an, Überzahlungen tunlichst zu vermeiden, diese gaben die Weisung an den Funker weiter, und der durfte dann mit den Piepels teilweise ermüdende Debatten über die Höhe der möglichen Schusszahlung führen. Manche Seeleute entwickelten dabei eine schon levantinische Beredsamkeit, von zustehenden Urlaubsentgelten bis zum unmittelbar bevorstehenden Ableben der Erbtante wurde alles ins Gespräch gebracht, was den Schuss nach oben treiben konnte.

Nach getaner Arbeit wieder Klönschnack auf dem Palaverdeck. Irgendwie kommt auch da das Thema ‚Schuss' zur Sprache. „Da hatten wir mal 'nen Funker", meint der 2.Ing, „der zahlte bei Einlaufen Golfito die Kohle aus, und dann ward er nicht mehr gesehen. Wenn noch einer Nachschlag wollte, war der nie an Bord. Der saß dann bei Emma im Puff, hatte die Kasse dabei und einen kräftigen

Schmierer als Bodyguard, der dafür ‚frei saufen' hatte. Und wenn er mal mit 'ner Chica eintörnen ging, blieb der Schmierer unten in der Bar und bewachte den Zaster. Und so nach und nach zahlte er dann bei Bedarf den Jungs was aus. Und Emma und ihr Alter passten auch auf den Funker auf, die wollten ja, dass die Dollars in ihrem Laden versoffen und vervögelt werden."

Mein lieber Mann, das sollte mir mal einfallen. Ich habe diese Lateinamerikahäfen noch von der HESSENSTEIN als hoch kriminell in Erinnerung. Und dann setze ich mich mit der halben Schiffskasse in den Puff, bewacht von einem besoffenen Schmierer und Mama San, und ich halte da Schalterstunden ab. Soweit kommt's noch.

Ein anderer Tag, eine andere Funkwache. Auf meinen aktuellen Wetterkarten bahnt sich allmählich ein veritabler Schweinkram an. Die Hurrikan-Saison beginnt ja im Juni, wir haben Anfang August. Noch ist nichts Gravierendes aus der Karibik herausgekommen, einige windige Druckgebilde, die im Wetterbericht als „Tropical Depression" bezeichnet werden.

Eines von den Dingern steht bei den Bahamas, wir sollen etwas weiter südlich durch die Mona-Passage in die Karibik gehen, also zwischen der Dominikanischen Republik und Puerto Rico hindurch. Ist noch ein paar Tage hin, aber der Alte guckt recht grimmig auf die Karte und kommt ins Grübeln. „Die nächsten Tage gut reinhören, keinen Wetterbericht verpassen, das kann noch heiter werden!" Nun gut, bisher habe ich noch keinen WX verpasst, warum sollte ich das jetzt tun? Und gut reinhören? Keiner hört so gut rein wie ein noch nicht ganz sattelfester Anfänger, der sich täglich zwanzigmal vergewissert, dass er nichts versäumt hat.

Sonst tritt der Alte nicht allzu oft in Erscheinung, er widmet sich wohl seiner Familie. Seine Frau ist eine recht umgängliche und freundliche Lady so um die Mitte 30, die meiste Zeit verbringt sie damit, ihren fünfjährigen Filius nicht aus den Augen zu lassen, auf das er nicht plötzlich über Bord ginge. Innerhalb der Aufbauten kann er sich freier bewegen, aber draußen ist die Überwachung auch angebracht. Eines Tages sitzen wir gerade in der Messe beim Mittagstisch, Ede Wolf hat wieder mal bestes Rindfleisch durch seinen eisernen Namensvetter gejagt und irgendwas Undefinierbares daraus produziert. „Pass ma' auf", sagt der Blitz zum kleinen Mäxchen, das gerade in der Nähe herumstrolcht, „Geh' ma' in die Kombüse und frag' den Koch, was er da zusammengekocht hätte. Wir wären alle schon am Reihern!" Der Kleine ziert sich ein bisschen, aber dann trollt er sich in Richtung Kombüse. Taucht nach zwei Minuten wieder auf und guckt ganz verschüchtert. „Na, was hat der Koch denn gesagt?" – „Ja also... also er hat..." – „Ja watt denn nu?" – „Also, er hat gesagt, ihr könnt ihn alle mal am Arsch lecken!" In dem Moment kommt die Kapitänsgattin um die Ecke: „Aber Max!" Wir klären die empörte Mutter auf und nehmen alle Schuld auf uns...

Weiter Richtung Karibik. Inzwischen höre ich täglich nicht nur die Listen von Norddeich, sondern auch von Chatham Radio, weitere Ami-Küstenfunkstellen fürs Wetter. Und täglich male ich meine Atlantikwetterkarte, die von Portishead Radio gesendet wird. Eine ‚Tropical Depression', hat sich vor uns nach Norden bewegt und wandert die US-Ostküste hoch, mittlerweile mit einem Upgrade zum ‚Tropical Storm'. So richtig würde der uns nicht mehr tangieren, aber ruppiges Wetter ist zu erwarten. Später erfahren wir dann, dass dieser Sturm auf seinem Weg nach Norden zum heftigsten Hurrikan dieser Saison wurde, er trug den Namen ‚Belle'.

Brückenbesatzung bei Revierfahrt: Links der Wachoffizier, rechts der Rudergänger, im Hintergrund ein Lotse

Von der Funkbude zur Brücke sind es nur ein paar Schritte, gerne nehme ich in den Vormittagsstunden die Gelegenheit war und schaue dem 3.Offizier ein wenig über die Schulter. Der macht auch erst seine vierte Reise und und fummelt meist recht nervös mit seinem Sextanten herum. Der Alte schaut ihm häufig auf die Finger, und wenn bei den Positionsberechnungen des jungen Steuermannes etwas nicht hasenrein ist, lässt er gerne mal `ne zynische Bemerkung los

Ich frage den Dritten, was er eigentlich zu tun gedenkt, wenn weder Sonne noch Sterne noch sonst was zu sehen sind. Der grinst und erklärt mir die Bäckernavigation: „Wenn wir mal gar nicht mehr durchblicken, tagelang keine Sonne und so, dann schicken wir an der Küste ein Boot an Land, Brötchen kaufen. Auf der Tüte steht bestimmt drauf, wo der Bäckerladen ist!" Antwort des Funkers: „Selbstverständlich, aber verarschen kann ich mich alleine!"

GPS war in den Siebzigern noch nicht vorhanden, die Navigation wurde noch ganz traditionell astronomisch betrieben. Das heißt, die Nautiker maßen mit dem Sextanten den Höhenwinkel der Sonne oder eines anderen Gestirnes und erfassten gleichzeitig sekundengenau den Zeitpunkt der Messung mittels Chronometer und Stoppuhr. Daher das Zeitzeichen, das der Funker täglich auf die Brücke übermittelte, es diente dem Abgleich der Chronometergenauigkeit. Mit diesen Winkelmessungen und den in den nautischen Tafeln enthaltenen vorberechneten Winkeln dieser Himmelskörper errechnete der Nautiker ein graphisches Darstellungsmodell und damit den Standort des Schiffes. Im Übrigen wurde gekoppelt, der ungefähre Standort wurde längs der Kurslinie aus der Geschwindigkeit und somit der rechnerisch zurückgelegten Strecke ermittelt.

Natürlich gab es auch schon elektronische Unterstützung. In Küstennähe konnte man sich durch Funkpeilungen behelfen, dort strahlten diverse Peilsender Signale aus, deren Einfallrichtung mittels des bordeigenen Funkpeilers bestimmt werden konnte. Signale mehrerer Sender ergaben, auf eine Karte übertragen, einen Schnittpunkt aller Messungen, dort stand der Dampfer. Eine DECCA-Anlage gab es auch auf PEKARI, eine technische Entwicklung aus dem 2. Weltkrieg. Im Langwellenbereich wurden dabei Signale verschiedener

Sendestellen von diesem Gerät empfangen, aufgrund der Phasendifferenz der empfangenen Signale konnte eine Ortsbestimmung durchgeführt werden. Man nutzte es aber nur für die Kurz- und Mittelstreckennavigation, mitten auf dem Atlantik funktionierte das nicht.

Überhaupt ist unser Bananenfrachter noch ganz mit der Technik der Sechziger Jahre bestückt. Die Brücke beherbergt den Steuerstand mit Selbststeuerungsanlage und Kreiselkompass, zwei Radargeräte, den Maschinentelegrafen und am Kartentisch den Funkpeiler und das DECCA-Gerät. An der Wand noch einige meteorologische Messgeräte und eine Halterung für ein tragbares UKW-Gerät, das im Wechsel von Brücke und Funkstation benutzt wird. Viel mehr wird nicht geboten. Aber es funktioniert.

Ja, und dann sind wir durch die Mona-Passage durch, das Tor vom Atlantik zur Karibik für Schiffe, die in Richtung Panama-Kanal fahren. Schwüle Hitze, tiefblaue See.

Bei bestem Wetter durch die Karibik

Und plötzlich bin ich in der Liste von Chatham, unser Unterscheidungssignal DIFK ist nicht zu überhören. Ich rufe Chatham auf der Anruffrequenz, werde nicht auf Anhieb wahrgenommen, versuche es zweimal, dreimal, und dann deutlich die Antwort: DIFK DIFK DIFK DE WCC WCC WCC K. Die Verbindung ist hergestellt, Wechsel zu den Arbeitskanälen und nach kurzer Wartezeit habe ich das ersehnte Telegramm aufgenommen: Anschrift MASTER MV PEKARI, Text: PROCEED PUERTO ARMUELLES REQ BEST ETA CRISTOBAL = REGARDS UBC+.

Alte Postkarte vom Panama-Kanal

So, nun ist's raus. Wir sollen nach Puerto Armuelles gehen und dort laden. Die kleine Hafenstadt liegt an der Pazifikküste Panamas in unmittelbarer Nähe der Grenze zu Costa Rica. Für uns bedeutet das: Eine Fahrt durch den Panama Kanal, danach werden wir der Küste folgend nach kurzer Fahrt den Bestimmungshafen erreichen. Der Alte schaut kurz aufs Telegramm, murmelt: „In das Drecknest also" und legt die Meldung zur Seite. „OK, ich gebe Ihnen gleich ein ETA für Cristobal hoch, die haben's anscheinend eilig!" Richtig, die Amis wollten ja ein BEST ETA für Cristobal, die Stadt am karibischen Ende des Kanals. ETA, also „estimated time of arrival", war und ist in der Seefahrt eine der wichtigsten Infos für Reeder, Charterer, Befrachter, Hafenbehörden, kurz für alle ‚die mit dem Dampfer was am Hut haben. Die erwartete Ankunftszeit senden wir schon direkt beim Verlassen des Abgangshafens, während der Reise folgen mehrere Updates und im Endabschnitt der Fahrt gibt es oft tägliche Korrekturen, je nach Weisung.

Es geht durch den Kanal. Jetzt beginnt der Papierkrieg, die erforderlichen Listen zur behördlichen Abwicklung für den Kanal-Transit sind vorzubereiten. Wie ich aber den Einweisungen meines Vorgängers entnehmen kann, ist das 'ne ziemlich unkomplizierte Angelegenheit.

Die Kanalzone ist in den Siebzigern US-Territorium, die Amis haben das Sagen. Für den Transit existieren spezielle Vordrucke der amerikanischen Kanalverwaltung, die internationalen IMCO-Formblätter wollen die nicht. Also setze ich mich hin, tippe wie gewünscht eine Kanal-Crewliste und beschrifte noch einige Vordrucke, das war's. Da aber nach dem Kanal die Fahrt nach Armuelles nur von kurzer Dauer ist, bereite ich auch gleich die Unterlagen für die dortige Einklarierung vor, da kommt deutlich mehr zusammen.

Kartenausschnitt von Panama, rechts die Kanalzone, links unten
Puerto Armuelles

Die meisten Häfen weltweit akzeptieren die IMCO-Forms. Es gilt die Regel: je ärmer, schäbiger, oder sonst wie chaotischer der Hafen, desto ausschweifender der Papierkrieg.

In den Häfen Nordeuropas, der USA oder sonstigen wirtschaftlich starken und gut organisierten Staaten reichen einige Crewlisten, eine Zoll-Liste, einige Schiffsdaten und Angaben zu Woher, Wohin, welche Ladung, völlig aus. Zur Einklarierung kommen zwei oder drei Beamte an Bord, machen korrekt ihren Job, trinken 'ne Tasse Kaffee und verschwinden wieder. Nicht so in ‚Kanakeranien'. Jawohl, so nennen die Maaten jedes Land, wo die Palmen grün und die Nächte heiß sind. Gilt allgemein als ein rassistisches Unwort, aber so ist damals der Sprachgebrauch, und so gebe ich es wieder.

In Kanakeranien also darf es von allem etwas mehr sein. Zwanzig Crewlisten soll man schon mal bereithalten, Passagierlisten ebenfalls, auch wenn keine existieren. Die übliche Zoll-Liste mit den „Personal Belongings" der Mannschaft darf nicht fehlen, mehrere Durchschläge natürlich. Das ist sowieso eine Lügenliste der besonderen Art, die Piepels müssen sie selbst ausfüllen und unterschreiben, ich lege sie vor jedem Port in den Messen aus. Grundsätzlich trägt da jeder eine Flasche Sprit und eine Stange Zigaretten ein, das allgemein erlaubte Maximum, völlig unabhängig davon, was er überhaupt hat. Dazu noch seine Wertgegenstände wie Radios, Kassettenrecorder und so weiter. Einige Spaßvögel machen gelegentlich noch individuelle Einträge der speziellen Art, wie Präservative mit Noppen oder Ähnliches. Das streiche ich stillschweigend wieder, bevor sich ein Zollmensch aufregt. Dann eine umständliche Fragenliste zu Ladung, Bunkervorräten etc. Weiterhin eine Liste betreffend Drogen, da stehen regelmäßig die wenigen starken Betäubungsmittel aus der Bordapotheke drin, Dolantin zum Beispiel. Dazu eine Liste „Arms and Ammunition", dort trage ich in der Regel NIL ein, wir haben keine Waffen. Eine Bescheinigung, dass das Schiff frei von Ratten ist, was man beim Verlassen dieser Häfen dann oft nicht mehr mit Sicherheit sagen kann. Und natürlich sind die Seefahrtsbücher der Crew bereitzuhalten, damit irgendein des Lesens nur mühsam befähigter Uniformträger auch ausdauernd darin blättern kann. Die Impfpässe der Crew nicht zu vergessen, die müssen auch gecheckt werden. Sollten vorgeschriebene Impfungen in der Gültigkeit abgelaufen sein, gibt's schließlich für den Hafenarzt eine gute Gelegenheit, auch ein paar Dollars zu verdienen.

Panama zählt nun mal in der seemännischen Werteskala zu Kanakeranien, da gibt es einiges zu tun.

Einen Tag vor dem Kanal habe ich alle Dokumente fertig auf dem Tisch und kann mich entspannt zurücklehnen. Die Abrechnungen liegen beim Alten in der Schiffspost, nun harre ich der Dinge, die da kommen sollen.

Die Stunden zwischen den Wachen verbringe ich gerne vorne auf der Back. Immer wieder begleiten Delfine das Schiff, in einer Art Formationsflug springen sie kollektiv aus dem Wasser, tauchen wieder gemeinsam ein und ziehen so eine ganze Weile mit uns. Vor dem Schiff jumpen fliegende Fische aus dem Wasser und gleiten dann erstaunlich weite Strecken dicht über die Wasseroberfläche, bis sie wieder in der blauen See verschwinden. Ganz richtig, in der blauen See, noch nie vorher habe ich so ein intensiv blaues Wasser gesehen wie hier in dieser Ecke der Welt.

Eintreffen auf der Reede von Cristobal, wir gehen vor Anker. Plötzlich Ruhe im Schiff – ist man nach 10 Tagen gar nicht mehr gewohnt, keine Vibrationen, kein wummernder Diesel. Als ob jemand einen Stecker gezogen hätte...

Es soll möglichst ohne Verzögerung durch den Kanal gehen, die Agentur von United Brands hat für alles gesorgt. Ein Boot kommt längsseits, ein drahtiger US-Amerikaner jumpt an die Jakobsleiter und entert auf an Deck, der ‚Canal-Officer', der das Klarierungsgeschäft erledigt. Mit den vorgeschriebenen Dokumenten sitze ich im Salon, der Alte mit seinen Schiffspapieren dabei, und dann nehme ich zum ersten Mal an einer Klarierungs-Party teil, allerdings in der harmlosesten Variante, der Ami arbeitet schnell und effizient, ich händige ihm seine Formblätter aus, der Alte geht die geforderten Daten mit ihm durch, ein bisschen Smalltalk, 'ne Tasse Kaffee und das war's. Kaum ist der Offizielle weg, bringt ein weiteres Boot den Agenten. Dieser vertritt die Interessen des Reeders, fallweise auch des Charterers und ist wichtigster Ansprechpartner für die Schiffsleitung. Große Reedereien haben ihre festen Agenturvertretungen in allen wichtigen Häfen, kleinere Unternehmen oder Trampschiffreedereien beauftragen kurzfristig Agenturen, die es auch im kleinsten Hafen gibt. Für die Besatzung reduziert sich die Rolle des Agenten auf eine Aufgabe: Er bringt die Post.

Wir fuhren noch unter sehr isolierten Rahmenbedingungen zur

See. Seefunktelefonate waren teuer, drei Minuten auf Kurzwelle nach Norddeich kosteten einen Seemann 30 Mark. Wobei mit den älteren Funkanlagen, und dazu zählte die Station der PEKARI, eine Kurzwellen-Telephonieverbindung eher selten brauchbar zustande kam. Bessere Möglichkeiten waren gegeben, wenn die Schiffe in Küstennähe in den begrenzten Bereich einer UKW-Funkstation kamen, aber auch da waren Gebühren ab 12 Mark aufwärts für drei Minuten Minimum zu entrichten. Also hatte die gute alte Post einen hohen Stellenwert für die Piepels. Ich bin sicher, wäre der Agent beim Anbordgehen ins Wasser gefallen, die halbe Crew wäre hinterher gesprungen. Um die Posttasche zu retten, nicht den Agenten.

Der Agent verschwindet mit dem Alten in seinem Office, ich bin zunächst mal entlassen. Verteile die Post. Dann hoch zur Brücke, mal ein bisschen Umschau halten. Backbordseite liegt Cristobal. Brütende Hitze, träge schaukeln ein paar Pelikane über mir vorbei. Ich schaue durchs Glas, vor Cristobal liegt ein recht großes Segelschiff vor Anker, eine Viermastbark.

Macht aber einen heruntergekommenen Eindruck. „War mal 'ne ganz luxuriöse Privatyacht", erläutert der Chiefmate. „Wurde 1931

auf 'ner deutschen Werft für die amerikanische Millionärsfamilie Hutton gebaut. Hat ein paar Mal den Besitzer gewechselt, fuhr unter verschiedenen Namen und jetzt gammelt sie schon seit Jahren hier auf Reede vor sich hin. Irgendwann säuft die da ab...!"

Sie soff nicht ab. Einige Hamburger Geschäftsleute erwarben wenige Jahre später das Schiff und ließen den Segler aufs allerfeinste restaurieren. Heute fährt sie als „SEA CLOUD I" immer noch über die Weltmeere, als Kreuzfahrtschiff für gut betuchte Gäste.

Zwei Stunden später kommt der Kanal-Lotse an Bord. Wir gehen Anker auf, und die Maschine rumpelt wieder los. Letzte Etappe bis zum Ladehafen. Es ist schon Nacht, als die PEKARI in langsamer Fahrt über den Gatun-See gleitet. Um uns herum dunkel aufragende Inselchen mit dichter Vegetation, das Fahrwasser mit Lichtern markiert. Aus dem Dschungel dringen merkwürdige Laute zu uns herüber.

Über allem ein unglaublicher Sternenhimmel, ich stehe oben auf dem Peildeck und genieße die Eindrücke in vollen Zügen. „Verdammt", denke ich, „diesen Job wollte ich. Und sonst keinen..."

Am frühen Morgen dann Balboa, Ausgang des Kanals, das Tor zum Pazifik. Der Lotse geht von Bord, die PEKARI fährt auf Westkurs, nur noch ein kurzer Schlag bis Puerto Armuelles. Ich stehe auf der Brücke, Klönschnack mit dem Dritten, auch der Alte ist zugegen. „So, Funker", meint der Alte, „Wenn nachher die Behörden an Bord kommen, lernen Sie auch mal diese Taschen aus Penis-Haut kennen." Hä?, wieso Penis-Haut? „Tja, wenn die aufkreuzen, haben sie so kleine Bags dabei. Wenn dann aber die Beute lockt, Zigaretten, Whisky, alles was, wir hier so als Präsente mitbringen, dann werden die Taschen immer größer. Penis-Haut eben." Hört sich interessant an.

Später sammele ich die ausgelegten Vorschuss-Listen ein. Jeder Seemann hat hier seine Wünsche betreffend Auszahlung eingetragen, nach dem Einklarieren können die Piepels dann ihre Kohle bei mir in der Funkbude abholen. Ausgezahlt werden US-Dollars, der panamesische Balboa ist 1:1 an den Dollar gekoppelt, der Alte will deshalb keine ‚Kujambels' beim Agenten bestellen. Kujambels, so nennt der Seemann die diversen Währungen in Kanakeranien.

Ankunft vor Armuelles. Eine lang gezogene Pier ragt wie ein Finger ins Meer, teilweise aus Holz, sieht ein bisschen marode aus.

Am Ufer einige Schuppen, im Hintergrund eine Ansammlung von Holzbauten und Hütten, eine Generatorenstation. Heiß ist es, einige Palmen mit ausgefransten Blättern, Treibgut im Wasser. Ein Lotse kommt an Bord, der sieht mehr wie ein Bahnhofspenner aus, auf der Brücke habe ich nicht den Eindruck, dass der Alte ihm großen Einfluss auf das Anlegemanöver gewährt. Auf der Pier dann das Empfangskomitee, mindestens ein Dutzend ganz wichtiger Leute, teils in Uniform, teils in Zivil. Wir machen fest, die Gilbies bringen die Gangway aus und befestigen das vorgeschriebene Sicherheitsnetz darunter. Dann setzt sich der Schwarm in Bewegung, und schon sitzen wir alle im Salon, schiffseitig der Alte, der Chiefmate, Sprenkelbacke und ich, landseitig besagtes Rudel von Offiziellen. Und tatsächlich, alle haben sie geräumige, aber auch kompakte Taschen dabei, ich warte auf den Penis-Haut-Effekt.

PEKARI an der Pier von Puerto Armuelles

Großes Palaver, die Panamesen quatschen untereinander in rasendem Spanisch, der Alte schnackt auf Englisch mit den Figuren, die des Englischen mächtig sind. Ich händige dem vermutlichen Häuptling der Truppe nach und nach meine Formulare aus: „Crewlist, please. Custom-Declaration, sure, no problem." Ein Uniformierter drückt mir ein Bündel Landgangsausweise in die Hand, die soll ich dann ausfüllen und den Maaten aushändigen.

Damit können sie sich an Land legitimieren, wenn jemand danach fragt.

Nun kommt es zur Verteilung der Präsente. Die werden einfach als selbstverständlich vorausgesetzt, jeder dieser „Behördenvertreter" erwartet, dass ihm die Schiffe aus reichen Ländern auch mittels umfangreicher Gaben in Form von Zigarettenstangen und Whisky-Flaschen ihre Ehrerbietung erweisen. Der Alte zieht das souverän durch, kloppt seine Sprüche dabei. Knallt dem Ober-Zollmops eine Whiskybuddel hin und sagt: „This is a present, but not for you, it's for your wife!" Der Agent übersetzt, die ganze Meute kugelt sich vor Lachen. „Ha ha ha, you are a funny man, captain!" Der Steward serviert Getränke, einige der Typen fangen regelrecht das Saufen an. Endlich, nach zwei Stunden löst sich die Party auf, der ganze Verein trollt sich. Und tatsächlich, die mitgebrachten Taschen, die ähnlich einem Ziehharmonika-Balg konstruiert sind, haben, gut befüllt mit Buddels und Zigarettenstangen, ein deutlich größeres Volumen als zu Beginn der Zeremonie.

Zurück in der Funkbude tippe ich schnell die Landgangsausweise. Einfache Karten, sie enthalten den Namen, den Schiffsnamen, den Rang, das Geburtsdatum, den Geburtsort. Ob die mit dem Geburtsort etwas anfangen können? In Brasilien habe ich Jahre später mal „Entenhausen" in meinen Ausweis eingetragen, nach längerer Bulkerreise mit entsprechender Gehirnaufweichung. War aber auch egal...

Später zahle ich zusammen mit der Ausweisübergabe „Schuss" aus, die Deutschen packen sich Dollars satt in die Taschen, die Geldaufnahme der Gilbies hält sich in engen Grenzen. Einige haben auch nicht mehr viel Luft nach oben, bei den letzten Reisen waren etliche Auslösungszahlungen fällig, um sie wieder aus dem ‚Kalabus' herauszuholen. Kalabus, jeder Seemann kennt diesen Begriff, wenn er einmal in Mittel- oder Südamerika war. Auch, wenn er außer ein wenig Puff-Spanisch sonst nicht viel von dieser Sprache beherrscht, aber das Wort für „Gefängnis" kennt jeder.

Es wird Abend, nach und nach verholen sich die Piepels an Land, an Bord müssen nur ein wachhabender Steuermann, ein diensttuender „Maschinese" und ein Matrose als allgemeiner Nachtwächter zwingend verbleiben. Der Alte wird mit seiner Familie vom Agenten abgeholt. Und dann trabe auch ich die Gangway runter, mit mir Steuermann Herbie und Jochen, der Blitz, wir wollen erst mal die Lage peilen.

Drei Tage Liegezeit sind angesetzt, schauen wir mal, wie die Dinge sich entwickeln. Die Fingerpier endet an einem Zaun, dort ein Durchgang mit Wachhäuschen. Der Uniformierte winkt uns lässig durch, wir drei Hanseln sind es ihm nicht wert, den Hintern anzulüften und eine großartige Ausweiskontrolle zu zelebrieren. Und dann stehen wir in einer Straße, die parallel zum Ufer verläuft, links und rechts Holzhäuser, etliche Bars, kleine Läden.

Typische Kaschemme in Puerto Armuelles

Einfach rein in die erste Plesel, 'ne Pendeltür wie im Western, über dem Eingang Zigarettenwerbung. Ein gemauerter Bartresen, davor eine Rinne. Was ist das denn, pissen die etwa da rein? Dem Geruch nach könnte das stimmen, der Laden muffelt wie Laterne ganz unten. Zwei, drei müde Gestalten am Tresen, eine mit Drahtgitter gesicherte Juke-Box produziert Salsa-Lärm, den immer gleichen Sound Zentralamerikas, die Concertina übertönt alles. Kein weibliches Wesen weit und breit, na ja, vielleicht die Kakerlake, die gerade über den Tresen marschiert. „Nö, muss nicht sein!", meint

Jochen, also Maschine voll zurück und raus aus dem Schuppen.

Puerto Armuelles, mehr „Hafendorf" als Hafenstadt

Weiter die Straße runter. Die nächste Kneipe ist eine Kopie der ersten, allerdings stinkt's nicht so heftig, und ein paar Señoritas hocken auch drin. Wir gehen rein, kleben uns an die Bar und halten Umschau. Ein spindeldürrer Mulatte hinterm Tresen glotzt uns an: „Hola gente, como esta?" – „Tres cuba libre, por favor!" Soviel Spanisch haben wir alle drauf, um nicht zu verdursten. Er schnappt sich 'ne Flasche vom Regal, und ich sehe, dass da gar kein Etikett drauf klebt, offenbar ist es selbst gefertigter Rum, Marke „Matrosentod". Rein in die Gläser, jede Menge Eis dazu und Cola satt, Lemonenscheibe obon drauf, fertig. Wir hauen das Zeug weg, oha, schmeckt ein bisschen „wie Oma unterm Arm". Meint jedenfalls Herbie, wir fragen ihn, wo um Himmels Willen er mit seiner Zunge schon überall gewesen sei. Der nächste Drink schmeckt schon besser, wahrscheinlich müssen die Geschmacksnerven erst mal umprogrammiert werden.

Eine der Chicas schiebt sich träge heran. „Aleman?" fragt sie, um auch abzusichern, dass wir wirklich Deutsche sind. Jochen kann sich nicht verkneifen, den uralten Kalauer wiederzugeben, der in jeder Hafenbar schon mal durchgekaut wurde. „Nö, wir sind nicht alle Mann, auf dem Dampfer sind noch ein paar!" „Ha ha ha!" Angemessene Heiterkeit bei uns. Die Chica guckt geringschätzig und zieht beleidigt wieder ab, egal, so berauschend war die eh nicht. Noch ein Drink und wir verlassen die Tränke.

Auf der Straße wenig Betrieb, gelegentlich rumpelt ein Toyota-Jeep über die löchrige Piste. Ja, und hin und wieder reitet sogar ein Campesino auf einem Muli vorbei. Zur Ortsmitte hin wird es etwas lebhafter, dafür weniger Kneipen. Wieder in einer abgelegeneren Straße, die Bar dort sieht etwas belebter aus. Laute Musik, sogar eine Neonreklame über dem Eingang, also rein da. Einige Damen sind vor Ort, scheint so in etwa das zu sein, was Hein Seemann anstrebt, wenn ihn das Schicksal an Land wirft. Wieder sitzen wir an der Bar, der nächste Cuba Libre rieselt durch die Futterluke. Im Übrigen sind wir nicht die einzigen PEKARI-Piepels, die hier gelandet sind. Zwei Assis, schon in weiblicher Gesellschaft, einer der Ings begrappscht auch eine sich nicht unbedingt wehrende Schönheit, und in der Ecke gräbt gerade Schmierer Kreidler eine recht umfangreiche Señorita an. Kreidler ist ein gedrungener, fast kugelrunder Gemütsmensch in den Fünfzigern, und die Dame seiner Wahl ist wie für ihn gemacht. Auch schon etwas reifer und vom Design her eher viereckig. So jedenfalls die Analyse von Jochen.

Nun werden auch wir angesteuert. Eine niedliche Kleine klemmt sich zu mir an den Tresen, Jochen und Herbie werden ebenfalls zeitgleich angebaggert. „Aleman?" sagt die Kleine zu mir. „Si" – „Oh, Aleman, dschörrmän, deuts." Donnerwetter, die ist ja dreisprachig.

Das war's dann aber auch, der Rest ist kompliziertes Geplapper, da sie nur spanisch palavert, Hein Seemann eher weniger. „Cual es tu nombre?" – „Bernhard!" – „Ah, Bernardo." Mühsam ernährt sich das Eichhörnchen, aber wir kommen uns sprachlich und auch sonst näher. Auch sie stellt sich vor, ausnahmsweise keine Maria, sondern eine Rosa. Wir palavern, wir trinken, irgendwann gelingt es ihr auch, mich auf die Tanzfläche zu zerren und dort ein paar nicht unbedingt sehr gelungene Salsa-Schritte zu versuchen. Nicht mein Ding, aber wenn es der Völkerverständigung dient...

Schließlich landen wir alle eine Treppe höher. Und zwar wirklich alle, sämtliche Bordkollegen mit ihren Chicas belegen den gleichen

Gang im Oberdeck. Getrennt sind die Stallungen nur durch dünne Bretterwände, jedes Geräusch ist bis in den hintersten Winkel der Bude zu vernehmen. Es ist also äußerst ratsam, die weitere Konversation recht leise auf das unbedingt Notwendige zu beschränken, wenn man nicht möchte, dass die eigenen Bettgespräche auf der Rückreise zu Entertainment-Highlights in der Messe werden. Schmierer Kreidler allerdings ignoriert diese Erkenntnis, und so werde ich Ohrenzeuge eines äußerst schrägen Dialoges. Kreidler, in einem unnachahmlichen Gemisch von Deutsch, Spanisch und Englisch: „Du ganz prima señorita!" – „Si, si". – „Du and me auf Barco and dann Hamburgo!" – „Si, Si!" - *Was quatscht der da? Der will sie mit aufs Schiff und nach Hamburg nehmen?* „Und in Hamburgo we make Mary!" – „Si, si!" - *Wie? Noch mal. Er macht 'ne Mary?* - „Dann du Señora Kreidler!" – „Si, si!" - *Ach so, der meint marry, der will die Chica heiraten* -. „Sou, dan alles bueno, und nu' focki focki!" – „Si, si!" Die Dame scheint im Großen und Ganzen mit dieser Planung einverstanden zu sein, immerhin hat sie zehn Mal „ja" gesagt.

Später frage ich Kreidler direkt, ob er immer den Chicas einen Heiratsantrag macht, wenn er mit ihnen in die Koje steigt. Er grinst über das ganze Gesicht und meint: „Weißt du, Sparks, wenn 'de denen versprichst, dass 'de sie mit nach Alemaña nimmst, fahren die in der Koje 'ne ganz andere Betriebstemperatur, da springen die direkt auf „voll Voraus". Musste mal probieren, klappt immer!" Mag ja sein, denke ich, aber ob die Tante dein Gestammel überhaupt verstanden hat, möchte ich mal bezweifeln.

Der Morgen danach, wieder an Bord. Eine erste Bestandsaufnahme ergibt eine weitgehend zufriedene Besatzung, mit Ausnahme der Gilbies Hautia und Artiriano. Die sitzen seit gestern Abend im Kalabus, nach dem Genuss einiger hochprozentiger Destillate hatten sie damit begonnen, das Etablissement ihres Gastgebers fachgerecht zu zerlegen. Die Policia Municipal rückte mit großem Aufgebot an und drosch die beiden zu Fuß von der Kneipe bis zum nahe gelegen Knast. Der Agent kommt morgens an Bord und erkundigt sich beim Alten, wie man weiter verfahren solle. „Drin lassen, bis wir auslaufen!" verfügt dieser.

Der Ladebetrieb hat begonnen. Am Schiff sind mehrere fahrbare Elevatoren im Einsatz, die die Bananenkartons hoch über die Bordwand und in die Luken befördern. Jede Menge Hafenarbeiter wuseln herum, viel Geschrei und Getue. Dann wieder Stille, bis die nächste Fuhre Frucht angeliefert wird. Ich komme mit dem Chiefmate ins Gespräch, die Ladung ist sein Baby, wie ein Wachhund streift er umher und kontrolliert den ganzen Prozess. „Die Chiquita-Gurken kommen grün an Bord, und genau so will ich die wieder draußen haben, wenn wir löschen!" – „Und, haut das immer hin?" – „In der Regel ja, wenn nicht gerade die Kühlanlage abkackt. Ein bisschen fängt es immer mal an zu reifen. Aber das sind Zahlen im Bereich von zwei bis vier Prozent!" – „Auf welcher Temperatur fahren wir die Dinger eigentlich?" – „13,2 Grad ist optimal!" – „Und wenn wir die dann löschen und die Kühlung wegfällt, werden die gelb?" – „Würden sie, aber unkontrolliert. Die gehen dann in Reifereien, dort wird die Temperatur so erhöht, dass die Früchte termingerecht in den Handel kommen, und dabei wird in den Reifehallen der Atmosphäre Äthylen beigegeben, das beschleunigt den Reifeprozess. Ist das Gleiche, wenn du Äpfel zu grünen Bananen legst. Äpfel gasen auch Äthylen aus, die Chiquitas werden gelb, so schnell kannste nicht gucken!"

Donnerwetter, bisher hatte ich mir nie Gedanken gemacht, wie und unter welchen Umständen diese Früchte in unseren Läden landen. Seefahrt bildet…

In meiner Funkbude gibt es nichts zu tun. Der Schreibkram ist erledigt, irgendwelche Piepels mit Nachschlagforderungen in Sachen Schuss sind noch nicht aufgetaucht. Später bastele ich eine Presse und habe damit wenigstens etwas Produktives für diesen Tag getan. Ein wenig kann ich mich noch mit den in regelmäßigen Zeitabständen vorgeschriebenen technischen Überprüfungen aufschießen, dann ist auch das erledigt. Oben auf dem Peildeck stehen meine Not-Batterien, die den Mittelwellen-Notsender mit Energie versorgen, wenn der Saft ausfällt. Regelmäßige Aufladung ist Pflicht, und heute messe ich mal wieder die Säuredichte in den Batteriezellen. Kann ich aber auch keinen ganzen Tag mit totschlagen. An Land umher-zustrolchen habe ich verworfen, erstens ist es affenheiß, und zwei-tens hat sonst niemand Zeit, mich zu begleiten. Die Maschinengang hat Großkampftag, ein Kolben wird gezogen. Die Jungs in ihrer Schmieröl-Sauna da unten beneide ich wirklich nicht.

Abends wieder in die Town, auf direktem Wege in die Kaschem-me, wo die Ladys warten. Dieses Mal führen wir die Damen groß zum Essen aus, an einem Strand etwas außerhalb schleppen sie uns zu einem „Restaurant", sofern man diese mit Wellblech über-dachte und nach allen Seiten offene Lokalität mit ihren Blechstühlen so bezeichnen möchte. Aber das Essen ist überraschend gut, Mee-resfrüchte, papas fritas, ensalada mixta. Dazu eiskaltes Tropical Bier. Wir nehmen alles bedenkenlos zu uns, trotz der etwas primiti-ven Umgebung. Dünnschiss haben wir sowieso schon, das sind die Eiswürfel in den Drinks, meint Jochen.

Dann zurück in die Bar, feiern bis der Arzt kommt... Das Leben ist schön.

Nächster Liegetag. Die PEKARI füllt sich zusehends mit Bana-nenkartons, der Zustrom der Ladung reißt jetzt nicht mehr ab, die Stauer arbeiten durch. Die ersten Nachzahlungen finden statt, Assi Lehmann taucht auf: „Moin Sparks, also, ich bräuchte da noch mal Schotter, kann ich noch 50 Dollars haben?" Kurzen Blick auf meine Liste, die Kollegen mit bedenklichen Bilanzen habe ich dort dezent markiert. Lehmann ist nicht dabei, ich schiebe die Dollars rüber und wir quatschen noch ein wenig. „Also, mit der Ollen da, das lass' ich jetzt mal bleiben. Die sieht ganz niedlich aus, aber die säuft ja wie ein Loch. Jedes Mal ist die abgefüllt bis Oberkante Unterlippe, bis ich die endlich in der Koje habe. Und dann liegt se da wie'n nasser Feudel, rülpst wie 'ne Seekuh und pennt ein." Augen auf bei der Partnerwahl, kann ich da nur sagen...

An der Gangway hängt eine Tafel, die das Landgangsende für den folgenden Morgen 05:00 Uhr ausweist. Die werden hier schnel-ler mit Laden fertig als ursprünglich erwartet. Abends noch mal an Land, kleine Abschiedsparty. Unmittelbar hinter dem Hafen, in der

Nähe einiger Bars, überholt uns ein offener Polizei-Jeep, zwischen den Officiales erkenne ich einen unserer Gilbies. Na, bis morgen hätte der auch noch durchhalten können, jetzt verbringt er die letzte Nacht im Kalabus und darf dazu noch einige Dollars berappen, die er nicht hat.

Einige hundert Meter weiter kommen wir an einer zur Straße hin komplett offenen Werkstatt vorbei. Darin stehen zwei sichtlich ange-schickerte Assis und verhandeln gestenreich mit dem Handwerker, einem Sargtischler. „Sach ma', wollt ihr etwa 'nen Sarg kaufen oder was?" – „Ja, klar, den schleppen wir mit. Heute Nacht stellen wir den Kasten bei Sprenkelbacke an die Kammertür, wenn der morgen früh aufmacht und der Sarg fällt rein, scheißt der sich ins Hemd!" Kopfschüttelnd ziehen wir weiter.

In der Morgendämmerung komme ich wieder an Bord. Vom Son-nenaufgang ist nichts zu sehen, grauer, bewölkter Himmel und schon zu dieser frühen Stunde schwülwarm. Der Ladebetrieb wurde in der Nacht unterbrochen, die letzten Bananen sollen nun am Vor-mittag angeliefert werden. Neue Auslaufzeit 10:00 Uhr. Ich sitze gerade beim Frühstück, als der Agent mit seinem Toyota-Bus vor-fährt. Im Schlepptau unsere drei Gilbies, die die Liegezeit ganz oder teilweise im Kalabus verbracht hatten. Gut, dann muss nicht einer von uns oder der Alte selbst losfahren und die Jungs auslösen. Der Agent hat die zu zahlende Summe auf 60 Dollar für jeden herunter-gehandelt, damit sind sie recht preiswert davongekommen. Zwei der Kollegen zeigen deutliche Spuren von Misshandlungen, die Polizis-ten hier scheinen durch keinerlei Vorschriften in ihrer Brutalität be-hindert zu sein. Außerdem sind die drei kleinlaut wie sonst was, ständig stammeln sie vor dem Alten irgendwelche Entschuldigungen: „Oh Captain, so sorry, it never will happen again...!" – „Allright, and now move. Go to work!" Anschließend brummt der Alte: „Immer die selbe Scheiße. Mit 'nem Haufen Sprit im Kopp sind sie stark, aber hinterher sorry ohne Ende. Im nächsten Port geht's gerade so wei-ter."

In der Messe sitzt einer der Assis, die gestern um den Sarg feilschten. „Na, habt ihr das Ding gekauft?" – „Nö, der wollte 120

Dollars für die einfachste Kiste, weiter ließ er sich nicht runterschnacken. Soviel hatten wir gar nicht mehr in der Tasche." Sprenkelbacke weiß wahrscheinlich bis heute nicht, welcher Schock ihm da erspart blieb.

Ich gehe in der Funkbude mal langsam in die Startlöcher. Kurze Überprüfung der Anlage, funktioniert alles wie vorgeschrieben. Vorschuss-Rückzahlungen seitens der Piepels sind nicht zu erwarten, sollte der eine oder andere Maat noch Dollars übrig haben, werden sie für die nächste Gelegenheit gebunkert. Anders verhält es sich, wenn Landeswährung ausgezahlt wurde. Die Pesos, Lempiras, Colones oder wie auch immer die Kujambels in Zentralamerika heißen, wird man später nur mit Verlust wieder los. Den Kram nehme ich dann bei Bedarf zurück. Kommt aber selten vor, die Jungs hauen meistens raus, was sie in den Fingern haben.

Der Dritte steht auf der Brücke am Kartentisch und sichtet schon mal die Seekarten für die Reise. Soeben traf der Agent ein und teilte dem Alten den Löschhafen mit, unsere Ladung ist für Genua bestimmt. Italien also. Das ist das Reizvolle an dieser Charter, man weiß nie, wo uns die nächste Order hin verschlägt.

Kurz vor zehn Uhr ist Lade-Ende. Die Elevatoren werden abgezogen und die Luken dicht gefahren. Da stellt sich heraus, dass der Kochsmaat noch abgängig ist. Höchst ärgerlich für den Koch, denn wenn der Kochsmaat fehlt, fährt der Alte trotzdem los, dann darf Ede Wolf seine Frikadellen alleine brutzeln. Und für den Kochsmaaten wird's richtig teuer, wenn der dann aufgegriffen wird, sorgt die Agentur für die so genannte Repatriierung. Heimflug auf eigene Kosten und wahrscheinlich ein Sack, sprich Kündigung. Es kommt immer wieder mal vor, dass ein Seemann achteraus segelt. Mit etwas Glück läuft dann sein Zossen an dieser Küste noch weitere Häfen an, und Hein wird dem Dampfer hinterher transportiert. Wir aber gehen geradewegs zurück nach Europa, letzte Chance für den Backmann wäre am Panama-Kanal. Die Aufregung kommt aber zu früh, ein klappriges Taxi fährt vor und kippt den reichlich bedröhnten Kochsmaaten auf die Pier, unter dem Beifall der Decksgang wackelt er die Gangway hoch und verschwindet in den Aufbauten.

Kurze Zeit später geht der Agent von Bord, die Gangway wird eingeholt. ‚Klar vorn und achtern.' PEKARI wird wieder lebendig. Kurz vor Mittag Lotsenabgabe, wir nehmen Fahrt auf, Richtung Kanal. Ich sitze an der Taste und sende die üblichen Abgangstelegramme an den Charterer, an den Owner, an die Kanalverwaltung und ein erstes vorläufiges ETA für Genua. Der Einfachheit halber alles über 'ne Ami-Funkstelle, Kontakte mit Norddeichradio sind hier unten an dieser Küste auf die Nachtstunden beschränkt.

Wieder durch den Panama-Kanal. Die benötigten Forms und Dokumente habe ich schon in Armuelles vorbereitet, der Boarding Officer arbeitet schnell und gründlich, in 20 Minuten ist er mit seinem Programm durch, und mein Job ist getan. Dieses Mal fahren wir bei Tag durch die Wasserstraße, ich gehe mit meiner Kamera auf dem Peildeck in Stellung, Motive gibt es hier genug.

PEKARI im Kanal

Der Transit dauert so um die 15 Stunden, außer der Presse und dem Karibik-Wetterbericht habe ich vorerst nicht viel zu tun.

Eine Zeitlang halte ich mich auch auf der Brücke auf und beobachte den Kanal-Lotsen bei seiner Arbeit, auch ein US-

Amerikaner.

Das Thema kommt auf die gerade laufenden Verhandlungen zwischen den Amis und den Panamesen über eine spätere Rückgabe des Kanals an die Republik Panama. Der Alte äußert sich skeptisch zu der Frage, ob dann wohl die bisherige höchst effiziente Durchführung des Kanalbetriebs weiter gewährleistet sei, man hat ja so seine Erfahrung mit den Abläufen in Zentralamerika. Der Lotse sieht das naturgemäß ähnlich.

Einfahrt in eine Kanalschleuse

1977 wurde dann tatsächlich ein Rückgabeabkommen zwischen beiden Regierungen unterzeichnet, der Übergabetermin war für das Jahr 2000 vorgesehen. Ich sollte noch etliche Male durch den Kanal fahren, aber den Betrieb unter der Regie der Panamesen habe ich nicht mehr erlebt, da gab es schon keine Funker mehr...

Abends erreichen wir Cristobal, der Lotse geht von Bord. Vor uns liegen 11 Tage Seetörn. MS PEKARI läuft mit hoher Fahrtstufe Kurs Nordost. Und wieder legt mir der Alte sein Telegrammbuch auf den Tisch, ETA's für alle Beteiligten. AMVER nicht zu vergessen. Dann ist Feierabend, ich gönne mir noch ein Bierchen mit dem gerade von Wache abgelösten Chiefmate, anschließend gehen in der Funkerkammer die Lichter aus. Nach drei Tagen Hafenleben ist jetzt mal Reha angesagt.

Die Fahrt durch die Karibik gerät zu einer wackligen Angelegenheit, die vom Wetterbericht versprochenen ‚Tropical Depressions' beuteln uns tüchtig durch, das geht schon mehr in Richtung ‚Tropical Storm'. An einem Vormittag bringe ich einen WX zur Brücke und gucke mir das Schauspiel eine Weile an. Die aufgewühlte See hebt die PEKARI immer wieder hoch wie ein Surfbrett, dann kracht der Bug mit massiven Donnerschlägen zurück in die See, eine Wand von Gischt steigt über die Back. Dazu ein Radau vom Feinsten, Metall kreischt auf Metall, wenn der Kahn sich stöhnend und ächzend durch die Wogen wälzt.

In der Funkbude ist es auch nur bedingt lustig. Eine Morsetaste zu bedienen ist filigrane Arbeit, da ist Feinmotorik gefragt. Wenn aber der Arbeitstisch wild hin und her schwankt und der ganze Zarochel immer wieder spontane Bocksprünge vollführt, ist es Essig mit der Feinmotorik. Ich setze ein reichlich vermurkstes OBS ab und ernte bei der Quittung zum ersten, allerdings auch zum letzten Mal, von der empfangenden Küstenfunkstelle ein QSD.
Heißt schlicht und einfach: Ihre Gebeweise ist mangelhaft. Oder kurz „Sau-Drücker", wie es von deutschen Funkern gerne interpretiert wird. Ich bin sauer. Dieser Blödmann in seiner Küstenfunkstelle hat gut reden, sitzt da hoch und trocken, während ich mich hier mit allerlei Verrenkungen an meinem Drehstuhl festklammere und eine Taste bediene, die gerade Achterbahn fährt.

Zum zweiten Male durch die Monapassage. Die Karibik bleibt hinter uns zurück, wir haben den offenen Atlantik erreicht. Blaues Meer, blauer Himmel wie auf einer Kitsch-Postkarte. Aber das blaue Meer wirft eine abartige Dünung, irgendwo viel weiter nördlich nimmt der Hurrikan ‚Candice' Fahrt auf.

Monapassage

Die PEKARI wummert nun nicht wild stampfend durch die See, sondern sie rollt. Auch nur kurze Zeit lustig, dann nervt es nur noch. Wir essen schon seit der Karibik von klatschnassen Tischtüchern, nur so bleiben die Teller und das Geschirr auf der Back. In der Kombüse haben Ede und sein Maat den Herd mit Schlingerleisten ausgestattet, die klemmen praktisch die Pötte ein, und Ede kann halbwegs ungefährdet kochen. Er darf seine Töpfe nur nicht allzu voll machen, sonst fliegt ihm das Mittagessen um die Ohren. Überhaupt ist die Kombüse bei starkem Seegang einer der gefährlicheren Arbeitsplätze, schon mancher Koch hat sich bei überholendem Kahn mal eben unfreiwillig auf der heißen Herdplatte abgestützt oder sich gleich den ganzen kochenden Schmodder übergeschüttet.

Mittags beim Essen komme ich mit der Frau vom Alten ins Gespräch. Sie erzählt, dass sie mit Mäxchen diese Reise unbedingt mitfahren wollte, weil der Kleine im kommenden Jahr eingeschult würde, dann wäre zunächst mal Essig mit Familienausflug auf hoher See. Der Knirps hat die Reise sehr genossen, die Gilbies sind seine großen Freunde geworden. Überhaupt findet er überall Ansprache, die Piepels und er haben 'ne Menge Spaß zusammen. „Gott sei Dank hat er inzwischen vergessen, was ihm mein Mann vor der Reise erzählt hat", meint Frau Kapitän. „Wieso, was hat er denn erzählt?" frage ich. „Stellen sie sich vor, wir sitzen im letzten Urlaub meines Mannes am Tisch, und der Kleine fragt, wo er denn mit Papa und dem großen Schiff demnächst hinfährt. Mein Mann war wohl etwas beschwippst und sagt prompt: ‚Dann fahren wir nach Panama in den Puff!' Ich dachte ich höre nicht richtig!" – „Na, das hat er bestimmt längst verdrängt!" meine ich. „Ja, aber nicht schnell genug, mein Mann war gerade wieder an Bord, da kriege ich einen Anruf vom Kindergarten. Die Erzieherin meinte, der Sprachgebrauch von Max wäre doch recht herb. Sie hatte ihn vor versammelter Gruppe gefragt, wo er wohl demnächst mit seinem Papa hinfährt. Er verkündete stolz: ‚Nach Panama in den Puff'. Gott, war mir das peinlich!" Ich habe mir dann zunächst mal unter der Back die Schuhe zugeschnürt, Frau Kapitän musste mein begeistertes Grinsen ja nicht unbedingt bemerken.

Tage später, die See wird merklich ruhiger, für Samstag ist eine Grillparty angesetzt. Das sonst in den Messen genossene Abendessen entfällt, dafür geht auf dem Palaverdeck ein aus einem Ölfass selbstgebauter Holzkohlegrill in Betrieb. Es gibt Steaks satt, Würstchen und Folienkartoffeln. Ede hat einige Salate dazu gebastelt. „All hands" versammeln sich um den Grill, einige Bierkisten bereichern das Genussmittelangebot, und bald ist alles in bester Stimmung. Nach dem Ende meiner letzten Wache stoße ich zu der Party und genieße sowohl das Speiseangebot als auch die Geschichten, die da erzählt werden. Wo immer Seeleute zusammenhocken, klönen sie über die Seefahrt und die Storys, die sie so erlebten. Und zwar in einer Art und Weise, wie sie es gegenüber Nichtseeleuten nie tun würden. Nur der Seemann versteht wirklich, was ihm da erzählt wird, er lebt das gleiche Leben, die Welt der Seefahrtgeschichten ist auch seine Welt. Dabei müssen es nicht immer Döntjes von der Seefahrt sein, wie Schmierer Paulsen gerade eindrucksvoll beweist. Obwohl gelernter Schlosser hatte er vor seiner ersten Anmusterung als Schäfergehilfe in der Lüneburger Heide gejobbt. „Weil ich die Viecher so gerne habe!" Der Bauer, dem die Herde gehörte, hatte ihn dann aber gesackt. „Da stehe ich mit die Biester in der Heide 'rum, alles is' friedlich und gediegen, da haut so'n blöder Bock ab. Und die ganzen Schnucken hinterher. Und mein Köter, den mir der Bur da mitgeben hat, guckt blöd und macht nix. Und ich gucke auch blöd und mache auch nix. Das war 'ne richtige Heidschnucken-Stampede. 'Nen halben Tag sind wir 'rumgerannt, bis wir die blöden Viecher wieder eingesammelt hatten. Nee, geh mir wech, da is' es hier entspannter." Viele Faktoren können ursächlich dafür sein, dass man zur See fährt. Eine Heidschnucken-Stampede als Begründung ist mir weder vorher noch nachher jemals wieder untergekommen.

Später holen die Gilbies ihre Gitarren. Unglaublich, aber fast jeder von den Jungs schleppt so ein Ding mit auf die Reise, und es ist eine Freude, ihnen zuzuhören. Besonders, wenn sie die melodischen Weisen ihrer Heimat anstimmen. Man muss sie aber manchmal darum bitten, viel lieber geben sie zum Besten, was gerade so in den Radiocharts aktuell ist. Der Schönheit ihrer heimatlichen Volkslieder sind sich gerade die jüngeren Gilbertesen gar nicht so bewusst. Na ja, junge Menschen in Deutschland sind auch nicht gerade die größten Fans der heimischen Volksmusik. Aber unsere Gilbies haben es wirklich drauf. Noten lesen kann keiner von denen, die hören sich vom Band etwas an, klimpern ein paar Akkorde, bis es ähnlich klingt, und schon rocken sie los.

Wir passieren die Azoren zwei Tage später bei Dunkelheit, außer einigen Lichtern ist von den Inseln nichts zu sehen. Nach dem abendlichen Wachende gehe ich in die Messe, Kinoabend steht auf dem Programm.

1976 kennt man noch keine Videorecorder an Bord, von DVD-Playern und ähnlichem Kram ganz zu schweigen. Wir haben einen 16mm-Projektor und Leihfilme. Die bekanntesten Anbieter dieses Dienstes sind die Firmen Atlas-Film und Walport. Gegen eine feste Gebühr hat der Dampfer Anspruch auf eine limitierte Anzahl von Filmen, die in Kisten zu je drei Kassetten geliefert werden. Umtausch ist entweder bei Verleih-Agenturen in den großen Häfen oder mit anderen Schiffen möglich, immer schön gegen Quittung. Da man mit so einer Dreierkiste mangels Umtauschmöglichkeit schon mal eine ganze Reise auskommen muss, werden die Streifen häufig in Wiederholung vorgeführt.

Ich kreuze in der Messe auf, Jochen agiert als Filmvorführer. Da uns der Atlantik immer noch ein wenig ins Rollen bringt, ist der aufgebockte Projektor fachkundig gelascht worden, in alle Richtungen halten mit Tischbeinen verbundene Tampen die Maschinerie aufrecht. Der Raum ist gut besetzt, die Gilbies in den ersten Reihen, Zigarettenrauch wabert im Licht des Projektors, jede Menge Bierbuddels auf der Back. Wir fahren Movies vom Walport-Verleih, die laufen in englischer Sprache und sind nach Aussagen der erfahrenen Kollegen auch meist aktueller als die deutschsprachigen Atlas-Filme.

Gezeigt wird auf Wunsch der Gilbies zum zweiten Mal auf dieser Reise das Werk ‚Emmanuelle', ein seichter Soft-Porno, der zu jener Zeit wohl als sehr gewagt gilt und heute vermutlich die Zuschauer auf der Stelle einschläfern würde. Die Gilbies quittieren die Vorstellung mit euphorischem Beifall, besonders die Stellen, wo die Hauptdarstellerin immer wieder mal ihre recht ansehnliche Oberweite freilegt. Jochen und ich vermuten, dass der Streifen bei diesen Szenen auf anderen Schiffen schon häufig gestoppt und auf Wiederholung gelaufen ist, die entsprechenden Abschnitte auf den Kopien sind mehrfach geflickt, auch bei uns reißt genau bei solchen Szenen ein paar mal der Film. Egal, das ganze Auditorium hat einen Heidenspaß bei der Sache, besser als der Film sind allemal die fachkundigen Kommentare des Publikums.

Ohne besondere Vorkommnisse haben wir die Atlantiküberquerung fast bewältigt, vor uns liegt die Straße von Gibraltar, Tor zum Mittelmeer. Da bin ich mit unserem Rufzeichen in der Liste von DAN, ein Telegramm von United Brands. Der Löschhafen hat sich geändert, nun beordert man uns nach Neapel. Scheint ja hektisch herzugehen da in der Zentrale in Boston. Umgehend wirft mir der Alte einige Telegramme auf den Tisch, neuberechnete ETA's, nun für ‚Bella Napoli'. Die Funkverbindung nach Norddeich ist in diesem Seegebiet unproblematisch, Anruf, kurze Wartezeit auf den Arbeitsfrequenzen, und zügig taste ich ein QTC nach dem anderen durch. Bekomme meine Quittung, der Kollege bei DAN wünscht gute Fahrt und der Job ist getan.

Ich erinnere mich an die Instruktionen meines Vorgängers, Gibraltar ist für die Mannschaft eine prima Gelegenheit, zu halbwegs akzeptablen Gebühren zu telefonieren. Das Schiff fährt in die Reichweite mehrerer spanischer UKW-Küstenfunkstellen, empfohlen wurden mir Algeciras-Radio und Almeria-Radio. Die Briten auf ihrem Affenfelsen bieten auch eine Verbindung, die ist aber teurer.

Der „Affenfelsen" von Gibraltar

In den Messen weise ich auf die Möglichkeiten hin, erläutere das günstigste Zeitfenster und bitte um Voranmeldung mit Telefonnummern, damit ich die Gespräche zügig abwickeln kann.

Ein Tag später, wir erreichen die Meerenge bei diesiger, stark eingeschränkter Sicht, im Radar ist Land zu beiden Seiten deutlich zu erkennen. Jede Menge Schiffe auf dem Bildschirm, hier ist ja mächtig was los. Im UKW-Funk endloses Gequake, andere hatten wohl auch die schlaue Idee mit dem Telefonieren, das kann ja heiter werden. Acht Piepels sind bei mir aufgekreuzt und belegen jetzt den Gang zwischen Brücke und Funkraum. Ich beginne sehr früh mit den Anrufen, immer wieder auf Kanal 16: „Algeciras Radio, Algeciras Radio, this is PEKARI, Delta India Foxtrott Kilo!" Nicht ganz der schulmäßige dreimalige Anruf, aber das macht eh keiner. Nach einigem Hin und Her werde ich tatsächlich gehört: „Delta India Foxtrott Kilo Algeciras Radio, come in please!" Ich melde mich und annonciere acht Telefonate nach Germany. Zunächst mal Stille, vielleicht ist er vom Stuhl gefallen, da kommt ja echt „trabajo" auf ihn zu. Dann schickt er mich auf einen Arbeitskanal, verbunden mit dem ernüchternden Hinweis: „You are vessel no. 5!" Mist, verdammter, vor mir warten noch vier andere Pötte, das kann dauern. Zunächst aber läuft's recht zügig an, ein deutscher Schlorren mit zwei kurzen Gesprächen, ein Franzose, ein Telefonat, ein Panamafrachter, ebenfalls ein Call. Ich denke, gleich geht's los, da wird ein Grieche gerufen. Damit ist das Desaster perfekt, der Hellene will wohl ein Tages-Abonnement für Algeciras durchsetzen und hört nicht mehr auf zu krähen. Zunächst mal schreit er mit einer Lautstärke in sein Phone, der müsste eigentlich locker auch ohne Funkgerät in Spanien zu hören sein. Wahrscheinlich sogar in Griechenland. Dann ein erstes Endlos-Telefonat. Anschließend ein weiteres, alles mit höchster Dezibel-Leistung. Die Sache zieht sich in die Länge, mein Zeitfenster schrumpft.

Endlich, ich werde gerufen. Jetzt geht's flott zur Sache, ich buchstabiere Schiffsnamen, Accounting-Code und eine Telefonnummer, und schon hat mein erster Kunde Mutti am Rohr. Der zweite, der dritte, ich komme zügig voran. Nach jedem Telefonat gibt der Spanier die Minutenzahl und die Gebühr durch, für die Abrechnung, und weiter geht's. Und da sich alle meine Klienten erfreulich kurz fassen, bringe ich alle acht Telefonate mit Algeciras-Radio durch. Zufriedene Maaten verlassen die Stätte, und der Sparks hat wieder mal seine Nützlichkeit bewiesen, in Ermangelung sonstiger Ovationen klopfe ich mir selbst auf die Schulter und köpfe ein Beck's, es ist Wachende.

Jetzt also durchs westliche Mittelmeer, letzte Etappe zum Zielhafen. Unter gleichmäßigem Wummern der Maschine karren wir unsere Bananen mit 20 Knoten vorwärts, Kühlschiffe sind schnell. Deshalb sprechen wir Seeleute auch gerne von Bananenjägern. 20 Knoten sind 37 Kilometer pro Stunde, mit der Geschwindigkeit eines Mopeds sind wir unterwegs. Ich habe wieder meine Zollformulare in den Messen ausgelegt, dazu Bestelllisten für italienische Lire, und bereite den Papierkrieg der Einklarierung vor. Letzte ETA's an Reeder, Charterer und an die Agentur in Neapel werden gesendet. In einem weiteren Telegramm erbitten wir „Free Pratique", so etwas wie die freie Verkehrserlaubnis für italienisches Hoheitsgebiet, im „Stiefel-Country" wird das verlangt. Umgehend funken die Italiener zurück: FREE PRATIQUE GRANTED. Wir dürfen einlaufen.

Plötzlich Unruhe im Brückengang. Ein Steuermann macht Meldung, der Alte flucht. „Was'n los?" – „Der Deckschlosser ist eben voll auf die Fresse geflogen, als er in die Kombüse wollte, so wie`s aussieht, hat der sich 'ne Rippe gebrochen oder angebrochen!" Ach du dickes Ei, was kommt nun? Will der Alte einen Medico-Call machen?

Ärztliche Versorgung an Bord von Frachtern ist bis heute ein Geschäft für mehr oder minder begabte Amateure, jeder Nautiker absolviert während seines Studiums einige wenige Wochen Training in Sachen Notfallmedizin, mehr als Grundkenntnisse werden da kaum vermittelt. An Bord ist der 2. Offizier nebenamtlicher ,Doktor' vom Dienst, er verfügt über einen Behandlungsraum, der etwas großspurig „Hospital" genannt wird. Und eine standardisierte Bordapotheke, die auf allen Schiffen die gleichen Medikamente mit festen Zuordnungsnummern enthalten soll. Mit den üblichen Problemchen wurden die Steuerleute ganz gut fertig, Prellungen, Quetschungen, Sonnenbrand und ab und an Penicillin-Spritzen gegen Tripper gehörten zum Tagesgeschäft.

Auch bei Zahnproblemen soll mancher Mate schon ganz erfolgreich in der Futterluke eines Bordkollegen herumgepult haben, als Improvisation bis zum nächsten Hafen. Endete aber die Weisheit eines Bord-Schamanen, kam der Medico-Call ins Spiel, über Funktelefonie oder alternativ ein Telegramm wurde der Bereitschaftsarzt in Cuxhaven über die Problematik informiert. Der gab dann gute Ratschläge, etwa welche Pillen-Nummer aus der Bordapotheke nun das Mittel der Wahl zu sein habe. Im Extremfall ordnete er auch die verzugslose Ansteuerung des nächsten Hafens an, um den bedauernswerten Patienten in ärztliche Obhut zu bringen. Einzige Alternative wäre ein Passagierschiff oder ein Kriegsschiff in unmittelbarer Nähe gewesen, dort war medizinisches Fachpersonal eingeschifft. Ein gesundes Gottvertrauen ist also angebracht, wenn man zur See fährt, für Seeleute kam mal nicht schnell der Notarztwagen um die nächste Ecko gefegt.

Nun hat der Deckschlosser seine Rippe, vielleicht auch Rippen, lädiert. Er ist bereits im Hospital, der Zweite und dann auch der Alte gucken sich die Sache an. Es sieht wohl nach schwerer Prellung oder angebrochenen Spanten aus, arbeiten würde der die nächsten Wochen nicht. Der Alte entscheidet kurzerhand: „Ablösung, ich gebe das Telegramm gleich auf, müsste in der Zeit zu schaffen sein, die wir in Neapel liegen, und dort geht er gleich zum Arzt, bevor er fliegt." Der Schlosser ist aber auch ein Pechvogel. In Bremerhaven kam er schon ohne Gepäck an Bord, das hatte die Bundesbahn verschlampt. Die halbe Reise hatte er sich mit drei Unterhosen und geliehenen Plünnen beholfen und in Armuelles ein paar wenige Teile dazugekauft, ein Shopping-Paradies war der Hafen nicht gerade. Und jetzt das.

Das Telegramm mit dem Ersuchen um Ablösung geht umgehend raus. Wir sind knapp zwei Tage vor Neapel und rechnen dort auch mit einigen Tagen Liegezeit, es dürfte also für Hamburg Zeit genug sein, einen Ablöser in Marsch zu setzen. Abends kreuzt der Schlosser bei mir in der Funkstation auf, man hat ihm einen Verband um den Rumpf gewickelt, liegen kann er eh kaum, am besten geht's in aufrechter Haltung, so seine Ansage. „Sparks, ich will mal eben ein Telegramm aufgeben, die müssen zu Hause schließlich wissen, dass ich vorzeitig wieder aufkreuze!" Kein Problem, er formuliert einen Text, ich rufe DAN, und einige Zeit später war die Nachricht in Norddeich, um dann auf normalem Telegrammweg zu den Adressaten weitergereicht zu werden. „Mann, jetzt bin ich richtig froh, dass mein Gepäck verschwunden ist, mit der angeknacksten Rippe kann ich ja nix schleppen, ich spüre jede Bewegung, auch ohne Koffer!" Na also, er sieht es so wenigstens positiv.

PEKARI vor der Küste, Gelegenheit für ein Bootsmanöver

Neapel. Wir liegen zunächst auf Reede vor Anker, der Alte nutzt die Gelegenheit für ein wieder mal fälliges Bootsmanöver. Später vor uns in der Abenddämmerung die Lichter einer Großstadt vor weit gezogener Bergkette. Uns wird eine Bauernnacht auf Reede beschert, spät am Abend sitzen wir mit ein paar Piepels in unserer so genannten Laube, trinken einige Bierchen und schauen zu den Lichtern hinüber.

Früh am Morgen, der Lotse kommt an Bord. Wir gehen Anker auf und nähern uns dem vorgesehenen Liegeplatz. Der Hafen liegt zentral, wir liegen praktisch in der Stadt. Kurz nach dem Festmachen rückt die Behördenkolonne an, na, das sind ja auch ein paar Piepels mehr, als man unbedingt benötigt. Der Agent koordiniert das Treiben und übersetzt unsere Unterhaltung, wir hocken zehn Mann hoch im Salon und schieben mit wichtiger Miene unsere Listen hin und her. Und siehe da, auch hier sind einige dezent überreichte Fläschchen geistigen Inhalts, garniert mit zwei, drei Stangen der Zigarettenmarke „Einsamer Cowboy", der Abwicklung sehr förderlich. Die Guardia Finanza, hier wohl so was wie der Zoll, sitzt freundlich grinsend dabei und bedient sich ebenfalls, so sind nun mal die Sitten im sonnigen Süden. Eine Stunde freundliches Palaver, und wir sind einklariert. Ich raffe gerade meine Unterlagen zusammen, da höre ich auf dem Gang: „Verdammte Scheiße, das darf doch wohl nicht wahr sein, sind die denn alle bescheuert oder was?" Ich schaue um die Ecke, da steht der lädierte Deckschlosser mir hochrotem Kopf und vor ihm sein verschwundener Koffer, den er in Bremerhaven so schmerzlich vermisste. Die Reederei hatte das gute Stück unmittelbar nach Bekanntwerden des Löschhafens in Marsch gesetzt, nun stand er da mit angeknackster Rippe und sollte das Monstrum wieder mit nach Hause schleppen. Der kriegt sich gar nicht mehr ein, noch eine ganze Weile höre ich ihn in den Gängen krakeelen. Wie gesagt, er war wirklich ein Pechvogel.

Unmittelbar nach der Einklarierung die nächste Hiobsbotschaft. Die Reederei hatte einen Hamburger Schiffshändler mit unserer Versorgung beauftragt, man hatte da einen Vertrag mit der Firma Höen, die lieferten bei Bedarf auch europaweit. Der Lastzug mit umfangreicher Proviantlieferung sowie diversen Versorgungsgütern für Deck und Maschine war am frühen Morgen am Hafen eingetroffen, vorschriftsmäßig verplombt und gesichert. Der Fahrer stieg am Gate aus und erkundigte sich nach dem Liegeplatz, währenddessen wurden ihm mit seiner Tasche auch die kompletten Fracht- und Zollpapiere aus dem Führerhaus geklaut. Nun weigert sich der italienische Zoll, die Plomben zu entfernen, schließlich benötige man dafür zwecks einer Kontrolle alle Ladungsunterlagen. Heute ist eh nix zu machen, wir haben Samstag. Und morgen ist Sonntag, capisce? Und am Montag vielleicht, aber da muss der Zollchef erst mal mit seinem Oberchef verhandeln. Und der mit seinem Hauptchef. Am Ende der Entscheidungskette steht vermutlich der Papst, und der hat ja auch noch einen Chef. Der Alte bemerkt grimmig: „Ganz klar, wo die Reise hingeht. Wenn die den Truck hier festhalten und nicht ans Schiff lassen, muss ich einen lokalen Schiffshändler beauftragen, hier geht's um zigtausend Märker. Von dem Umsatz wird auch ein wenig „Erfolgsprämie" beim Zoll hängen bleiben!" Na, das sind ja herbe Sitten hier.

In der Zwischenzeit sind die Luken aufgefahren, man beginnt mit dem Löschen der Ladung. Aber nur bis zum Abend, wie man uns gleich versichert, dann ist Daddeldu. Und am morgigen Sonntag passiert mal überhaupt nichts. Aber am Montag wollen sie dann richtig ranklotzen, schließlich ist ja für Dienstagmorgen Auslaufen angesetzt.

Ich zahle am Vormittag den bestellten Schuss aus, riesige Summen gehen über den Tisch. Nicht im Wert, aber die Zahl der Nullen auf jedem Lireschein ist imponierend, Tausend Lire sind ungefähr drei Mark und ein paar Zerquetschte.

Danach beschäftige ich mich mit dem Personalwechsel, außer dem ramponierten Deckschlosser werden noch vier Piepels abgelöst, auch Frau Kapitän und Mäxchen verlassen das Schiff. Die Neuen haben ihre Seefahrtsbücher bereits bei mir hinterlegt, ich händige den Urlaubern ihre Papiere aus, ein Händedruck, „schönen Urlaub", das war's. Man hatte einige Zeit zusammen gelebt und gearbeitet, vielleicht sieht man sich mal wieder. Man lernt immer wieder neue Piepels kennen, teilt manchmal Monate das gleiche Leben und verliert sie wieder aus den Augen. Gelegentlich kommt man per Zufall wieder zusammen, oft sieht man sich nie mehr. Bedauerlich, wenn es ein prima Maat war, mit dem man sich prächtig verstand und so manchen gelungenen Landgang gemeinsam erlebt hat. Weniger bedauerlich, wenn es ein Stinkstiefel war, mit dem man wenig anfangen konnte. Die übliche Fluktuation nimmt viel und sie gibt viel, wir sind es nicht anders gewohnt.

Am Vormittag taucht beim Alten ein Tour-Unternehmer auf, mit Empfehlung der Agentur. Man könne für die Besatzung am morgigen arbeitsfreien Sonntag einen Ausflug organisieren, und zwar nach Pompeji und zum Vesuv. Der Alte ist grundsätzlich damit einverstanden und schickt ihn für die weiteren Details zu mir. Ich lasse mir das Programm erörtern, und in der Mittagspause gebe ich dann das Angebot in den Messen bekannt, inklusive Liste zum Eintragen für interessierte Piepels. Bis zum Abend melden sich tatsächlich zwanzig Leute, am nächsten Morgen um acht Uhr soll der Bus an der Pier stehen.

Zunächst aber ist Landgang angesagt. Nach dem Abendessen stromern wir zu viert los, die beiden Ings Martin und Wolle, der 3. Steuermann Fritz und ich. Durchs Hafentor und über eine stark befahrene Straße, schon befinden wir uns in einem älteren Stadtbezirk. Der Radau ist ohrenbetäubend, nach dem Seetörn sind wir diese städtische Geräuschkulisse nicht mehr gewöhnt. Autos, Vespas, kurz alles was stinkt und knattert, kurvt in verwegenen Kurven um uns herum, Menschenmassen schieben sich durch die Gassen und Straßen. Es ist Samstagabend, die scheinen hier auch ein Fest zu feiern, überall Lichtergirlanden, Marktstände und an einigen Ecken Live-Musik. Wir kommen in einige engere Seitengassen, da sieht es tatsächlich aus wie in gewissen italienischen Filmen, die man so kennt. Wäscheleinen, behängt mit Plünnen, über uns. Italienische Mamas, die lautstark von Balkon zu Balkon kommunizieren. Unterhaltung in Zimmerlautstärke ist hier unbekannt, die krakeelen sich an, als ob sie alle miteinander hochgradig verzofft wären. In besagten Filmen fiel mir früher schon auf, dass grundsätzlich alle Beteiligten gleichzeitig reden, nun stelle ich fest, dass das wirklich das Grundprinzip hiesiger Gesprächkultur ist.

Wir entern eine Bar. Auch hier höchste Lautstärke, zwanzig oder mehr Einheimische stehen in dem schmalen, schlauchähnlichen Etablissement und palavern um die Wette. Wir ergattern „Quattro birra", drücken uns an den Tresen und beobachten eine Zeit lang den ganzen Zirkus.

Später wechseln wir die Kneipe, Bars gibt es hier ohne Ende. Gewissenhaft zechen wir uns von Querstraße zu Seitengasse weiter. Das Straßenfest umfasst offenbar das ganze Hafenviertel, überall ist die Hölle los. So, nun wollen wir was futtern. In einer Ecke sind Tische und Bänke aufgebaut, mittendrin dampft ein großer Kessel, ein Schild bewirbt „Zuppa di Cozze". Martin interpretiert souverän „Suppe zum Kotzen", wir essen das Zeug trotzdem. Im Teller befindet sich eine Brühe mit Miesmuscheln, und die schmeckte gar nicht mal so schlecht. Später höre ich so allerhand über die Probleme mit den hiesigen Muschelbänken in unmittelbarer Nähe der städtischen Abwassereinleitungen, mit dem Wissen hätte ich vermutlich auf die Mahlzeit verzichtet. Aber an dem Abend schmeckt es, und genug Gegengift trinken wir sowieso.

Irgendwann kommen wir noch mit einigen italienischen Studenten ins Gespräch, aber die sind genauso bezecht wie wir, wir machen alle reichlich lallend einen auf deutsch-italienische Freundschaft und trennen uns wieder.

Spät in der Nacht zurück an Bord, ich schlafe wie ein Toter.

Frühmorgens scheppert das Telefon. „Sparks, mach hin, um acht steht der Bus an der Gangway, wir fahren zum Vesuv!" Ach so, verdammt, wir machen ja 'nen Ausflug.

Unter der kalten Dusche komme ich halbwegs zu mir, springe in die Klamotten und hetze in die Messe. Für ein Frühstück sind meine lädierten Innereien noch nicht bereit, aber 'ne Pütz Kaffee hilft ungemein. Am Bus sammeln sich die Ausflügler, von den gemeldeten 20 Piepels treten 17 an, die anderen drei sind wegen postalkoholischer Beschwerden nicht transportfähig. War wohl sehr heftig geworden am Vorabend.

Der Tour-Guide begrüßt uns überschwänglich in Deutsch oder so ähnlich: „Eute magge wir eine wunnerbar Ausfluge!" der versprüht eine gute Laune, dass mir schier der Schädel platzt. Ich sitze vorn bei dem Führer, hinter mir vernehme ich ploppende Geräusche, vom mitgeführten Reiseproviant werden die Kronkorken entfernt.

In den Ruinen von Pompeji

Wir gurken eine ganze Weile kreuz und quer durch die Stadt und durch die Pampa, dann erreichen wir Pompeji. Ein wenig Schulwissen ist bei mir noch vorhanden, antike Stadt, römische Metropole, im Jahre 79 n. Chr. bei einem Ausbruch des Vesuv „tutti completti" untergegangen. Die Sache interessiert mich wirklich, aber mit einem gigantischen Brummschädel bei guten 30 Grad im Schatten habe ich Mühe, den Ausführungen des Guides zu folgen. Genau so ergeht es meinen Bordkollegen, die entweder noch oder schon wieder bedröhnt hinter dem Führer herstolpern. Diesem unterläuft dann noch ein kapitaler Fehler, als er auf eine für die Öffentlichkeit gesperrte Ausgrabungsstätte hinweist, in der es unzählige erotische Wandmalereien gäbe: „Isse gewese so ein Art Freudenhause!" Na, das war was für die Gang. „Watt, en Puff? Los, hin da, wir woll'n den Puff sehen!" Die ganze Meute verlangt kategorisch Zutritt zu dem antiken Freudenhaus. „Isse nixe möglisch, isse geschperrte!"

Der gute Mann hat alle Mühe, seine Schäflein weiter zu lotsen. Erst als ich den Kollegen klar mache, dass damals auch die Nutten verschüttet wurden und der Laden kaum noch aktiv sein werde, kehrt unter allgemeinem Gelächter wieder Ruhe ein.

Nächste Station ist ein Ristorante an der Küstenstraße, Lunch ist im Programm mit eingeplant. Man serviert ein Touristenmenü, Spaghetti als Vorspeise, dann irgendeinen toten Fisch, dazu gibt es einen Tischwein, die Karaffen werden nach Leerung umgehend gegen volle ausgetauscht. Etliche Piepels halten den Wein für den Hauptgang der Mahlzeit, die Stimmung steigt.

Nun zum Vesuv. Der Vulkan ist durch eine Fahrstraße bis zu einer gewissen Höhe anfahrbar, die letzte Strecke bis zum Kraterbereich legt man in den Siebzigern noch mit einer Sesselbahn zurück. Unser Reiseleiter gibt 'ne Menge Infos über den Berg zu Besten, unter anderem erwähnt er, dass der bekannte Schlager ,Funiculi, Funicula' 1880 anlässlich der Einweihung der ersten Seilbahn zum Gipfel komponiert wurde. Er hätte das besser nicht erzählt. Wir haben gerade paarweise die Sesselbahn geentert und werden nach oben gebaggert, als unsere beiden Schmierer lautstark in ihrem Liftsessel eine nicht jugendfreie Variante des Schlagers zum Besten geben: „Funiculi Funicula, tausend nackte Weiber auf dem Männerpissoir..." und so weiter. Das haben sie wohl gerade selbst zurecht getextet und die Melodie entspricht auch nicht so richtig dem Original. Der akustische Beitrag wäre ja noch tolerierbar gewesen, die meisten italienischen Besucher verstehen nichts und gucken wohlwollend. Aber gleichzeitig versetzen die beiden Barden im Takt ihres Gesangs den Sessel in heftige Schwingungen, sie schunkeln gewissermaßen. Die Lautsprecher an den Liftmasten quäken reichlich hysterisch irgendeine Anweisung, dann Stillstand des Lifts. Weiterfahrt, und wieder „Funiculi, Funicula...", wieder ein Stopper. Mit einigen Zwischenaufenthalten gelangen wir der Reihe nach an den Kraterrand, dort werden wir von erbosten Liftwärtern erwartet, großes Palaver mit unserem Guide. Man will uns die Rückfahrt verweigern, zumindest den beiden Sangeskünstlern. Nun gut, zunächst mal machen wir unsere Tour am Kraterrand, dauert ja ein Weilchen, vielleicht haben sich dann die Gemüter beruhigt. Aber nein, zur Talfahrt angetreten, geht die Debatte wieder los. Nach langem Hin und Her schwören wir die beiden Maschinesen auf ein Stillhalteabkommen ein und dürfen jetzt doch wieder abfahren, der Fußweg wäre etwas heftig gewesen.

Abends wieder zurück auf dem Schiff. Wir sind fast alle zu geschafft, um jetzt noch einen Landgang durchzuziehen, wir haben schließlich ein volles Programm genossen.

Eine gesellige Runde trifft sich noch auf dem Palaverdeck beim Bier. Morgen ist ein anderer Tag.

Am Montagmorgen werden die Löscharbeiten wieder aufgenommen, jetzt klotzen sie richtig ran, die wollen uns wohl loswerden. Die Agentur verhandelt inzwischen um die Freigabe unseres Versorgungsfahrzeuges, der Truck steht immer noch verplombt beim Zoll. Und ich bekomme vom Alten eine Fahrt zum Konsulat verordnet, die Auswechslung einiger Besatzungsmitglieder muss in der Musterrolle beglaubigt werden. Dieses amtliche Dokument listet jedes einzelne Crewmitglied mit seinen Befähigungszeugnissen und persönlichen Daten auf, das Seemannsamt überprüft und beglaubigt dann diese Angaben, wenn sie in Übereinstimmung mit der Schiffsbesetzungsverordnung stehen. Und die Belange des Seemannsamtes werden im Ausland von den Botschaften und Konsulaten wahrgenommen.

In meiner Fahrzeit als Funker habe ich später eine ganze Anzahl von Konsulaten und Botschaften von innen gesehen, hier in Neapel aber ist es das erste Mal.

Ein von der Agentur bestelltes Taxi wartet an der Pier, ich klemme mir die Aktentasche mit den benötigten Dokumenten unter den Arm, und los geht's. Wir kommen kaum voran, immer wieder bleiben wir im chaotischen Verkehr Neapels stecken, ich richte mich innerlich auf einen langen Tag ein. Da, an einer etwas unübersichtlichen Ecke, rammt mein Fahrer bei geringem Tempo eine Vespa, deren Fahrer legt einen akrobatischen Notabstieg aufs Pflaster und kugelt vor dem Taxi herum. Na, da ist vielleicht was los. Der Fahrer raus aus der Karre und brüllt wie ein Berserker auf den Rollerfahrer ein. Der brüllt zurück, und bei den zahlreichen Zuschauern bilden sich offenbar zwei Parteien, die ihren jeweiligen Favoriten lautstark unterstützen. Niemand denkt auch nur im Traum daran, die Polizei zu verständigen. Ich bleibe im Taxi sitzen und schalte zunächst mal den Tarifzähler ab, für unfallbedingte Aufenthalte zahlt die Reederei Laeisz nicht, basta! Nach einer Viertelstunde haben sich die Kontrahenten irgendwie geeinigt, die Menge zerstreut sich, und mein Fahrer steigt wieder ein. Die abgeschaltete Uhr übersieht er, ich auch. Kurze Zeit danach stehen wir vor dem Konsulat, und der „Tassista" wundert sich. Schüttelt den Kopf, sagt aber nichts. Und ich habe der Company mindestens 5.000 Lire gespart. Dafür können sie ja ein neues Schiff anzahlen, denke ich grinsend.

Im Konsulat verbringe ich eine kurze Wartezeit im Schreibzimmer des Honorarkonsuls und drehe Däumchen, ich habe sonst nichts zu tun. Die konsularische Vorzimmertippse versorgt mich mit Espresso. Dann rein zum Konsul, es wird wieder Espresso serviert, und wir gehen die Änderungen in der Rolle Punkt für Punkt durch. Der macht das wirklich gewissenhaft, dem kann man nichts unterjubeln. Ein Kapitän erzählte mir später einmal, dass es da bekannte Adressen von ziemlich ahnungslosen Konsuln gäbe. Sehr nützlich, wenn man mal leicht unterbesetzt fahren musste, weil irgendeine Position an Bord vakant war. Heute aber sind wir gemäß den Bestimmungen bemannt, der ganze Amtsakt wird für alle Beteiligten zufriedenstellend abgeschlossen.

Zurück im Hafen sehe ich schon von weitem den Hamburger LKW an der Bordwand stehen, es ist gelungen, die Ladung beim Zoll loszueisen. Und die Löscharbeiten sind im vollen Gange, so wie es aussieht, gehen wir morgen früh raus.
Ich spule mal wieder mein übliches Hafenprogramm ab, überprüfe meine Not-Batterien, den tragbaren Rettungsbootssender, teste gründlich die ganze Funkanlage durch.
Alles ganz gemütlich, zur Smoke-Time am späten Vormittag trifft man sich in der Messe zum Kaffee und beschnackt alle Eindrücke der bisherigen Liegezeit. Positiv sieht bisher die Bilanz unserer Gilbies aus, keiner ist im Knast gelandet, alle treten nüchtern morgens zur Arbeitseinteilung an. Gleiches lässt sich nicht von allen deutschen Kollegen behaupten, zwei der Maschinesen tauchen morgens derart lallig auf, dass ihnen Sprenkelbacke umgehend einen freien Tag verordnet, zu Lasten des Urlaubskontos, versteht sich. Martin

meint dazu: „Bin heilfroh, dass wir hier keine Kolben ziehen müssen oder so was, das hätte uns echt in Schwulitäten gebracht, wenn die Schmierer alle abgefüllt sind. Dann hätten wir aber auch gestern schon mal vorbeugend 'ne klare Ansage gestartet, wer zum Kolbenziehen breit antritt, kassiert 'nen Sack!" Nun gut, das Thema steht ja hier nicht zur Debatte.

Letzter Abend in Neapel, mit Jochen und Herbie gehe ich essen. Eine traditionelle Pizzeria, jedenfalls halten wir diese Bude dafür, in der wir gelandet sind. Halbrunder Steinofen in der Ecke, der Pizzabäcker stochert wild mit einem Holzpaddel im glühenden Schlund des Gemäuers und fördert tatsächlich recht schmackhaft aussehende Gebilde hervor, etwas dicker als zuhause üblich. Dazu genießen wir Vino satt und falls das nicht ausreicht, zur Unterstützung noch eine Serie Grappa. Das Zeug wirkt umgehend, und wir geraten in beste Stimmung, es wird ein würdiger Abschluss unserer Liegezeit in Bella Italia. Den Landesgepflogenheiten folgend übernehme ich zunächst die Bezahlung, wir können das später auseinander pfriemeln, was da an Lire zusammenkommt. Die Summe hätte auch Dagobert Duck begeistert, so viele Nullen habe ich selten in einem Restaurant auf der Rechnung gesehen. Beschwingt von Vino, Grappa und guter Laune runde ich den Betrag um etwas Trinkgeld auf, die Bedienung überschlägt sich darauf hin beinahe vor lauter Verbeugungen, jede Menge Mille Grazie, hätte nur noch gefehlt, dass er uns die Schuhe ableckt. Da dämmert mir, dass ich bei der Trinkgeldzahlung wohl eine Null zu hoch eingestiegen war, 10 000 statt 1000 Lire oder so ähnlich. Pfeif drauf, wir buchen das auf das Konto ‚Lebenserfahrung'.

Auslauftag. Zur Mittagszeit haben die letzten Chiquita-Kartons den Dampfer verlassen, die Crew ist vollzählig an Bord. Die Bunker-Barge, die seit dem frühen Morgen an unserer Bordwand festgemacht und das Schiff mit Treibstoff versorgt hatte, wird von einem kleinen Tugboat weggezogen, ein anderer Schlepper geht bei uns längs, um der PEKARI bei Auslaufmanöver zu assistieren. Längst habe ich einen Mittelmeer-Wetterbericht auf die Brücke gelegt, die Funktionsfähigkeit der Funkstation in allen Teilen überprüft, und einige tausend Lire wurden ebenfalls zurückgezahlt, die Maaten hatten es nicht geschafft, ihre Kohle komplett auf den Kopf zu hauen. Ich händige diese Rückzahlungen umgehend dem Alten aus, der reicht die Kujambels an den Agenten weiter. Wir sind klar vorn und achtern, als letzte schiffsfremde Person vor dem Lotsen geht der Agent von Bord. Ich stehe in der Nock und beobachte das Ablegen, mein Blick schweift noch einmal über die Stadt. Ob ich noch einmal nach Neapel kommen werde? „Von wegen Neapel sehen und sterben", meint Herbie, der unbemerkt hinter mich getreten ist. „Neapel sehen und kotzen kommt eher hin, irgendwas von dem gestrigen Futter habe ich nicht vertragen, ich reihere schon den halben Morgen herum!" Er sieht wirklich recht blass aus, ich hingegen kann nicht klagen, obwohl wir das Gleiche gegessen haben. Dachte ich, aber dann stellt sich heraus, er hatte eine Pizza mit „Frutti di Mare", das Zeug hatte das Mare wohl schon vor längerer Zeit verlassen. Er hat es dann aber nach einigen Stunden auch überwunden.

Später, als ich an der Taste sitze und Norddeich für die Übermittlung der Auslauftelegramme rufe, dämmert mir, dass heute eine neue Reise beginnt. Ich habe meine erste Reise als Funkoffizier weitgehend ohne größere Patzer bewältigt, und ich fühle mich gut dabei. Und wieder, wie schon auf dieser meiner ersten Reise, lautet das Ziel „Panama for Order". Mal sehen, was der neue Trip bringt.

Tage später. Wieder passieren wir Gibraltar, dieses Mal bei sehr guter Sicht. Nur zwei Kollegen hatten sich für die preiswerten UKW-Telefonate über Spanien angemeldet, nach einer halben Stunde Wartezeit kann ich die Gespräche zügig über Almeria-Radio abwickeln. Die anderen Piepels hatten wohl von Neapel ausgiebige Mama-Calls geführt und nun keinen Bedarf mehr. Wieder stehe ich mit Herbie in der Brücken-Nock, wir schauen mit den Gläsern rüber zum berühmten Affenfelsen, einer der letzten Stützpunkte früherer britischer Weltgeltung. „Kennst du die Story mit den Affen?" meint Herbie. „Nee, erzähl!" – „Nun, wo die Biester auf dem Felsen genau herkommen, weiß keiner, vermutlich aus Marokko. Es wird aber behauptet, dass die britische Herrschaft über diesen Stützpunkt endet, wenn der letzte Affe den Felsen verlassen hat. Und als die Population mal schwächer wurde, wegen Krankheiten und so, haben die Limeys kurzerhand ein paar frische Berberaffen dazu importiert. Und bei den britischen Militärs da drüben gibt es einen Monkey-Sergeant, der hat die Aufgabe, dafür zu sorgen, dass es den Viechern gut geht!" Na, so stelle ich mir den Höhepunkt einer militärischen Karriere vor, Affen-Feldwebel hier unten am Schwanz Europas.

Schon die erste Wetterkarte, die ich für die bevorstehende Atlantiküberquerung zeichne, sieht übel aus. Ein tropischer Sturm hat sich dieses Mal nicht in der Karibik, sondern mitten im Atlantik auf etwa 12,5 Grad Nord und 37,5 Grad West zum Hurrikan gemausert und trägt den schönen Namen ‚Frances'. In weitem Bogen zieht der Ballermann nach Norden, er wird zwar schon vor uns vorüber rauschen, aber wir werden das Vergnügen haben, gewissermaßen durch sein Kielwasser zu fahren. Und so kommt es dann auch, wir schaukeln wie die Bekloppten tagelang westwärts und ich verbringe wieder mal einige Nächte nur im Dämmerzustand, an Schlaf ist bei der Rollerei nicht zu denken. Auch sonst ist das Leben beschwerlich, das fängt schon mit der morgendlichen Dusche an, wenn man sich fluchend irgendwie in der Kabine festklammert, während der Strahl von einer zur anderen Ecke wandert – und wieder zurück – und noch mal, weil es so lustig ist. Dann Frühstück unter erschwerten Bedingungen, Rührei in der Schiffschaukel. Die Funkwache wird ebenfalls zur Zirkusnummer. Der Arbeitstisch verläuft in der Längsachse des Schiffes, meine Blickrichtung geht nach Backbord. Links und rechts die beiden Empfänger, vor mir ein Fenster. Mal glotze ich in den Himmel, mal auf eine Wasserwand. Obwohl alles auf dem Tisch auf Gummi-Gitternetzen liegt, versuchen immer wieder Teile meines Arbeitsgerätes sich zu verselbstständigen. Irgendwann schmeiße ich alles, was so herumliegt, in Schubladen. Die Taste wird fixiert, so gut es geht. Meine Schreibtischlampe, so ein altmodisches Ding mit ausziehbarem Scherengitter, pendelt wie blöde vor meinen Augen herum, ich binde sie fest. Als ich die drehbare Tischplatte entriegele, um die an der Unterseite auf dem Kopf hängend befestigte Schreibmaschine hoch zuholen, gerät das ganze Ding durch die Bewegungen außer Kontrolle und hackt mir fast die Pfoten ab. Seit meiner Militärzeit beherrsche ich ein sehr umfangreiches Vokabular, was Flüche in allen Härtegraden betrifft. Dieses umfassende Wissen kommt jetzt wieder voll zur Geltung. Den Spaß, bei wild auf und ab hüpfender Taste ein Telegramm abzusetzen, habe ich bereits erläutert. Stürme und Meer gehören zusammen, aber manchmal ist es nicht mehr schön.

Mit Ankunft in der Karibik bessert sich das Wetter schlagartig

Endlich durch die Mona Passage, die Karibik hat uns wieder. Wettermäßig kehrt Ruhe ein. Auch Chatham Radio hat uns wieder, unser Rufzeichen DIFK taucht in der Liste dieser Station auf, das dürfte der neue Bestimmungshafen sein. Und siehe da, sie schicken uns erneut nach Puerto Armuelles. Gibt's denn sonst kein anderes Programm hier, denke ich etwas enttäuscht. Aber was soll's, so schlecht war die Liegezeit gar nicht, und Spaß hatten wir allemal. Warum also nicht noch einmal das Ganze?

Wir sind noch eineinhalb Tage vor dem Kanal, da bimmelt mein Telefon. Und zwar nachts um kurz nach vier Uhr. Mitten aus dem schönsten Schlaf gerissen, springe ich zunächst mal kurz im Dreieck, bis ich mich gesammelt habe. Ich nehme den Hörer ab und vernehme die Stimme des Alten, klingt etwas vernuschelt. „Komm'se ma' runter, ich hab' da wat Wichtiges…!" Was zum Teufel hat der um diese Uhrzeit denn Wichtiges, dazu noch in seinem Office? Wäre irgendwas bezüglich Seenot oder sonstigen Problemen gewesen, hätte ich einen Anruf von der Brücke erwartet. Ich steige in meine Shorts, zerre mir ein T-Shirt über und wackele ein Deck tiefer zum Alten. Der sitzt neben seinem Office im Salon, einem größeren Repräsentationsraum mit Sofa-Sitzgruppen und Bar, um ihn herum drei, vier auch etwas schlaftrunkene Piepels sowie der gerade von Wache abgelöste Herbie. Und der Alte ist sternhagelvoll. „Nemmse ma' en Bier aus'm Container, wir müss'n wat beschnacken!" Ich gucke höchst verdutzt und greife mir ein Beck's aus der Kiste, die auf dem Tisch steht. Setze mich neben Herbie. „Was wird 'n das hier?" raune ich dem Steuermann zu. „Hab dir schon mal gesagt, warte, bis seine Olsch weg ist, dann legt der los", raunt der zurück. „So alle zehn Tage schüttet der sich abends einen auf die Lampe, bis ihm der Draht aus der Mütze fliegt. Und irgendwann in der Nacht telefoniert er sich ein paar Piepels zusammen, weil er nicht alleine saufen will. Morgens knallt er sich dann in die Koje bis mittags, und die anderen können sehen, wie sie klarkommen. Mir ist es scheißegal, meine nächste Wache fängt um zwölf an", schließt Herbie grinsend seine Erklärung ab. Ich bin sprachlos. Der Alte hängt in seinem Sessel und stiert mit wässrigen Augen in die Runde. „Sang se ma' Sparks, was gibbsn Neues?" nuschelt er mich an. „Äh, eigentlich nichts, Kaptein", erwidere ich. „Gibbs nich…Sparkse wissn immer was Neues!" kommt die Replik. Dann wendet er sich Herbie zu: „Na, Segundo, fahn wa noch?" – „Jou, Kaptein, immer gerade aus!" – „Sehr gut, sehr gut, …wat mutt, dat mutt!" Auf diesem hochgeistigen Niveau plätschert die Unterhaltung weiter, ich wähne mich im falschen Film. Der Reihe nach werden wir interviewt. Der Storekeeper ist dran: „Na Storie, wat hasse su melden?" – „Meine Oma ist voriges Jahr gestorben!" erwidert der gelassen. „Sehr gut, gut, muss allns sein Gang gehen!"

Das ist hier wirklich Zirkus vom Feinsten, ich kneife mir zwischendurch mal in den Arm.

Dann werden wir ultimativ aufgefordert, noch 'ne Runde zu trinken. Plopp, sagen die Kronkorken. Ich schaue zur Uhr, es ist fünf, in drei Stunden beginnt meine Funkwache. Der Storie verpisst sich, der Alte kriegt kaum noch was mit. Ich stehe auf und gehe.

Morgens beim Frühstück spreche ich Fritz an, den dritten Offizier: „Sach ma', was ist denn das für eine Nummer, hat er dich auch schon mal antreten lassen?" – „Klar doch, einmal bin ich hin getigert, aber ein zweites Mal nicht mehr, der kann mich mal. Legt sich dann in die Furzmulde, und ich stehe mit 'nem Glimmer auf der Brücke. Nicht mit mir!" Ich nehme mir vor, künftig genauso zu verfahren. Ich war noch nie ein Kind von Traurigkeit, aber mal eben am frühen Morgen per Alarmstart aus der Koje und vor der Funkwache ein paar Bierchen saufen, wollen wir doch gar nicht erst einreißen lassen. Gewundert hat mich die Sache schon, von diesen nächtlichen Sitzungen mal abgesehen, ist der Alte ein souveräner Schiffsführer.

Wieder in Puerto Armuelles. Hinter uns liegt ein nächtlicher Kanal-Transit. Im Morgengrauen passieren wir Balboa an der Pazifikküste, schon abends machen wir an der Holzpier von Armuelles fest. Auch diese Liegezeit ist für drei Tage geplant, unmittelbar nach der Einklarierung ziehen die Piepels in kleinen Gruppen los, man bewegt sich auf bekanntem Terrain. Den Gilbies habe ich bei der Schusszahlung noch einmal dringend ans Herz gelegt, keinen Unfug anzurichten, bei einigen der braunen Gesellen gibt es kaum noch Spielraum in Sachen Finanzen. Die Auslösesummen, mit denen sie nach ihren Sondervorstellungen immer wieder aus dem Knast herausgekauft werden müssen, zehren ihre verfügbaren Heueranteile schnell auf. Die Jungs geben sich bei meiner Ansage aber sehr verständnisvoll: „Don't worry, Radio, we no longer want to go to prison." Na hoffentlich...

Es blieb bei den guten Absichten. Tiroko Nabaruru, unser immer fröhlicher Steward, bricht an diesem Abend seinen persönlichen Rekord und schafft es nach eineinhalb Stunden, zusätzlich zu einer gehörigen Tracht Prügel, eingelocht zu werden. Schon in der erstbesten Kaschemme hatte er sich in schneller Folge ein paar Cuba Libre reingehämmert, wurde laut, und als ihm der Tabernero nichts mehr einschenken wollte, zog er diesen an seinem Hals über den

Tresen. Bis zum Eintreffen der Policia balgten sich einige Einheimische mit unserem Steward herum, und das Ganze endete traditionell im Kalabus. Tiroko war eigentlich ein harmloser und gar nicht mal so athletischer Kerl, aber mit genügend Rum in der Birne mutierte er zum Rambo.

Mit Herbie und Jochen kreuze ich wieder in jener Bar auf, in der wir auf der letzten Reise unsere Chicas kennen gelernt hatten. Rosa, meine Begleiterin über die letzte Liegezeit, ist leider nicht anwesend. Eine ihrer „Kolleginnen" macht mir mit viel Gestik, Englisch und Spanisch klar, dass sie aus „familiären Gründen" in ihr Heimatdorf im Landesinneren gereist sei. Merkwürdigerweise trifft das auch auf die Damen meiner beiden Kollegen zu, wir vermuten einen nationalen Nuttenkongress mit erweiterter Teilnahmepflicht. Nur Motorenwärter Kreidler sitzt breit grinsend in der Ecke mit seiner voluminösen Partnerin von letzter Reise. „Wahrscheinlich kann die aus Altersgründen keine weiten Reisen mehr machen!" verkündet Herbie wenig charmant.

Das restliche Damenaufkommen in der Pinte ist nicht sehr berauschend, wir ziehen irgendwann weiter. Der Abend entwickelt sich zu einer fulminanten Kneipentour, wir werden zusehends ausgelassener. Mitten im Städtchen verlaufen Bahngleise über eine größere Plaza, und vor einem Gebäude steht auch ein Zug, 'ne kleine vor sich hinbrummelnde Diesellok mit drei, vier alten Personenwaggons, die bereits gut mit Einheimischen besetzt sind. Der Führerstand der Lok ist verwaist, vielleicht ist der Lokführer noch einen trinken gegangen, bevor die Reise startet. Jochen und ich beschließen, mit der Bahn mal 'ne Runde um den Block zu drehen, und erklimmen den Fahrstand. Die Panamesen gucken interessiert und rufen uns irgendwelche Kommentare zu, wir interpretieren das als Beifall. Aber egal, an welchem Hebel wir zerren, das Ding setzt sich nicht in Bewegung. Endlich gelingt es Herbie, der ohnehin gegen diese Aktion votiert hatte, uns aus der Lok zu zerren: „Mensch, lass uns bloß abhauen, da hinten quaken sie schon nach der Policia!" Wir nehmen die Beine in die Hand und verpissen uns mit Fahrtstufe „Voll Voraus". Das wäre die Krönung gewesen, drei Schiffsoffiziere sitzen im Kalabus in der Nachbarzelle neben Tiroko und werden später unter dem Jubel der Crew wieder an Bord gebracht.

Der folgende Morgen ist dann ganz der Pflege des Brummschädels gewidmet, die schenken aber auch ein wildes Feuerwasser hier aus. „Da kriegste blütenweißen Stuhlgang von!" lautet der übliche Schnack in der Messe.

Die restlichen beiden Liegetage verlaufen ohne besondere Höhepunkte, die Zeit verbringe ich mit wenig Arbeit und viel Muse, einmal durchstreife ich das Städtchen am Tage. Mein dienstlicher Auftrag lautet „Briefmarken kaufen". Die Briefe und Karten, die Hein Seemann so schreibt, werden bei mir abgegeben, und ich leite sie dann an die Agentur weiter. Dort wird die Post in der Regel freigestempelt, nicht unbedingt schön für Sammler zuhause, die auf die bunten Marken aus fernen Ländern warten. Ich habe nun von allen an Bord im Hafen am wenigsten zu tun, ein bisschen Wartung der Anlage, ein bisschen Presse aufnehmen, der Rest ist „schlau gucken". Die Jungs aus der Maschine haben es da schwerer, im Fettkeller ist während Liegezeiten immer was zu reparieren. Die nautischen Offiziere gehen Ladungswachen, die Deckscrew wird mit Ausbesserungsarbeiten beschäftigt, die Kombüse kocht, der Blitz darf bei Windenbetrieb auch an Bord bleiben, Hafenzeit ist nicht gleich Urlaubszeit. Nur der Alte und der Sparks können sich verpissen. Der Alte sowieso, und der Sparks, wenn der Alte nichts dagegen hat. Also bin ich Briefmarkenbeschaffer, so es denn gewünscht wird – und auch Einkäufer für sonstigen Schnickschnack, wenn jemand etwas benötigt und schwer von Bord kommt. Natürlich finden auch andere Besatzungsmitglieder Gelegenheit, mal einen Tagesausflug zu ergattern, aber der Funkrat ist da eben besonders begünstigt – was ihm nicht immer nur Sympathien einträgt, Menschen mögen es nicht immer, wenn es anderen Menschen besser geht. Da ich aber meine Tagesexkursionen immer mit Beschaffungen für Kollegen verbinde, habe ich da keine nennenswerten Akzeptanzprobleme.

Am letzten Abend taucht Rosa überraschend wieder in ihrer Bar auf, und ich komme doch noch in den Genuss einer externen Übernachtung. Als ich am Morgen an der Gangway auftauche, wird gerade Tiroko angeliefert, mit ein paar blauen Flecken und leicht verstörtem Gesichtsausdruck. Das wird ihn wieder einiges kosten. Seine Landsleute haben sich dieses Mal gut gehalten, unser Steward ist der einzige, dessen Landgang hinter Gittern endete.

Als der Agent aufkreuzt, hat er eine dicke Überraschung im Gepäck. Ursprünglich war diese Ladung wieder für Italien vorgesehen, aber man hat kräftig umdisponiert. Wir werden in den Persergolf laufen, Dubai und Kuwait sind vorläufig als Löschhäfen geplant. Donnerwetter, das wird ein langer Stiefel, gut drei Wochen dürften wir da unterwegs sein. Sprenkelbacke kriegt einen Anfall und verlangt kategorisch Nachbunkern im Panamakanal. „Weiß ich doch nicht, wo wir wieder bunkern können, im Suez auf keinen Fall, da haben sie uns beim letzten Mal den größten Dreck angeliefert, das war kein Schweröl, das war Scheißöl." Bemerkenswerter Kommentar, wenn man bedenkt, dass das in der Seefahrt gebräuchliche Schweröl im Grunde sowieso Scheißöl ist.

Nun gut, Sprenkelbacke bekommt seinen Willen. Wir laufen fristgerecht in Armuelles aus und gehen zwanzig Stunden später in den Kanaltransit. Bunkern wurde vom Agenten in Colon organisiert, und nun bekomme ich fast einen Anfall, als ich das höre. Zur Treibstoffübernahme wird das Schiff nämlich in panamesischem Hoheitsgewässer außerhalb der US-Kanalzone ankern und mit einer Barge versorgt – inklusive voller Einklarierung bei den Panamesen. Das Ganze dauert nur wenige Stunden, unsere Bunker sind ja noch gut gefüllt, wir ergänzen nur. Aber kaum aus der Kanalzone raus und vor Anker gegangen, kommen die ganzen behördlichen Strauchdiebe per Boot längsseits und entern ihr Beutetier. Endlich gibt's mal wieder satt was abzustauben, die Zigarettenstangen und Whisky-Buddels wandern nur so über den Tisch. Jede Verweigerung unsererseits hätte nur zu Komplikationen und eventueller teurer Reiseverzögerung geführt. „Schmeißt mal nich' so mit dem Kram um euch!" knurrt Sprenkelbacke, der sich auch zur Klarierungsparty dazugesellt hat. „Was glaubt ihr denn, was erst im Suez abgeht. Wenn de denen nich' irgendwann auf die Finger kloppst, plündern die den kompletten Zollstore!" Wie ich später herausfinde, war das noch untertrieben…

Das Bunkern dauert nicht viel länger als die Einklarierung, wir sind alle froh, als die PEKARI wieder Anker auf geht. Die Golfreise beginnt.

Der Sprung durch die Karibik verläuft unspektakulär. Die Hurrikan-Saison dauert an, aber scheinbar legt Rasmus uns zu Ehren mal 'ne Pause ein. Auch der Atlantik hält sich vornehm zurück, bis auf das übliche leichte Gerolle, das aus weiter nördlich stattfindenden Wettergeschehnissen herrührt. Ich lebe wieder im Rhythmus meiner Funkwachen, immer gleiche Abläufe, keine besonderen Vorkommnisse. Kurz nach dem Verlassen der Karibik bimmelt mal wieder mein Telefon zu nächtlicher Stunde, in der Leitung der Alte mit einer schweren Ladung, das kann ich deutlich hören und schon fast am Hörer riechen. „Jou, Kaptein, ich komme gleich!" Sprach's und legte mich wieder in die Koje, ‚nu' is' aber mal langsam gut', denke ich. Er meldet sich auch nicht mehr, wahrscheinlich hat er seinen Anruf im nächsten Moment schon wieder vergessen.

Abends sitze ich beim Bier in der Laube und komme mit dem Gilbie-Bootsmann ins Gespräch. Ein ruhiger, besonnener Vertreter, so alt wie ich, und einer der ganz wenigen Gilbertesen, die damals schon als Bootsmann fahren, einfach, weil er gut ist.
Sonst eher nicht so gesprächig kommt er auf einmal ins Erzählen: „You know, Radio, it's good to be a seaman, but it is not always good for our islands and our society!" Nanu, wie kann ich das verstehen? Und dann erzählt er mir gelassen, wie man früher auf den Inseln lebte, von Fischfang und Kokosnuss-Farming. Wie alle zufrieden waren und alle gleich wenig besaßen. Und wie dann nach der Gründung der Seemannschulen durch Engländer und Deutsche auf einmal richtiges Geld von jungen Männern verdient wurde. Wenig für einen Europäer, aber viel für einen Bewohner der Südsee. Gut dran waren die Familien mit mehreren Söhnen auf See, da wurde richtig stramm Kohle nach Hause überwiesen. Das Familienoberhaupt bekam nun genug Money dank seiner fahrenden Sprösslinge und ließ Kokospalmen Kokospalmen sein, war ja nicht mehr nötig, sich damit abzurackern. Familien, die keine nennenswerte Zahl von Matrosen vorweisen konnten, schauten neidisch auf die

besser gestellten Clans, Missgunst kam auf, früher eher unbekannt. Und wenn die Jungs nach Hause kamen, waren sie die begehrten Partien unter den Inseltöchtern. Wer nicht fuhr, geriet ins Abseits. Und wer fuhr, gab mit das Wertvollste auf, was diese Menschen immer hatten, den engen Zusammenhalt der Familien, das soziale Miteinander, die intakten zwischenmenschlichen Beziehungen. Auch ganz profane Folgen hatte der zunehmende Wohlstand einiger Familien. Mit dem Geld kamen die Begehrlichkeiten, der Hunger nach Konsum und Prestige. Viele der jungen Seeleute kauften sich dann im Urlaub ein Moped. Da sie sich bei der Seefahrt auch etwas zu sehr an die Droge Alkohol herangewagt hatten, was sie ja gar nicht vertrugen, hatte dies fatale Folgen. Immer wieder mal, so der Bootsmann, rannte sich einer seiner Landsleute an der nächstbesten Palme den Schädel ein. „Früher hatten wir in unserer Sprache überhaupt kein Wort für ‚Verkehrsunfall'!" meint er. Ich höre an diesem Abend noch so einiges, dessen ich mir vorher nie bewusst war. Als er sich später dann höflich verabschiedet, lässt er mich nachdenklich zurück.

Das Zusammenleben zwischen Gilbies und den deutschen Piepels war in aller Regel unproblematisch. Solange die ersteren nüchtern waren, im Suff neigten sie zu Aggressionen.

Überhaupt war die Einstellung der Janmaaten gegenüber anderen Ethnien überwiegend durch Akzeptanz geprägt, soweit es sich um Bordkollegen handelte. Weniger tolerant wurden von den meisten Seeleuten die an Land lebenden Fremdlinge gesehen, Worte wie ‚Kanaker' oder ‚Bimbos' wurden ohne großes Nachdenken inflationär genutzt. Dabei waren die wenigsten Janmaaten verbohrte Rassisten oder rechtsfaschistoide Arschlöcher, es war wohl in vielen Fällen Gedankenlosigkeit, die hier bestimmend wurde. Im allgemeinen Bordjargon kamen ‚politisch korrekte' Ausdrucksformen nicht vor.

Als dann aber in den Achtziger Jahren mit zunehmender Ausflaggung immer häufiger Arbeitsplätze für deutsche Seeleute verloren gingen, verschärfte sich der Ton gegenüber den Sailors aus der dritten Welt, die dann die Jobs übernahmen. Hein Seemann kriegte es häufig nicht auf die Reihe, dass die Schuldigen an der Misere eher in den Chefetagen der Reedereien zu suchen waren. In der geschilderten Epoche war das Problem aber noch nicht im späteren Ausmaß präsent.

Wenn dann ausländische Kollegen verschiedenster Herkunft und Hautfarbe auf dem gleichen Schiff arbeiteten, waren das ebenso akzeptierte „Macker" wie Kuddel und Jan von der Küste. Natürlich war der Tonfall im Umgang miteinander schnodderig, aber das galt für alle, auch die ausländischen Piepels.Wobei es der Integration in die Bordgemeinschaft dienlich war, wenn nicht zu viele Vertreter einer Ethnie zusammen kamen, sonst hatte das Cliquenbildung und Abkapselung zur Folge. Eine Erscheinung ,die aber häufig auch bei rein deutschen Besatzungen zu beobachten war.

Filipinos waren im allgemeinen Jargon „Fipse", Gilbertesen „Gilbies", Engländer „Limeys". Ich erinnere mich an einen deutschen Schmierer, der dem aus Ghana stammenden schwarzen Messesteward in einer Kneipe auf die Schulter haute und ihn mit den Worten begrüßte: „Na, du Kohlensack!" Der Ghanaer, schon seit Jahren in Hamburg lebend und gut Deutsch sprechend, grinste zurück und erwiderte: „Na, du Mehlsack!" Dann tranken sie ein Bier zusammen.

In späteren Jahren fuhr ich auf Schiffen mit bunt gemischten Crews, teilweise sechs oder acht Nationen waren da vertreten. Konflikte rassistischer Art sind mir nicht erinnerlich. Wobei es manchmal schon aufgrund des unterschiedlichen kulturellen Hintergrundes Meinungsverschiedenheiten gab. Der Anspruch moslemischer Seeleute, ihre Mahlzeiten frei von Schweineprodukten zu bekommen, löste bei Köchen gelegentlich Protest aus. Sie sahen zum Teil überhaupt nicht ein, dass nun neben den geplanten Schweineschnitzeln auch noch ein paar Hühnerkeulen, wohlgemerkt in separaten Pfannen, zubereitet werden sollten. Dieser Anspruch der Moslems wurde aber durchgesetzt und schließlich akzeptiert. Aber auch da gab es Grenzen. Als ich auf einem Linienfrachter in der Ostafrika-Fahrt arbeitete, kreuzten eines Tages die vier türkischen Besatzungsmitglieder beim Koch auf und verlangten mit der Begründung, dass Ramadan sei, für die nächsten Wochen warmes Essen nach Sonnenuntergang. Dies hätte für den Koch eine abendliche Arbeitszeitverlängerung bedeutet, seine Antwort lautete kurz und prägnant: „Ihr könnt mich mal am Arsch lecken, und zwar kreuz und quer und vorwärts und rückwärts!" Die Türken gingen schnurstracks mit ihrer

Forderung zum Kapitän, der allerdings war ein überaus belesener und gebildeter Mensch, auch mit dem Islam hatte er sich schon literarisch befasst. „Meine Herren, ich weiß, das der Koran für die Zeit des Ramadan ein Speiseverbot von Sonnenaufgang bis Sonnenuntergang vorschreibt. Die entsprechende Sure beinhaltet aber auch Ausnahmen, so dürfen Kranke, Schwangere und Reisende auch in dieser Zeit Speisen zu sich nehmen. Ihr seid zwar nicht krank, schwanger seid ihr meines Wissens auch nicht, aber ihr seid hier auf Reisen. Auf Wiedersehen!“ Die vier Piepels haben ihr Ansinnen nicht weiter verfolgt, mit so einem ‚koranfesten’ Kapitän war auch nicht zu rechnen gewesen.

Wir sind mit strammer Fahrt über den Atlantik gekachelt und stehen erneut vor der Straße von Gibraltar. Und wieder verkünde ich in den beiden Messen mein Angebot: „Preiswerte Telefonate über die Spanier, meldet euch frühzeitig an!“ Einige Maaten versammeln sich vor der Funkbude, als wir in die Reichweite von Algeciras-Radio vordringen. Nach etwas Wartezeit vermittele ich ein Gespräch nach dem anderen, nur der Kochsmaat bleibt erfolglos, er will seine Verlobte in der gemeinsamen Wohnung sprechen, aber da nimmt niemand ab. Wir versuchen es weiter, solange ich in der Range von Algeciras bin. Stunden danach probieren wir es über Almeria-Radio noch mal, in Deutschland ist es schon später Abend. Schließlich entscheidet er sich für einen Anruf an seine im gleichen Haus lebende Vermieterin, vielleicht weiß die, wo sein Herzblatt steckt. Die Vermieterin nimmt auch prompt das Gespräch entgegen. „Aber Herr Winkelmann, wissen sie das nicht, die Heike ist in der vorigen Woche ausgezogen, sie sagt, sie hätten sich getrennt. Wo sie nun hin ist, weiß ich auch nicht!“ In irgendwelchen Romanen habe ich mal das Zitat gelesen: „Alles Leben wich aus seinem Gesicht.“ Jetzt sehe ich so was leibhaftig vor mir. Unser Bäcker sackt zusammen wie ein angestochener Ballon, ich fürchte, der kippt mir gleich vom Stuhl. Nebenan in meiner Kammer habe ich 'ne Buddel Black Label, gewissermaßen für medizinische Zwecke. Die kommt jetzt dringend zum Einsatz. Aber was sagt man in so einem Moment? „Kopf hoch, wird schon wieder“, wäre wohl eher dämlich. Ich klopfe ihm auf die Schulter und kippe ab und zu nach, wenn sein Glas leer ist. Viel mehr kann ich nicht tun.

Später fällt mir das Gespräch mit dem Bootsmann wieder ein. Nicht nur Gilbie-Sailors zahlen einen Preis für ihre Art zu leben. Alle Seeleute tun es. Irgendwann hat jeder mal gezahlt.

Mit „full speed" durchs Mittelmeer. Wir haben die Küste Algeriens passiert und sind durch die Straße von Sizilien gerauscht, die man allerdings kaum als Meerenge wahrnimmt. Sie trennt das westliche vom östlichen Mittelmeer und ist immerhin 145 Kilometer breit, um einmal Landrattenmaße zu nutzen. Malta bleibt an Backbordseite hinter uns zurück. An Steuerbord die endlos lange Küste Libyens. Schließlich nur noch eineinhalb Tage bis Port Said, Eingang zum Suezkanal. Unser Weg ist dicht befahrenes Seegebiet, häufig finde ich mich zu einem Klönschnack auf der Brücke ein, Schiffe sind fast immer zu sehen. Und vor allem zu hören. Auf der Brücke befindet sich ein UKW-Funkgerät, das in der Regel auf den internationalen Anrufkanal 16 eingestellt ist. Dieser Kanal dient ausschließlich der Kontaktaufnahme und Notrufen, zur weiteren Kommunikation hat man dann auf einen der zahlreichen Arbeitskanäle auszuweichen. Dies scheint aber vielen Wachgängern auf den Brücken zahlreicher Schiffe herzlich egal zu sein, ständig palavern irgendwelche Dummdödel auf dem Sechzehner herum und verhindern damit fast jede normale Kontaktaufnahme. Besonders engagiert krakeelen griechische Sailors durch den Äther, immer auf der Suche nach Landsleuten, mit denen sie mal ein bisschen klönen können. Das geht natürlich dem Rest der seefahrenden Völkergemeinschaft gehörig auf den Sack, und gelegentlich resultieren daraus wüste Pöbeleien und gegenseitige Beschimpfungen, die dann bis hin zu den sexuellen Gewohnheiten der jeweiligen Mütter alles beinhalten, was ein krankes Hirn sich so ausdenken kann. Griechen sind besonders leicht entflammbar, wie mir der Chiefmate eindrucksvoll beweist. Der schnappt sich eines Mittags den UKW-Hörer und blafft in den Äther: „All ships, all ships, all ships, there is a Greek vessel in vicinity, please keep sharp lookout and avoid any contact if possible!" An alle Schiffe, griechisches Schiff in der Nähe, gut Ausguck halten und jeden Kontakt möglichst vermeiden. Na, da ging aber die Post ab. Unser Erster war wohl auf Anhieb mit seinem Akzent als Germane identifiziert worden. „You dschörrmän Mosserfockerr, you focking Hitlärr, fuck your Mosserr, I fock your dooter...!" es geht die ganze Fäkalienleiter und Obszönitätenskala hoch und runter, man kann noch richtig was dazulernen. Chiefmate grinst höchst zufrieden: „Kleine Ursache, große Wirkung!" meint er spöttisch und wendet sich dann anderen Tätigkeiten zu. Das Geschimpfe im UKW hält noch eine ganze Weile an.

Es ist früher Nachmittag, als wir auf Port Said Reede eintreffen. Schon lange habe ich alle Einklarierungspapiere für den Kanal vorbereitet, und in den letzten Tagen konnte ich mir einige Storys von den alten Hasen anhören, was ein Kanaltransit so mit sich bringt. „Suezkanal ist als Bezeichnung völlig daneben", meint Chiefmate, „Marlborokanal wäre der richtige Name. Egal, mit wem du es zu tun kriegst, alle kreischen nach Marlborozigaretten, das scheint hier so 'ne Art Nebenwährung zu sein. Überhaupt stauben die ab, was immer sie kriegen können, die halten uns für so 'ne Art Weihnachtsmänner, die nur hierher kommen, um unsere Säcke mit milden Gaben zu leeren!" Mit einer gewissen Spannung sehe ich dem Kanaltransit entgegen. Das scheint ja ein Highlight meiner bisher noch recht kurzen Seefahrerzeit zu werden.

Zunächst mal scheitern alle Versuche einer Kontaktaufnahme mit Port Said über UKW, sämtliche Anrufe verhallen ungehört. Der Alte sucht sich selbst ohne weitere Anweisung einen Ankerplatz und lässt den Haken wegwerfen, um uns herum etliche Schiffe, die ebenfalls ankern. Weitere Anrufe auf Kanal 16. Keine Antwort. Dann auf einmal laut und deutlich: „PEKARI hier ist die „TRAUTENFELS", ihr könnt euch die Ruferei sparen, die Muselmänner antworten eh nicht. Nachher kreuzt hier ein Schlepper auf, der sucht dann den Kontakt mit euch, also immer schön sutsche bleiben, dat wird schon!" Ein Hansa-Dampfer. Die Jungs sind praktisch Experten für Suez und Umgebung, der Trip durch den Kanal in das rote Meer und weiter in den Persergolf sowie Südasien ist das Traditionsfahrtgebiet dieser Reederei, die kennen sich wirklich aus. Wir bedanken uns für den Hinweis und gehen erst mal in die Messe, einen Kaffee trinken.

Eine Stunde später. Ich lungere mit dem wachhabenden Ersten

und dem Alten auf der Brücke herum, die Reede liegt voll mit Schiffen. Der Chiefmate erklärt mir die Transit-Prozedur.

„Die machen das hier in Konvois. Sowohl hier oben im Norden als auch unten in Suez geht erst mal jeder Neuankommer vor Anker. Noch in der Nacht setzt sich dann in Nord und Süd je ein Konvoi in Bewegung, und zwar in festgelegter Reihenfolge, alle mit Lotsen an Bord. Beide Konvois passen nicht nebeneinander in den Kanal. Der Konvoi, der zuerst den Großen Bittersee erreicht, ankert und wartet die Passage des Gegenkonvois ab, dann geht auch für ihn der Transit weiter. Je nach Verkehrssituation dauert der Transit zwischen 16 und 18 Stunden!"

Das klingt ja ziemlich kompliziert, scheint aber zu funktionieren, keiner der Nautiker vermittelt mir den Eindruck, dass da eine harte Nuss zu knacken sei.

Da nähert sich ein Schlepper der PEKARI. Ein uralter Hobel, qualmt wie Hund.

Auf seiner Brücke drängt sich ein ganzes Rudel Leute, Bemannungsprobleme gibt es hier offenbar nicht. In Rufweite erfolgt eine Lautsprecherdurchsage: „Captain of PEKARI, Captain of PEKARI, we have information for you!" Die ganze Ansage in einem rauen orientalischen Akzent: „Inforrrmaischn". Der Alte schnappt sein Megaphon, UKW-Funk scheint hier nicht das Mittel der Wahl zu sein. „Go ahead", ruft er kurz hinüber. „Captain, Captain, we have very good news for you, you are first ship in convoy, first ship in convoy tonight!" Donnerwetter, wir sollen der erste Dampfer im nächtlichen Konvoi werden, das hört sich ja gut an. „Thank you for this information, i appreciate!" erwidert der Alte. „You welcome, you welcome, ääh... Captain do you have some Marlboro for us?" Na bravo, diese Lurche übermitteln eine Information und verlangen mal gleich im Gegenzug 'ne Hiev Kippen.

Das sind ja wirklich Spaßvögel. Der Alte grinst, geht in den Kartenraum, wo er vorsorglich schon ein kleines Depot angelegt hat, dann winkt er aus der Nock den Schlepper näher. Die reagieren prompt und kommen fast auf Rammdistanz längsseits. Im hohen Bogen fliegt eine Stange Sargnägel rüber auf den Schlepper. „Captain, Captain, can we get some more?" – „No!" kurz und knapp der

Alte. Der Kippensammler dreht ab und verschwindet grußlos.

Kurz danach im UKW, Kanal 16: „PEKARI hier TRAUTENFELS, hat euch der Döspaddel erzählt, dass ihr die ersten im Konvoi seid?" – „Ja, hat er!" – „Ha ha, das erzählt der jedem, für 'ne gute Neuigkeit gibt's manchmal ein paar Zigaretten mehr, das wissen die. Eure Position im Konvoi erfahrt ihr später vom Lotsen. Schönen Abend noch!"

Eine Weile später nähert sich ein Boot unserem Schlorren. Und dieses Mal erfolgt sogar ein Anruf über Funk: „PEKARI this is Port Health Officer Port Said, we come for health inspection, can you put down gangway please!" Wir haben eine Jakobsleiter draußen, die Gangway ist fest gezurrt. Es kommt zu einer kurzen Debatte, aber die Ägypter verweigern die Nutzung der Jakobsleiter, fluchend ordnet der Chiefmate das Ausbringen der Gangway an.

An Bord kommen sechs Gestalten, alle etwas schmuddelig, aber einer legitimiert sich mit einem Dokument als „Port Health Inspector". So healthy sieht der gar nicht aus. Egal, ich verschwinde mit der Kolonne im Salon, und der Tanz beginnt. Der Steward serviert Kaffee, die Herrschaften wollen Crewlisten. Bitte schön, habe ich, im Dutzend, wenn's denn sein muss. Nun will der Häuptling der Truppe die Impfausweise der Besatzung sehen. Ich lege sie mit den Seefahrtbüchern vor, er findet prompt zwei abgelaufene Cholera-Impfungen. „Oh, oh, big problem, big problem, we need to vaccinate!" Von dir Schmuddelpäckchen würde ich mich schon mal gar nicht impfen lassen, denke ich im Stillen, und irgendwie werden wir das auch verhindern. Dann kommt der Clou, der „Gesundheitsinspektor" erklärt, dass er die Proviantlast inspizieren müsse. Wir kämen aus Südamerika (was schon mal nicht stimmte, wir kamen aus Mittelamerika, aber was soll's), und unter Umständen hätten wir Moskitos an Bord. Besonders in der Proviantlast. Ich bin erst mal sprachlos. Kontaktiere den Alten. „Gehen sie halt mit denen runter, nehmen sie aber noch jemanden mit, damit die nicht so viel klauen!"

Ich führe die Kolonne zur Kombüse. Erkläre Ede Wolf die Absicht der Gesundheitsapostel.

Der flucht. Besonders, als ihn der Inspektor noch um Insektenspray angeht, falls wirklich Moskitos da unten seien. Der will Insekten in unserer Proviantlast bekämpfen, hat aber nichts dafür in seinem Arsenal, das sollen wir zur Verfügung stellen.

Wir finden uns mit der ganzen Bande im Proviantraum wieder. Ede und ich achten mit Argusaugen auf jeden der „Inspekteure", große Taschen haben die auch. Und siehe da, einige Konserven wecken Begehrlichkeit. Großzügig rücken wir ein paar raus, wobei Ede großen Wert auf die Abgabe schon lange mitgeführter Altlasten legt, einiges wurde ja kaum gebraucht. Dann sprüht der „Chefinspekteur" drei, vier mal wichtig mit unsrem Spray um sich. Und jetzt bekomme ich eine unschlagbare Erläuterung vom Health Inspector: „Do you know, why we have come so far off the coast, Sir?" Ich denke schon, dass ich weiß, warum ihr so weit vor der Küste an Bord kommt. Damit ihr als erste abstauben könnt. Das sage ich aber nicht, ich hebe nur fragend die Augenbrauen. „Because Egyptian scientists have discovered, that mosquitos can fly 300 meters only." Ägyptische Wissenschaftler haben also herausgefunden, dass Moskitos nur 300 Meter weit fliegen können. Was wäre die Welt ohne ägyptische Wissenschaftler. Das Fazit der Health Inspektion: Ein dutzend älterer Konserven, die Spraydose ging ebenfalls mit, und sechs Stangen Marlboro. Ich lege noch eine Stange für den Boss drauf, dann ist das Thema Choleraimpfungen auch vom Tisch. Später eröffnet mir Ede grinsend, dass sich in einigen nicht etikettierten Konserven Schweinskopfsülze befunden hatte. In der Proviantlast hatte er den Ägyptern noch was von Huhn mit Reis erzählt…

Kaum ist die Gesundheitsfürsorge abgedampft, erscheint das nächste Aufgebot. Dieses Mal volles Orchester mit Customs und Immigration. Der Agent von Menah Shipping als Zugabe, wenigstens hat der unsere Post dabei. Der Salon füllt sich mit lokalen „Officials", wobei ich mich des Eindrucks nicht erwehren kann, dass einige dieser „Beamten" zur Aufstockung der Beute auch ein paar Verwandte mitgebracht haben, wir können das kaum kontrollieren.

So umständlich wie möglich werden unsere Dokumente durchgeblättert und diverse von mir vorbereitete Listen auf der Back hin und her geschoben. Wichtiges Utensil ist der Stempel der Kanal-Behörde, die knallen mit dem Ding auf jedem Papier herum, was man ihnen hinhält.

Mit der Abgabe von acht Stangen Marlboro wird der Verwaltungsakt besiegelt.

In der Zwischenzeit hat die Schiffsleitung den kompletten Verschluss aller Türen in den Aufbauten angeordnet, bis auf zwei Zugänge, die überwacht werden. Ich entnehme dem Gespräch zwischen Kapitän und Agenten, dass wir bei dem Kanaltransit diverse Gäste aufs Schiff nehmen. Kurze Zeit später bringt ein Boot einen ägyptischen Elektriker, dessen zwei Assistenten und einen voluminösen Scheinwerfer an Bord. Zusätzlich wird ein kleines Beiboot mit einheimischer Besatzung zur PEKARI verbracht und an Deck genommen. Der ganze Aufwand entspricht den Sicherheitsbestimmungen für den Transit, da ein Teil der Passage bei Dunkelheit stattfindet, soll mit dem Scheinwerfer bei Bedarf die Uferböschung ausgeleuchtet und mit der Bootscrew im Notfall das Schiff am Ufer festgemacht werden. Die Piepels verbleiben bis zum Ende der Kanalfahrt bei uns und sind vom Schiff zu verpflegen. Ein unglaublicher Zirkus hier, denke ich, wie unkompliziert ist dagegen die Durchfahrt durch den Panama-Kanal.

Der Agent bringt nun auch zuverlässige Infos betreffend der Durchfahrt, man hat uns als fünftes Schiff in dem Konvoi eingeplant, eine sehr gute Ausgangsposition. Die ganz dicken Wurstwagen, Tanker und dergleichen sind für das Ende der Kolonne vorgesehen, vor uns sind unter anderem noch ein schwedischer Reefer und ein US-Kriegsschiff eingeteilt.

Spätabends kreuzt Jochen bei mir auf: „Sparks, das glaubst du nicht. Dieser oberwichtige Suez-Elektriker hampelt hier mit zwei Assis rum, und als die eben ihren Flak-Scheinwerfer da vorne anschließen wollten, kriegten die das alle drei nicht gebacken. Ich musste nach vorne und das Ding klar machen. Nennen sich Elektriker und sind wahrscheinlich zu doof, ’ne Taschenlampe in Betrieb zu nehmen!" Unser Blitz ist richtig angefressen, offenbar verträgt sich eine solche Inkompetenz nicht mit seiner Standesehre.

So gegen 01:00 Uhr morgens setzen sich die ersten Pötte in Bewegung, auch wir haben den Kanallotsen an Bord genommen und sind „ready to go".

Wir gehen Anker auf und nehmen unsere vorgesehene Position ein. Kurz danach passieren wir am Kanaleingang Port Said, links und rechts vereinzelt Lichter, die Stadt macht um diese Uhrzeit einen fast ausgestorbenen Eindruck. Vor uns die Positionslichter der vorausfahrenden Schiffe. In langsamer Fahrt gleiten wir in den Kanal, ich halte mich mit meinem Fotoapparat in der Nock auf und versuche, ein paar Eindrücke festzuhalten. Nachtaufnahmen machen aber wenig Sinn, wenn fast keine Lichter brennen. Auf der Brücke hinter mir höre ich die ruhigen Anweisungen des Kanallotsen, der uns nun durch diese Wasserstraße führen wird. „Nasser ist gar nicht gestorben!" raunt mir der Chiefmate ins Ohr, „der hat den Job hingeschmissen und arbeitet lieber als Kanallotse!" Ich schaue genauer hin, und tatsächlich, der Lotse sieht aus wie ein Zwillingsbruder des früheren ägyptischen Präsidenten.

Durch den Suezkanal

Gemächlich kacheln wir südwärts, ich warte auf den Sonnenaufgang, der mir dann wohl einige Fotomotive ermöglicht. Der Lotse macht mir zunächst einen Strich durch die Rechnung, ich solle unbedingt einen Arbeitskanal von Ismailia-Radio abhören, dort würde man im Laufe des frühen Morgens ein Telegramm mit wichtigen Details des laufenden Konvoibetriebs absetzen, das er dann unverzüglich zu lesen wünsche. Ich finde schnell eine Lösung, die Fotoleidenschaft und Frequenzüberwachung zusammenführt, meine Funkbude hat eine Außentür zu dem an die Backbordnock anschließenden Decksbereich. Ich verfüge praktisch über eine eigene Terrasse. Also Tür auf, Empfänger auf die richtige Frequenz und volle Lautstärke, und schon bin ich mehr draußen als drinnen.

Der beginnende Tag gibt endlich den Blick frei auf ein eindrucksvolles Panorama. Wir gleiten mitten durch die Wüste, backbord eine Sandfläche, soweit das Auge reicht, vor mir liegt die nördliche Sinai-Halbinsel. An Steuerbord aufgeschüttete Wälle, dahinter eine Uferstraße. Und alle paar Kilometer Flugabwehrstellungen und diverse Militärbauten. Auf der Sinaiseite immer wieder Schrott des Siebentagekrieges, zerschossene Panzer und Ähnliches. Ich erinnere mich daran, dass die achtjährige Sperrung des Kanals erst seit knapp über einem Jahr wieder aufgehoben wurde.

Hinterlassenschaft des Jom-Kippur-Krieges

Der Jom-Kippur-Krieg war mal gerade vor drei Jahren gewesen, inzwischen ist der Kanal wieder voll unter ägyptischer Kontrolle, aber nach wie vor steht man sich waffenstarrend gegenüber. An Steuerbord ist wenigstens ein bisschen Vegetation vorhanden, einige Palmen, etwas Strauchwerk.

Hin und wieder kleine viereckige Lehmbauten, Kleinbauern mit ein paar Eseln und Ziegen. Auf dem Sinai nur Sand bis zum Horizont. Ismailia-Radio legt los, ich höre mein Rufzeichen. Rein in die Station, dann schreibe ich den ganzen Sermon mit und quittiere den Empfang. Als ich dem Lotsen das „wichtige" Telegramm gebe, steckt er es achtlos ein.

Ich gehe zwei Decks tiefer in die Messe zum Frühstück. Zu meinem Erstaunen stelle ich fest, dass sich an Deck ein richtiger Basar entwickelt hat. Ein ganzes Rudel Souvenirhändler ist nachts an Bord gekommen, die haben überall ihre Waren ausgebreitet. Jeder Seemann, der die Aufbauten verlässt, wird sofort angesprungen und massiv umworben, die beißen sich buchstäblich an jedem Maaten fest, der das Deck betritt. Einer der Händler schnackt deutsch und ist damit zunächst mal im Vorteil: „Komm, Hans, komm gucken. Alles gutt, alles echt, nix made in Japan, ich Ferdinand, ich gute Mann, alle kenn Ferdinand!" So, so, ein ägyptischer Ferdinand. Später erzählt mir der Chiefmate, dass es in früheren Jahren mal einen legendären deutschsprachigen Kanalhändler gab, der sich als Ferdinand vorstellte. Der ist schon lange bei Allah gelandet, aber eine ganze Reihe selbsternannter Ferdinande setzt die Tradition fort.

Das Angebot der Geschäftemacher ist durchwachsen. Orientalische Sitzkissen, Stoffkamele, Krummdolche aus Blech und die Sphinx in allen Größen und Varianten. Es wimmelt an Deck von Sphinxen, oder wie immer die Dinger im Plural heißen.

Am Vormittag Tumult im Gang. Aufgeregtes Gezeter. Steward Tiroko hat in einigen Offizierskammern die Kojen neu bezogen und wie gewohnt die alte Bettwäsche blindlings durch die Tür auf den Gang geworfen, um sie dort später einzusammeln. Wäre fast nicht mehr nötig gewesen, ein Ägypter klaubt hurtig die Plünnen zusammen und will gerade mit dem zusammengeschnürten Bündel die Aufbauten verlassen, als er vom Bootsmann gestellt wird. Der nimmt ihm die Beute geschwind wieder ab, ein zufällig dazu stoßender Motorenwärter will dem Wäschedieb noch in den Hintern treten, aber der schießt wie eine Kakerlake davon und mischt sich an Deck unter die Bootsgang. Unsere Jungs lassen es dabei bewenden.

Rätselhaft bleibt aber, wie der Typ trotz unserer Sicherungsmaßnahmen überhaupt in die Aufbauten gelangen konnte. „Durch 'n Lüfter gekrochen", vermutet Jochen grinsend.

Immer wieder pirschen sich eingeschiffte Ägypter an uns heran und quengeln verhalten nach ihrer Lieblingsmarke, den Kippen mit dem Cowboy. Der Alte ist inzwischen nicht mehr so freigiebig wie gestern, der Zollstore ist eigentlich für den Konsum seitens der Crew und ein bisschen Präsent-Abgabe gedacht und nicht für eine totale Plünderung, zumal wir auf der Rückreise wieder hier durchfahren würden, auch dann braucht's noch einige Stangen zur Förderung des guten Willens. „Ab sofort Marlboro nur noch für wichtige Figuren", ordnet der Alte an, „wo kommen wir hin, wenn wir jedem Fellachen die Glimmstängel nur so hinterher werfen!"

Martin, ehemaliger Hansa-Fahrer, kennt sich hier aus. „Klar geht das uns auf den Sack, diese ständige Bettelei nach Kippen", meint er, „aber anders kommen die armen Schweine hier gar nicht über die Runden. Mit 'nem höheren Schulabschluss haben die Leute hier eine Einstellungsgarantie beim Staat, seit Nassers Zeiten. Also wimmelt es von Bediensteten, besonders hier bei der Kanal-Behörde. Die kriegen lachhafte Heuern, da können die gar nicht von existieren, zumal die alle 'nen Arsch voll Blagen zuhause haben. Mit dem, was die hier so zusammenschnorren, treiben die einen schwunghaften Handel in der Kanalzone, und nur so haben sie genug zu beißen!" Jedes Ding hat halt zwei Seiten, ich versuche mir gar nicht erst vorzustellen, wie wir unter solchen Lebensumständen agieren würden. Mir kommen Erinnerungen an meine früheste Kindheit, als wir kleinen Stöpsel am Straßenrand den vorbeifahrenden US-Soldaten zuwinkten, bis endlich die begehrten Chewinggum-Päckchen aus den Fenstern der Trucks flogen. Anfang oder Mitte der Fünfziger Jahre noch keine Billigware für uns, das Wirtschaftswunder kam gerade erst aus den Startlöchern.

Wir passieren Ismailia, einzige etwas größere Stadt im mittleren Kanalabschnitt. Der Wind weht den eintönigen Lautsprechergesang eines Muezzins herüber, die passende Geräuschkulisse für diese Gegend.

Stetig geht es weiter südwärts. Wenn der Kanal eine Biegung

macht, könnte man meinen, dass die Dampfer vor uns durch die wasserlose Wüste fahren. Hinter uns dann die ganz große Kolonne, bis weit zurück sieht man die kleinen Abgasfahnen der Schiffe.

Moschee am Kanalufer

Wir fahren durch den Bittersee, hier liegt der Gegenkonvoi vor Anker. Dutzende Frachter aus aller Herren Länder, das Verkehrsaufkommen ist schon beeindruckend. In diesen 1970er Jahren ist der Kanal der wichtigste Devisenbringer des Landes, noch vor dem Tourismus. Und das ist bis heute der Fall.

Am späten Nachmittag querab Port Taufiq in unmittelbarer Nähe der Stadt Suez, die Kanalfahrt ist zu Ende. Bootsleute, Händler, der hochqualifizierte Elektriker und seine Gehilfen gehen von Bord, umgehend werden sie wohl noch am gleichen Abend auf ein nordgehendes Schiff Richtung Port Said verbracht. In zweieinhalb Tagen werden wir den Golf von Suez und das Rote Meer durchfahren. Ich benötige die komplette Abendwache, um meine Telegramme über Norddeich loszuwerden, Reederei und Charterer erhalten Meldung über den vollzogenen Transit, der erste Zielhafen bekommt sein ETA. Lange nach Wachende stehe ich noch an der Reling und schaue zu den Bergketten des Sinai hinüber. Weiter im Osten erleuchtet die Fackel einer Ölförderplattform den Nachthimmel. In größeren Abständen passieren uns Schiffe auf dem Weg Richtung Mittelmeer. Und ich bin mit meiner Berufswahl wieder mal komplett im Reinen...

An Bord herrscht Seeroutine. Die Fahrt durch das Rote Meer verläuft ohne Besonderheiten. Wenn man mal von dem Viehtransporter absieht, der uns an Luv passiert und aus dessen zur Seite teilweise offenen Transportdecks ein infernalischer Gestank zu uns herüberweht. „Och nö", kommentiert Fritz, „dann doch lieber Bananen!" Ich habe nicht widersprochen.

Wir passieren Bab el Mandeb, den südlichen Ausgang des Roten Meeres. Bab el Mandeb bedeutet Tor der Tränen, und die Gelehrten streiten immer noch darüber, ob die Meerenge diesen Namen den etwas kniffligen nautischen Bedingungen verdankt oder der Tatsache, dass ungezählte Sklaven auf ihrem Transportweg von Ostafrika auf die arabische Halbinsel diesen Punkt passierten und dabei nicht gerade glücklich aus der Wäsche guckten. Die PEKARI wummert ab jetzt in Sichtweite zur Küste durch den Golf von Aden. Ich höre mein Rufzeichen in der Liste von Norddeich, Verbindungsaufnahme und der Empfang des Telegramms benötigen einige Zeit. Wieder einmal ändert sich der Löschhafen, Dubai wird annulliert, wir gehen nach Sharjah. Der Alte steht gerade auf der Brücke, ich drücke ihm die Message in die Hand, er muss ja umgehend reagieren. Zunächst mal kommen die entsprechenden Karten auf den Tisch, wir rauschen fast mit den Köpfen zusammen, als jeder einen Blick erhaschen will. Sharjah ist eines der arabischen Emirate an der Golfküste, aber wo liegt das noch mal genau? Aha, fast Dubai, ein Kaff nebenan. Wir müssen durch die Straße von Hormuz, mal eben um die Landnase der arabischen Halbinsel, und dann können die Scheichs Bananen knabbern.

Eine Stunde später habe ich den üblichen Satz Telegramme auf die Reise geschickt, der jeder Planänderung folgt. Noch dreieinhalb Tage bis zum Hafen.

In der Laube sitzen wir zu vorgerückter Stunde noch beim Bierchen, wilde Storys vom „Persergolf" machen die Runde. Außer mir waren alle schon mal da gewesen, und jeder hat irgendwelche Schauergeschichten auf Lager. Der zweite Ing als ehemaliger Hansa-Fahrer ist ausgewiesener Experte, wegen diesem Fahrtgebiet hat er letztlich auch die Reederei gewechselt. „Das Seegebiet dort ist was für Bekloppte und solche, die es werden wollen. Affenhitze das ganze Jahr über, die älteren Zarochel bei Hansa hatten alle keine Aircondition, da wurdest du im Sitzen gegrillt. Oft lange Reedezeiten, bis mal endlich die Pier frei war. Es gibt ja den ollen Spruch, wer bei Hansa fährt, hat 'nen Mord frei und darf bei Rot über jede Kreuzung!" – „Genau", meint Herbie, „und die Häfen selbst sind so was von für 'n Arsch, da kannst du eigentlich gleich an Bord bleiben. Wenn de einen wegstecken willst, kannst de dir 'nen Esel fangen, oder ein Kamel!" Die Vorstellung, dass unsere Maaten mit runtergelassener Hose hinter Kamelen herhecheln, amüsiert mich doch einigermaßen. Der Chiefmate schaut vorbei und mischt sich kurz ein: „Das mit den langen Reedezeiten ist gerade wieder hoch aktuell, die haben dort zur Zeit einen gigantischen Bauboom, jede Menge Wurstwagen mit Material liegen vor den Emiraten auf Reede rum und warten zum Teil Wochen auf einen Pierplatz. Nicht ganz so schlimm wie in Lagos, aber fast. Ich habe in Port Said noch mal mit dem Kollegen von der TRAUTENFELS über UKW gesprochen, der hat mich schon vorgewarnt. Die meisten Hansa-Gurken liegen drei bis vier Wochen vor Anker, und das ist noch kurz, weil die Company da gute Connections hat!" Ach du dickes Ei, das fehlt uns gerade noch, eine wochenlange Liegezeit vor Anker in diesem Glutofen. Nicht unbedingt beruhigt haue ich mich in die Koje.

„Persergolf" mit der Straße von Hormuz, ein bei Seeleuten nicht unbedingt beliebtes Fahrtgebiet

Es ist früher Nachmittag, als wir auf der Reede von Sharjah eintreffen. Und tatsächlich, Dutzende von Pötten ankern hier. Mit langsamer Fahrt gleiten wir durch die Ankerlieger durch, der Alte sucht frei Schnauze nach einem Ankerplatz. Wurde ihm bei einem kurzen UKW-Gespräch mit Port Control so nahegelegt. Nähere Infos, wie es mit uns weiterginge, hat man nicht zu bieten. Schließlich ankern wir in unmittelbarer Nähe eines Hansa-Dampfers, ein klassischer Stückgutfrachter mit Schwergutgeschirr, am Bug prangt der Name „STOLZENFELS". Kaum ist der Haken unten und der Ankerball gesetzt, rufen uns die Hansa-Leute auf UKW: „Moin, moin, ihr Kühlschrankfahrer, willkommen im Club. Hoffentlich habt ihr viel Zeit mitgebracht, die braucht ihr hier nämlich. Mal 'ne Frage, habt ihr Filme an Bord?" – „Moin, HANSA, Zeit haben wir jede Menge und Filme haben wir auch!" Der erste Teil der Antwort war glatt gelogen, wir hatten nicht vor, mehr Zeit als nötig hier zu verweilen, aber mit Filmen können wir dienen. In dem anschließenden Gespräch stellt sich heraus, dass die STOLZENFELS schon seit fünf Wochen hier hängt, beladen mit Baumaterial für den Hafenausbau in Sharjah. Etliche Schiffe der Reederei HANSA liegen hier in den Golfhäfen fest, inzwischen hat man sogar ein Nachschubsystem etabliert, neu ankommende Pötte bringen Proviant und Zollwaren mit, damit die Ankerlieger halbwegs versorgt sind.

Trotzdem wird allmählich alles knapp, was den Seemann bei Laune hält, und das drückt auf die Stimmung. Wir vereinbaren also eine Filmtauschaktion für den Abend und gehen wieder auf Standby Kanal 16. Da ruft uns unsere Agentur: „Captain of PEKARI, we got very good news for you. Your vessel has priority, your berthing will be tomorrow morning 09:00 AM."

Wir sind sprachlos. Mit unseren Chiquita-Gurken haben wir also absoluten Vorrang. Banane schlägt Zement. Während hier eine Unzahl von Schiffen in brütender Hitze vor sich hinschmort, wünschen die Scheiche frische Früchte auf den Tisch, wir dürfen morgen früh einlaufen.

Wenn einem etwas Gutes widerfährt, soll man die Gründe nicht so genau hinterfragen, bei uns steigt die Stimmung schlagartig. Wir rufen die STOLZENFELS: „Moin nochmals, also, ob ihrs glaubt oder nicht, wir gehen morgen früh an die Pier. Wie machen wir dat nu mit den Filmen?" – „Waaas? Dat gibt's doch nicht. Wir verbringen hier unsren Lebensabend und ihr mit euren Scheißbananen habt absolute Vorfahrt. Die ham doch wat an 'ne Hacken da drüben, denen haben ihre eigenen Kamele ins Hirn geschissen...!" Der Kollege ergeht sich noch eine ganze Weile in der Beschreibung des Geisteszustandes verantwortlicher Entscheidungsträger vor Ort, dann beruhigt er sich langsam. Im weiteren Gespräch stellt sich raus, dass auf der STOLZENFELS Atlas-Filme gefahren werden, wir fahren Walport-Kassetten. Ein offizieller Tausch ist also nicht möglich. Der HANSA-Mate schlägt als Lösung vor, per Rettungsbootstransfers die Filmkisten auszutauschen, sie wollen unsere drei Movies auf einen Rutsch anschauen und dann nach den erforderlichen fünf Stunden den Rücktausch durchführen. Wir stimmen zu, auch bei uns ist 'ne ganze Horde Filmfans daran interessiert, mal was Anderes zu sehen, also wird auf beiden Schiffen eine lange Filmnacht angesetzt, wir sprechen bereits von den „Filmfestspielen von Sharjah". – „Pass ma' auf," meint Herbie, „ich bin schon öfter auf Schlorren mit Atlas-Filmen gefahren, da ist meistens alter Plunder drin, die Feuerzangenbowle mit dem ollen Rühmann habe ich 'zig mal gesehen, ich kann die Dialoge schon mitlabern!"

Eine Stunde später geht das Rettungsboot der STOLZENFELS längsseits, wir tauschen die Filme. Außerdem hat der Alte noch der Abgabe einiger Kisten Bier zugestimmt, das versöhnt die HANSA-Piepels sichtlich mit unserer bevorzugten Abfertigung. Unmittelbar danach packe ich mit Jochen die Atlas-Filme aus und bekomme einen Lachanfall. Der erste Film, den ich in den Händen halte, ist die Feuerzangenbowle.

Die Kinonacht von Sharjah findet dann auch wie geplant statt. Die Atlas-Filme sind wirklich alter Käse, und unsere Gilbies haben auch nur eingeschränkt Spaß, da diese Machwerke deutsch vertont sind. Ich schaue zwischendurch mal mit dem Glas rüber zur STOLZEN-FELS, die haben auf ihrem Palaverdeck eine Leinwand aufgespannt und gucken Freiluftkino. Jetzt im Oktober ist es nicht mehr ganz so heftig, am Tage liegt die Temperatur bei 36 Grad, in der Nacht unter dreißig, die haben also ihre Filmfestspiele ins Freie verlagert. Morgens um zwei Uhr kommt das Beiboot unserer Tauschpartner wieder längs, und wir machen uns an die Rückabwicklung des Unternehmens. Mit unseren schon zweimal durchgenudelten Walportrollen werden wir noch 'ne Weile aushalten müssen, ein Tauschversuch in Post Said hatte nicht funktioniert, die Agentur hatte es „vergessen".

Am Vormittag geht alles ganz schnell. Port Control fordert uns über UKW auf, schon mal den Anker zu lichten und langsam Richtung Kai loszufahren. Der Lotse käme uns entgegen. Das funktioniert auch, eine knappe Stunde später sind wir fest. Und zwar mitten in einer Großbaustelle, das ganze Hafenareal wird gerade massiv ausgebaut, an den wenigen Schiffen, die hier liegen, wird emsig gelöscht, während ringsumher die Bagger tuckern. Chaos pur. Ich werde zunächst einmal durch eine flotte und unkomplizierte Einklarierung überrascht, wahrscheinlich bin ich noch vom Suez her traumatisiert und habe wieder eine gigantische Bakschisch-Nummer erwartet. Zunächst kommt ein Health-Inspector, aber ein ganz anderes Modell als in Port Said. Er kommt alleine, ist ganz in das traditionelle weiße Gewand der Golf-Araber gekleidet, nimmt dankend den angebotenen Kaffee an und macht sich unverzüglich an die Arbeit. Anhand einer Liste arbeitet er mit mir ca. 20 Gesundheitsfragen ab. Dann die Frage: „Any VD-Cases onboard?" – „Pardon?" – „VD-Cases?"

„Sorry, i don't understand!" Er grinst, macht eine schnelle klappernde Bewegung mit Daumen und Zeigefinger und sagt „Well, I mean trouble with the pipe!" Mir dämmert es, der meint 'nen Tripper. Ich verneine, wir lachen beide, und ich habe wieder etwas dazu gelernt. VD steht für "venereal disease", den englischen Begriff für Geschlechtskrankheit. War mir in der Abkürzung so nicht geläufig. Wie schon gesagt, Seefahrt bildet.

Da dieser Doktor auf mich den besten Eindruck macht, weise ich auf die abgelaufenen Choleraimpfungen hin, die schon in Port Said Aufmerksamkeit erregten. Selbstverständlich könne er die Impfungen hier durchführen, er verspricht am Nachmittag noch einmal wiederzukommen und die benötigten Ampullen mitzubringen. Ich informiere kurz den Alten und die betroffenen Crewmitglieder, damit wäre dieses Problem auch vom Tisch.

Als nächstes erscheint ein Behördenvertreter für die Immigration, äußerlich eine Kopie des Hafenarztes. Das geht ebenfalls völlig problemlos, er stempelt ein wenig in meinen Papieren herum, kassiert seine Listen und nimmt die Zollpapiere gleich mit, von den Customs käme keiner mehr an Bord. Prima, so unkompliziert wünscht sich Hein Seemann das immer. Ich bringe meine Unterlagenmappe wieder in die Funkbude und kehre dann noch einmal in den Salon zurück, da laust mich doch glatt der Affe. Mein akkurater Beamter sitzt in seinem traditionellen Gewand mit der Gutrah, dem rotweißkarierten Kopftuch, auf einem Hocker an der Salonbar und lässt sich gerade genüsslich ein Beck's Bier in den Schlund rinnen, der Alte steht breit feixend hinterm Tresen und tut es ihm nach. Ich würde sonst was dafür gegeben, wenn ich jetzt ein Foto machen könnte. Ist aber nicht möglich, ohne Irritationen zu erzeugen, außerdem winkt mich der Alte zur Bar, um mich der Runde anzuschließen. Eines steht fest, die nehmen es hier nicht so genau mit den Worten des Propheten.

Damit ist das ganze Behördending schon erledigt, ich trinke mein Bierchen aus und verhole mich gerade Richtung Funkstation, da sprechen mich auf dem Gang drei Europäer mittleren Alters an, und zwar in bestem Deutsch: „Wir hoffen, wir stören nicht, also, wir arbeiten hier im Hafen für die Firma Hoch-Tief, und jetzt haben wir die deutsche Flagge gesehen, da wollten wir mal kurz guten Tag sagen!" Na gut, warum nicht, ich bitte die Piepels in den Salon, erkläre dem Alten die Lage, der winkt nur kurz zur Bar: „Bedient euch!", dann verschwindet er mit dem Agenten in seinem Office. Mit „guten Tag sagen" ist natürlich ein strammes kühles Blondes gemeint, mit Alkohol sieht es nämlich düster aus in Sharjah. Egal, mir ist der Besuch ganz recht, ich erfahre so einiges über das Leben der deutschen Fachkräfte hier. In ihren Compounds dürfen sie 'was trinken, aber wehe, man verschafft einem Einheimischen Zugang zu Alkohol. Was wir gerade getan hatten. Sehr viele ausländische Spezialisten sind in den Emiraten tätig, und die haben alle mächtig Durst, es muss aber alles sehr diskret stattfinden. Die Jungs sind richtig froh, mal in entspannter Atmosphäre ein paar Bierchen zu löffeln. Dann Small Talk: „Woher aus Deutschland stammen sie denn?" – „Aus dem Odenwald!" erwidere ich. „Na so was, unser Lehrer hier ist auch aus dem Odenwald!" – „Watt für'n Lehrer?" – „Na, die Firma hat hier eine deutsche Grundschule eingerichtet, viele von uns sind mit Familie hier, und wir haben etliche Kinder im Alter zwischen 6 und 10 hier vor Ort. Der Lehrer wird von Hoch-Tief bezahlt und unterrichtet nach deutschen Lehrplänen!" Das ist ja ein Ding. Ich lasse dem Landsmann schöne Grüße bestellen. Nach einer weiteren Runde müssen die drei wieder auf ihre Baustelle, man verabschiedet sich.

Am Nachmittag sitze ich in der Funkbude über irgendwelchem Verwaltungskram, da klopft es an der Tür. Der Odenwälder Lehrer. Wir begrüßen uns, und zu meiner grenzenlosen Verblüffung stellt sich heraus, dass seine Familie in dem gleichen Odenwald-Tal zuhause ist wie meine. Wir kennen uns nicht, zumal ich in den vergangenen acht Jahren nur temporär zuhause lebte, aber so einen Zufall muss man erst mal verdauen. Wir reden über dieses und jenes, da stellt sich heraus, dass der Pädagoge auch Funkamateur ist. Und häufiger QSO's mit einem alten Kumpel von mir fährt. Wenn noch einmal jemand bezweifelt, dass die Welt ein Dorf ist, ich kann es beweisen.

Wir unterhalten uns dann noch prächtig, zum Abschied händige ich ihm eine Kiste Bananen aus, soll er mal seinen Grundschulzwergen auf die Back packen. Dieser Vorgang wird von ihm umgehend nach Hause gemeldet, als ich dann im Urlaub in die Heimat einlaufe, war der Bananentransfer von Sharjah schon eine Weile Dorfgespräch gewesen.

Unmittelbar nach Ende der Einklarierung beginnt das Löschen der für Sharjah bestimmten Teilladung. Die hieven mit bordeigenem Geschirr die Bananen auf die Pier und direkt auf Lastwagen. Der Chiefmate rauft sich die Haare, die Luken stehen offen, immer wieder kommt es zu Unterbrechungen, die Kühlung war abgesetzt. Andererseits löschen wir nur einen kleineren Teil der Früchte, die große Masse ist für Kuwait bestimmt. In der Nacht sollen wir eigentlich wieder auslaufen. Da in Kuwait etwa zwei Tage geplant sind, verzichte ich hier auf Landgang, meine Kollegen ebenfalls. Wir sehen ohnehin nur Baustellen, egal, wohin man schaut. Mitten in dem Durcheinander beobachten wir Ziegen, die im Hafengelände umherstreuen. Da ist aber nur Sand, Geröll und Beton, kein Strauch weit und breit. Ich frage den Agenten, der bei uns steht, was die Biester eigentlich fressen. „Zementtüten", lautete die Antwort. Und tatsächlich, wir beobachten, wie die Viecher in den überall herumliegenden Tüten stöbern und darauf herumkauen. Wir haben dann noch länger diskutiert, ob die Ziegen anschließend Beton scheißen – oder ob sie überhaupt noch scheißen. Zu einer abschließenden Bewertung sind wir aber nicht gekommen.

In der Nacht wird es dann mit dem Auslaufen nichts mehr. Am Morgen aber sind die Löscharbeiten abgeschlossen, eine Stunde später gleiten wir wieder langsam durch die Reihe der wartenden Ankerlieger, Kurs Kuwait. Wir passieren die STOLZENFELS, dort hängen sie in der Nock, die Gläser vorm Gesicht und winken. Wir winken zurück, Sorry Jungs, aber wir können euch die Wartezeit nicht abnehmen. Es sind nur knapp 470 Seemeilen bis zum nächsten Hafen, eine knappe Tagesreise. Die Einklarierungspapiere liegen schon fertig in meiner Mappe, unmittelbar nach Auslaufen Sharjah bin ich zunächst mit reichlichem Funkverkehr beschäftigt. Der Golf liegt fast spiegelglatt vor uns, bei flimmernder Hitze bewegen wir uns in voller Fahrt Richtung Nordwesten. Ich gehe in die Brückennock und lege ganz in Gedanken die verschränkten Arme auf die Verschanzung. Autsch, hier ist ja alles glühend heiß, verdammt noch mal! Also, Sonnenschein mag ja 'ne feine Sache sein, aber die hier haben entschieden zu viel davon.

Kuwait. Auch hier eine gut befüllte Wartereede. Und wieder haben wir hohe Priorität, ich ahnte bisher nicht, dass unsere Südfrüchte so einen VIP-Status genießen. Wenige Stunden nach Ankunft auf der Reede machen wir schon fest. Einklarierung so schnell und komplikationslos wie in Sharjah. Dieses Mal ist auch Landgang vorgesehen, ich habe Money-Listen ausgelegt und zahle nun kuwaitische Dinar aus. Große Lappen mit irgendeinem Emir drauf und Beispielen moderner Bauten der Neuzeit. Am frühen Abend haue ich mit Martin ab, ein Taxi ließen wir uns durch den Agenten bestellen. Die Stadt ist noch nicht in dem Ausbauzustand wie 40 Jahre später, aber der Ölboom hat schon jede Menge gigantischer Neubauten hervorgebracht. Nach einigem Hin und Her landen wir in

einem riesigen Einkaufszentrum, natürlich mit Klimaanlage im Polar-
betrieb, ich fürchte schon nach kurzer Zeit, mit Frostbeulen aus dem
Persergolf nach Hause zu kommen. Mir fallen diese Widersprüche
ins Auge, voll verschleierte Frauen, Männer in traditionellen Gewän-
dern, dazwischen westlich gekleidete Einheimische, auf den Straßen
wimmelt es von dicken Schlitten, Wohlstand wohin man schaut. Und
überall, wo Drecksarbeit anliegt, wuseln Ausländer herum, zumeist
Pakistanis und Inder. Wir halten uns über mehrere Stunden in der
Innenstadt auf, essen in einem mehr indisch angehauchten Restaurant und sind dann doch vor Mitternacht wieder an Bord.

Am folgenden Nachmittag zieht es mich noch einmal an Land.
Dem Tipp unseres Agenten folgend bringt ein Taxi mich und Fritz in
einen alten Basar. Und siehe da, hier gibt es noch traditionelles
Arabien. Schön anzuschauen für die Augen, weniger schön zu riechen für die Nasen. Besonders, als wir in eine Gasse gelangen, in
der wohl die lokale Fleischerinnung ihr Hauptgeschäft abwickelt. Da
hängen die Schafskadaver in glühender Hitze in den nach vorne
offenen Geschäftslokalen, Fliegenschwärme gibt es als Zugabe gra-
tis, und Luft zum Atmen zieht man sich am besten anal rein, sonst
droht der Kollaps. Wir machen, dass wir aus dieser Straße wieder
rauskommen, bevor wir hier aufs Pflaster kotzen. Welch ein Gegensatz zu den klimatisierten Konsumtempeln vom Vorabend.

Damit enden meine Landgänge im Golf, die Hitze dämpft ohnehin
alle Energie, ich habe genug gesehen. Mit dem Auslaufen Kuwait
endet auch meine zweite Reise als F. O., ich komme mir schon wie
ein alter Hase vor. Das bin ich wirklich noch nicht, aber ein bisschen
Einbildung kann manchmal auch recht nützlich sein.

Ich verfolge das Ablegemanöver von der Brücke aus. Ein
Schlepper zieht uns von der Pier und hängt noch einige Zeit an uns
dran. Zum Ende des Manövers ein peitschender Knall, die Schlepp-
leine ist gebrochen. Das Ding fetzt wie eine Peitschenschnur in
Richtung Schlepper, wir halten alle die Luft an. Reißen die Gläser
hoch, hat's da nicht einen Schleppermatrosen umgehauen? Auf
dem Schlepper hüpfen sie alle aufgeregt an Deck rum, nichts zu
erkennen. Dann die Stimme des Schlepperkapitäns im UKW:
„Everything all right captain, no one was hit!" Damit scheint das für

die erledigt zu sein, wir atmen auf. Auch der Lotse zuckt nur mit den Schultern, die nehmen so was ja wohl sehr easy. Kurz danach geht der Lotse von Bord. „Bloß weg hier!" meint der Alte.

Wir sind auf dem langen Weg zurück nach Panama. Standard-programm gewissermaßen, unser Auftrag lautet wie immer „Pana-ma-Kanal for Order". Irgendwann unterwegs werde ich ein Tele-gramm empfangen, das uns den nächsten Ladehafen zuweist. Neue Reise, neues Glück.

20 Tage später. 9.500 Seemeilen später. Hinter uns liegt eine wieder nervenaufreibende Durchfahrt durch den Suezkanal, unsere Marlboro-Vorräte wurden nahezu vollends geplündert. Was anderes wollten die Herren nicht, schon der erste „Official" wurde fuchsteu-felswild, als ihm der Alte deutsche Glimmstängel andrehen wollte. „No Äitsch-Bee Sir, no Äitsch-Bee." Äitsch-Bee? Der regte sich über die guten alten HB-Zigaretten auf, die sind offenbar am Kanal unverkäuflich.

Hinter uns liegen fast drei Wochen eintöniger Seeroutine. Wir ge-hen unsere Wachen, essen, schlafen, gehen Wache, essen, schla-fen. Die im Suez dann doch erhaltenen neuen Filme haben wir alle schon gesehen. Zwei nette Grillpartys an Deck mit German Steaks und Gilbie-Gitarrenklängen sind die gesellschaftlichen Höhepunkte der Reise.

Hinter uns liegt eine holprige Atlantiküberquerung, kein Mega-Sturm, aber von Norden machen uns diverse Ausläufer schlechten Wetters zu schaffen. Wir stampften und rollten uns zähneknirschend über den großen Teich.

Hinter mir liegen wieder zwei nächtliche Weckrufe des Alten, der nach Gesellschaft beim Zechen fahndete. Einmal ging ich sogar runter in den Salon und habe mir auch zwei Buddels in den Hals geschüttet, bei dem Gewackel konnte ich sowieso kaum schlafen. Der Alte hing in seinem Sessel und lallte irgendwelchen Stuss, wir hockten mit fünf Piepels dösend um ihn herum und lutschten an den Beck's-Keulen.

Hoffentlich bald liegt auch eine nervige Karibikdurchquerung hin-ter mir, es hängen permanent massive tropische Gewitterstörungen in der schwülheißen Luft, mein Mittelwellenempfang ist nahezu unbrauchbar. Eine vorschriftsmäßige Überwachung der Notfrequenz 500 kHz ist ausgeschlossen. Und mein Autoalarmgerät hat mich schon dreimal nachts aus der Koje geschmissen, das Ding selektierte aus dem atmosphärischen Krachen und Rauschen immer wieder vermeintliche Alarmzeichenfolgen heraus und bimmelte penetrant los, der Radau mitten im Schlaf ist lebensgefährlich, ich muss mich wirklich mal nach der Herzinfarktquote bei Funkoffizieren erkundigen.

Vor uns der Panamakanal. Und ich höre unser Rufzeichen in der Liste von Slidell-Radio, diese Station wird uns neuerdings als Hauptkontakt für die Verweildauer in Karibik und den Bananenhäfen zugewiesen. Der Operator bei Slidell scheint etwas überlastet zu ein, nach dem erfolgreichen Anruf hänge ich in einer Endloswarteschleife. Vielleicht ist es eine Einmannstation, oder der Kollege ist mal zwischendurch 'nen Burger essen gegangen.

Dann endlich ruft er DIFK, mein Rufzeichen. United Brands weist uns den neuen Ladehafen zu, ,bitte nicht wieder Armuelles', denke ich. Nein, wir werden nach Golfito beordert, und selbstverständlich wünscht man ein ETA für Cristobal. Keine Ahnung, wo Golfito liegt, aber es muss auch drüben auf der Pazifikseite sein, sonst wollten die kein ETA für Cristobal. Ich bringe das Telegramm dem Alten, der überfliegt es und grinst: „Na, da werden sich die Jungs aber freuen – und Emma auch!" Wer zum Teufel ist Emma? Das habe ich doch schon mal gehört. Richtig, die Story von dem Funker, der im Puff Schuss auszahlte. Na dann…

Wenig später legt mir der Reiseleiter seine Antworttelegramme auf den Tisch, und wieder geht das umständliche Gehacke mit Slidell-Radio los. Gott sei Dank ist die Kurzwellenverbindung gut, die Station in Alabama fetzt mit bester Lautstärke aus meinen Kopfhörern. Aber die Wartezeiten sind beachtlich.

Inzwischen hat der Alte die frohe Kunde verbreitet. Ich gehe auf die Brücke, Fritz sucht gerade die Seekarten für die Ansteuerung Golfito heraus. „Prima Port", meint er, „Kleines Kaff, aber ein paar nette Kneipen, Chicas sind OK. An 'nem Hügel über dem Nest ist auch so 'ne Piesel, in der man gute Grillgerichte mampfen kann, alles recht brauchbar!" – „Und wie ist das nun wirklich mit dieser Emma, die sich laut dem Alten so über unseren Besuch freut?" – „Emma? Nun, das ist die führende Puffmutter von Golfito, die hat einen Laden in 1A-Lage, unmittelbar hinterm Hafentor. Soll Maaten geben, die noch nie weiter als bis zu Emmas Puff gekommen sind, die wissen gar nicht, wie Golfito sonst noch aussieht. So 'ne dicke Mulattin, so breit wie hoch, die hat den Laden schon seit Urzeiten, mit ihrem Alten zusammen schmeißt sie die Bar, und ein Deck höher sind dann die Fickställe, da hat jede Chica ihre Box mit Koje und Schminktisch, das Übliche halt." Aha. Damit bin ich zunächst mal im Bilde.

Wir passieren den Panamakanal. Für Bananenfahrer ist das wirklich ein Heimspiel, alle Ladehäfen an der Pazifikküste bedingen eine Kanalpassage. Und wir Bananenkutscher sind ja alle Nase lang hier in dieser Gegend, wir gehören hier praktisch zum Inventar, wenn man so will.

Die Kanalfahrt betrachte ich als ausgesprochen nervenschonend, mal auf den Job des Funkers bezogen. Hier hängen mir wenigstens nicht Dutzende von Eingeborenen an den Fersen und quengeln nach Marlboro und sonstigen Liebesgaben.

Einen Tag nach dem Transit liegen wir vor Golfito. Allzu weit von Puerto Armuelles sind wir nicht gelandet, wir befinden uns unweit der Grenze zu Panama. Die kleine Hafenstadt da vor uns liegt in einer kleinen Bucht, und „kleine Bucht" lautet auch die Übersetzung von Golfito. Zunächst ankern wir, der Platz an der einzigen Pier ist belegt. Ein schwedischer Bananenjäger hat festgemacht, mehr als ein Schlorren kann nicht zeitgleich abgefertigt werden. Das hindert aber die Behörden nicht daran, die Einklarierung unverzüglich in Angriff zu nehmen, wahrscheinlich sind die Zigaretten- und Whiskyvorräte bedenklich geschrumpft und wir haben die vornehme Aufgabe, für Nachschub zu sorgen. Kaum ist der Anker auf dem Grund, nähert sich ein Boot mit wichtig aussehenden Aktentaschenträgern. Der Aufwand hält sich aber in Grenzen, ganze acht Piepels klettern über die Kante und drängen sich kurz darauf in unserem Salon um die besten Plätze. Es beginnt wieder das übliche Spielchen, Mannschaftslisten, Seefahrtsbücher vorzeigen, Zoll-Deklarierungen werden über den Tisch geschoben. Englische und spanische Wortfetzen fliegen hin und her, Zigarettenqualm in der Luft. Steward Tiroko schleppt Kaffee herbei, gerne wird auch ein deutsches Bier getrunken. Die Prozedur dauert nicht allzu lange, die Beamtentruppe hält sich, anders als die Panamesen, doch etwas zurück. Auch unsere Präsente werden gerne entgegengenommen, aber niemand quengelt um Aufstockung. Man gibt, was man möchte, und die Gegenseite nimmt, was sie kriegt. Business as usual.

PEKARI an der Bananenpier von Golfito

Der Agent gehört selbstverständlich zum Boarding-Team. Post hat er keine, macht nichts, die haben wir schon im Panamakanal erhalten. Selbst unsere Filmkiste konnte dort getauscht werden. Dafür hat er einen klaren Zeitplan für die kommenden Tage vorzuweisen. Der Schwede wird noch eine Nacht laden, dann geht er raus. Direkt danach werden wir an die Pier gehen. Vorgesehen sind drei Tage Liegezeit, und die Anschlussreise führt nach dem gegenwärtigen Planungsstand in die USA, wir sollen die Chiquitas an die amerikanische Ostküste karren, Löschhafen Baltimore. Ich vernehme es mit größtem Vergnügen, niemand hier ist scharf auf eine Wiederholungsreise in den „Perverser-Golf."

Da wir nun schon mal einklariert sind, nutzt der Alte den verbleibenden Nachmittag für ein wieder mal fälliges Bootsmanöver. In gewissen Zeitabständen sind Übungen in Sachen Feuerschutz und Rettungsbootseinsatz vorgeschrieben, in der Bucht von Golfito ist prima „Schangs" dazu.

Unsere „Gilbies" bemannen ein Rettungsboot

Also Bootsrolle, das komplette Programm. Die Besatzung wird mittels Alarmsignalen zum Sammelpunkt befohlen, jeder hat seine feste Aufgabe bei einer Bemannung der Rettungsboote. Das kann für Decksleute der Einsatz beim Ablassen der Boote sein, für Maschinisten die Bedienung des Bootsmotors, für die Kombüsentruppe der Transport von Proviant zum Boot, alle Maaten haben ihren Part bei der Operation zu spielen. Mein Job ist die Handhabung des tragbaren Rettungsbootssenders, einer bojenähnlichen Metallkapsel in leuchtendem Signalgelb. Frühere Modelle besaßen eine Handkurbel zur Energieversorgung, mein aktuelles Gerät ist mit einem Akkusatz versehen, dessen regelmäßige Aufladung zu meinen Pflichten gehört. Das Ding ist in verschlossenem Zustand schwimmfähig und besitzt eine zusammensteckbare Teleskopantenne, Aussendungen sind auf den beiden Notfrequenzen 500 kHz, 2182 kHz und einer Kurzwellenfrequenz im 8 MHz–Bereich möglich. Damit soll dann auch aus dem Rettungsboot heraus noch eine Verbindungsaufnahme möglich sein.

Gemäß meiner Rolle schleppe ich also den gelben Eumel zum Bootsdeck. Dort ist mittlerweile der Großteil der Besatzung eingetrudelt, alles recht gemächlich, übertriebene Hektik kann ich beim besten Willen nicht feststellen. Wir tragen unsere Schwimmwesten, altertümliche Modelle aus Kork mit Überzug in gelb-orange, mit so einem Ding aus größerer Höhe ins Wasser zu hüpfen, kann recht übel ausgehen. Die Weste mit beiden Händen gut festhalten ist dann oberstes Gebot, sonst kriegt man beim Eintauchen 'nen verdammt langen Hals. Zunächst mal klemmt es beim Zuwasserlassen des Bootes. Der Bootsmann kloppt mit 'ner Axt auf irgendein Gestänge an den Davids, der Chiefmate flucht, der Alte schüttelt den Kopf. Die Gilbies amüsieren sich ein Loch in den Bauch, Ede Wolf nölt rum, er müsse schließlich bald das Abendessen vorbereiten. Sprenkelbacke nölt ebenfalls, er habe Besseres zu tun, als hier bei Bootsausflügen zuzuschauen. Storie weist Ede darauf hin, ja beim Bemannen des Bootes seinen Fleischwolf nicht zu vergessen. Der will ihm dafür eine scheuern. Die ganze Veranstaltung droht aus dem Ruder zu laufen, der Alte hängt über der Brückennock und schaut mit versteinertem Gesicht auf den Zirkus herab, wahrscheinlich wird er sich heute Nacht wieder besaufen. Als Letzter trudelt einer der Schmierer mit einem Feuerlöscher ein, er hat die Bootsrolle mit der Feuerrolle verwechselt. Chiefmate kriegt einen Schreikrampf, alle anderen gucken in die Luft. Mir kommt beim Zuschauen der Gedanke, dass es sehr von Vorteil wäre, wenn wir mit diesem Ensemble nicht in Seenot geraten würden.

Nach einigem Hin und Her ist das Boot klar, ein Teil der Crew wird hineinbeordert, ich nehme mit meinem Sender ebenfalls Platz, wir werden abgefiert. Allerdings auch mit Unterbrechungen, die Winde funktioniert nicht richtig. Eine Runde um die Bucht lautet der Auftrag. Zunächst aber geht der kleine Bootsdiesel wieder aus, eben hat er noch mächtig gebollert und gequalmt. Wolle fummelt an dem Aggregat rum, von oben quakt Sprenkelbacke irgendwelche schlauen Ratschläge, der Alte ist nicht mehr zu sehen. Dann springt der Diesel wieder an, und wir tuckern los.

Gemächlich drehen wir eine Runde durch die Bucht. Ich habe

meine Sender betriebsbereit gemacht und erkläre den Piepels die Handhabung, auch ein Laie sollte laut Gerätebeschreibung in der Lage sein, ein Notsignal zu senden. Das Interesse ist mäßig, ich labere mehr oder weniger ins Leere. Weitaus mehr Aufmerksamkeit erweckt Storie mit seinem Vorschlag, die Gelegenheit zu nutzen und mal bei Emma im Puff vorbeizuschauen. Herbie ist Bootskommandant und legt prompt sein Veto ein, er hat wohl Muffensausen, dass ihn der Alte zusammenfaltet, wenn wir das Bootsmanöver für einen Puffbesuch nutzen. Die Debatte wogt eine Zeitlang hin und her, erst als Fritz darauf hinweist, dass die Ladys alle von den Schweden belegt seien, und zwar im Wortsinne, kann Herbie die Diskussion für sich entscheiden.

Rettungsboot passiert die PEKARI an Steuerbord

Wir tuckern noch ein bisschen auf und ab und auch an dem Schweden-Dampfer vorbei, dort wird noch emsig geladen. Es ist drückend schwül, und über der Bergkette hinter dem Städtchen ballen sich dunkle Wolken zusammen, wir schauen zu, dass wir wieder zurück zum Dampfer kommen. Eben noch rechtzeitig, wir sind gerade eingepiekt und werden nach oben geholt, als sich in der Bucht ein heftiger Gewitterregen entlädt, in Sekunden sind wir nass bis auf die Haut. Später einmal sollte ich im Schiffstagebuch lesen, dass das Bootsmanöver gemäß geltenden Bestimmungen ordnungsgemäß und erfolgreich durchgeführt wurde. „Na ja", denke ich.

Abends hängen wir an der Reling, 'ne Kiste Bier zu Füßen und schauen rüber zum Städtchen. Das Gewitter hat sich wieder verzogen, aber es gibt keine echte Abkühlung. Hinter der Pier sieht man zwei flache Schuppen und eine Generatorstation, die offenbar das ganze Kaff mit Strom versorgt. Eine Uferstraße führt nach rechts weg zu dem eigentlichen Ortskern, an dieser Straße zwei, drei größere Holzhäuser, mittendrin ganz in blau Emmas Etablissement. Da werden die Skandinavier heute Abend noch mal richtig auf die Pauke hauen, denke ich. „Ein Glück, dass die nur einen Liegeplatz haben", meint Martin, „die Schweden sind im Suff genauso drauf wie unsere Gilbies, die drehen dann völlig ab!" – „Genau", kommentiert Jochen, „mit denen gemeinsam in einer Kneipe, das geht selten gut, ein paar Drinks, und schon fliegen die Möbel, das kannst du singen!". Wir diskutieren noch ein wenig, ob die Schweden von den Gilbies abstammen oder umgekehrt, ob die Schweden nichts vertragen, weil der Alkoholverkauf in ihrer Heimat so restriktiv gehandhabt wird oder weil sie einfach zu doof sind, anständig einen rein zu kippen, wie Jochen vermutet. Unsere Diskussionen lassen wie meistens jeglichen ernsthaften Hintergrund vermissen, wir blödeln noch eine ganze Weile vor uns hin.

Frühstück ist am folgenden Morgen eben vorüber, da wird ein Lotse an Bord gebracht. Ich schaue aus dem Bulleye und sehe draußen langsam den schwedischen Reefer vorbeiziehen, die sollen nach Bremerhaven gehen, wie uns der Agent gestern erzählte. Na dann, gute Reise, grüßt mal die Heimat von uns.

Kurz darauf wird es lebendig auf unserem Schlorren, gedämpft höre ich die Klingelsignale des Maschinentelegrafen, die PEKARI schüttelt sich wie ein nasser Hund, als die Hauptmaschine gestartet wird. Ich trete in die Nock hinaus, von vorne hört man das dumpfe metallische Klacken der hochlaufenden Ankerkette. Der Alte steht neben mir und wechselt kurze Infos über sein Handfunksprechgerät mit dem Steuermann auf der Back. Etwas später nehmen wir langsam Fahrt auf und bewegen uns in Richtung Pier.

Ich schaue mit dem Glas hinüber, die haben sogar richtige stationäre Elevatoren hier, dahinter ist ein Gleis verlegt, und soeben schiebt eine Diesellok Güterwaggons auf den Kai, offensichtlich wollen die ohne Verzögerung mit dem Laden beginnen. Ich befürchte aber nicht, dass unsere Liegezeit durch diesen Eifer verkürzt werden könnte, nach Aussage der erfahrenen Piepels hier an Bord kommen nicht unablässig Bananenzüge an die Verladeanlage, das soll so vor sich hin tröpfeln. Warten wir es ab.

Das Anlegemanöver zieht sich hin, wieder geht der Anker zu Wasser, die haben hier keinen Schlepper, und man will das Schiff später wieder mit Hilfe des Ankers von der Pier weg kriegen. Ich schieße mich noch ein wenig in der Station auf. Bei Norddeich habe ich mich gestern Nacht noch mit einem TR abgemeldet, einer Verkehrsinformation, die das „QTP Golfito" enthielt, die wissen, dass wir im Hafen liegen. Die gleiche Info bekam auch Slidell-Radio, damit sind wir erst mal weg vom Fenster. In Häfen ist Funkverkehr für die Schiffe grundsätzlich verboten, allerdings habe ich in so einem Drecknest wie hier keine Hemmungen, notfalls auch mal den Sender anzuwerfen. Es gibt in dem Kaff weder eine Militärstation noch sonstige Einrichtungen, die eventuell Signale von mir auffangen könnten. Die Funkpresse kommt hier in dieser Ecke auch nicht so megatoll an, ich habe aber eine gute Frequenz der Deutschen Welle gefunden, die Mittelamerika mit Kurzwelle bedient, da bastele ich jeden Tag selber 'ne Zeitung und kann mir sogar noch die Zeit aussuchen, die Nachrichten kommen stündlich. Schuss habe ich gestern schon ausgezahlt, von den Knast-Abonnements unter den Cilbies mal abgesehen, haben alle Piepels komfortable Guthaben angesammelt, die Reise in den Sandhaufen Arabien war ein Spartrip gewesen. Die Oktoberabrechnungen sind im Kanal weggeschickt worden, ich sehe einer stressfreien Liegezeit entgegen.

Am Nachmittag melde ich mich beim Alten ab, ich will mal einen kleinen Erkundungsgang machen. „Briefmarken kaufen?" grinst der Alte. „Nö, heute guck ich erst mal, wo das Postamt ist!" feixe ich zurück. Dieser Alte toleriert, dass ich im Hafen kaum echte Aufgaben habe, an Bord herumzusitzen und die „Regelarbeitszeit" einzuhalten, wäre eine reine Shownummer.

Am Schiff sind jede Menge Waggons aufgefahren, man hat aber noch nicht mit dem Laden begonnen. Ich tigere los, es ist wieder stinkheiß da draußen, mein T-Shirt ist schon am Hafentor durchgeschwitzt. Im Wachhäuschen hängt ein Uniformierter im Sessel und schläft den Schlaf der Gerechten. Parallel zur Pier führt eine staubige, nicht befestigte Straße in Richtung Town, ich passiere ein paar Bretterbuden, darunter das blaue Bauwerk von Emma und latsche dann ein ganzes Stück an einem richtigen Urwald entlang, bis sich so etwas wie eine größere Ansiedlung auftut. Ausschließlich Holzbauten, in allen Farben gestrichen, einige kleinere Geschäfte, besonders um eine mit Palmen bepflanzte Plaza.

Golfito – der Wilde Westen lebt.....

Wenige Leute auf der Straße, das Kaff wirkt schläfrig. Inzwischen habe ich wohl alles ausgeschwitzt, was ich heute getrunken habe, ich benötige eine Auffüllung. Alkohol ist jetzt nicht ratsam, in der Hitze ein paar Bierchen, und ich kann gleich mit dem Schädel gegen eine Mauer rennen. Da sehe ich eine Kneipe, ‚Bar Alaska' nennt sich der Schuppen. Die Namensgebung erschließt sich mir unmittelbar nach dem Betreten, die haben tatsächlich eine Aircondition.

Ist selten in diesen Bananennestern. Ich ordere einen „Jugo de Frutas", der Fruchtsaft wird vor meinen Augen frisch im Mixer gefertigt, Eis rein, und fertig ist die Erfrischung. Ich komme mit dem Barmann ins Gespräch, der palavert in gutem Englisch, und so erfahre ich einiges über Golfito und die Verhältnisse hier.

Eiltransport im Bananenland

Das Nest ist komplett von der Bananencompany abhängig, wie eigentlich ein großer Teil Mittelamerikas. „La Compania", wie sie den US-Konzern hier nennen, beherrscht das Leben komplett, die Amis bieten Arbeitsplätze, zahlen für Schulen und Infrastruktur, aber sie tun dies alles zu ihren Bedingungen. Wer nicht für sie ist, ist gegen sie, entsprechend nutzen sie ihren allgegenwärtigen Einfluss, auch in der Politik. Der Begriff „Bananenrepubliken" ist ja nicht gerade positiv besetzt, er steht für Korruption, für Ausbeutung der Bevölkerung durch Oligarchien und Ähnliches. Costa Rica ist da noch gut dran, das Land gilt ein wenig als die „Schweiz Zentralamerikas" mit vergleichsweise solider Staatsführung und einigermaßen stabilen demokratischen Verhältnissen. Eines der Grundprobleme dieser Region, die permanente Einmischung des Militärs in die Politik bis hin zum Staatsstreich, hatte man elegant gelöst, indem Costa Rica die Armee kurzerhand aufgelöst hat. Die äußere Sicherheit garantiert „La Compania", ein Anruf von Boston ins weiße Haus dürfte wahrscheinlich genügen, und die Amis würden intervenieren. Ich trinke noch einige „Jugos" und lasse mich gerne von dem redseligen Barkeeper unterhalten. Der Nachmittag vergeht wie im Flug.

Gegen Abend trabe ich wieder zurück Richtung Bananenpier. Gerade noch rechtzeitig, wieder brauen sich dunkle Wolken über der Bergkette zusammen, die zunehmende Schwüle ist kaum noch zu ertragen, offenbar gehört ein am Spätnachmittag einsetzendes Tropengewitter hier zum Tagesprogramm. Ich hechele gerade völlig verschwitzt die Gangway hoch, als es anfängt, wie aus Eimern zu gießen. „Na Sparks, schon mal auf die Schnelle eingetörnt?" haut mich Fritz grinsend an. „Nö, ich habe den Mädels nur 'nen freien Tag gegeben, habe ihnen erzählt, dass ihr alle bankrott seid und an Bord bleiben müsst!"

Nach dem Abendessen formieren sich die einzelnen Cliquen zum Landgang, nur die zum Wachdienst eingeteilten Maaten verbleiben an Bord. Ich marschiere mit Jochen los, der Regen hat aufgehört, aber das verdunstende Nass schafft eine flächendeckende Sauna-Atmosphäre. Nach wenigen Schritten entern wir Emmas Seemannsparadies, wir sind aber ein wenig zu früh. Der halbe Dampfer hängt an der Bar, Chicas sind nur vereinzelt vor Ort, das heiße Leben beginnt erst später. Aber Emma residiert wichtig hinterm Tresen, zusammen mit ihrem Alten managt sie die Getränkeversorgung und Unterhaltung. Mein lieber Schwan, das ist ja wirklich ein Koffer, wenn die an Bord wollte, bräuchte man Schwergutgeschirr. Die dickste Mulattin, die ich bis dahin gesehen habe. „Mitfahren könnte die bei uns nicht", meint Jochen, „wenn die vorn auf die Back latscht, kommt hinten die Schraube aus dem Wasser!" Den Eindruck kann ich nur bestätigen. Aber kontaktfreudig ist sie, das muss man ihr lassen. Labert mal mit diesem, mal mit jenem Sailor, alles in Englisch mit einem starken Ami-Akzent. „You are Sparky, right?" quatscht sie mich an. Woher weiß die das denn, habe ich aus Versehen noch die Kopfhörer auf? „Ist eines ihrer Steckenpferde", raunt mir Jochen zu, „immer wenn ein Maat reinkommt, spielt sie heiteres Beruferaten, und meistens liegt sie richtig!" Na gut, ich bestätige Emma ihre Vermutung, und sie freut sich wie eine Schneekönigin. Ihr Scheich, der da neben ihr am Tresen herumhampelt, ist das genaue Gegenteil von ihr, ein magersüchtiger Yankee, ausgemergelt bis auf die Knochen. Von ihm hat Emma wohl ihren Ami-Slang gelernt. „Der sieht aus wie zehn Jahre Sibirien, möchte gar nicht wissen, was die dicke Mutti mit dem in der Koje anstellt", äußert sich einer der Assis. „Oben liegen darf die nicht"! Die Thekenrunde ergeht sich noch länger in Mutmaßungen über das Sexualleben des Wirtspaares, Jochen und ich ziehen zunächst mal weiter.

Wir passieren im Dunkeln den Dschungelabschnitt, an dem ich nachmittags schon hier vorbeigewandert war. Jetzt, in der beginnenden Nacht, ist dort in dem Gestrüpp der Teufel los, ein ohrenbetäubendes Zirpen, Rasseln und Quietschen, weiß der Teufel, welche Rieseninsekten dort herum lärmen. Jochen und ich sind uns in dem Punkt einig, dass es nicht ratsam wäre, bei Nacht in den Busch zu rennen.

Wir gelangen zu der „Bar Alaska", in der mich der redselige Barmann unterhalten hatte. Und Holla die Waldfee, am Tresen hocken zwei ganz ansehnliche junge Damen, die uns genauso aufmerksam mustern wie wir sie. Wir klettern auf die Barhocker, ordern ein Bier, und der Barmann freut sich, mich wieder zu sehen. Erzählt den Señoritas irgendwas, das sich auf meine Person bezieht. Schon werde ich angesprochen, ich sei also der „Telegrafista del barco aleman", der Funker von dem deutschen Schiff. Ich bestätige das und verkaufe Jochen gleich als „electricista del barco aleman". Wir erfahren zu unserer Verblüffung, dass die beiden Ladys zum Personal von Emmas Etablissement gehören, sie waren auf dem Weg zu dem Laden hier noch mal schnell eingekehrt. Während also die halbe Crew dort auf das Erscheinen der Putas wartet, spielen wir gewissermaßen Selbstabholer. Na, das läuft doch alles besser, als ursprünglich angedacht. Wir laden die zwei Grazien auf einen Drink ein, und damit ist der Claim abgesteckt.

Etwas später kreuzen wir wieder bei Emma auf, die Chicas im Schlepptau. In der Zwischenzeit hat sich der Damenanteil dramatisch erhöht, ein Großteil der Crew ist bereits gut versorgt, was die

Anbahnung temporärer Partnerschaften betrifft. Zwei unserer Gilbies haben die kleine Bühne im hinteren Bereich des Gastraumes geentert, man hat ihnen Gitarren in die Hand gedrückt, und jetzt unterhalten sie die Bude mit ihren Lieblingssongs aus zwanzig Jahren Rockgeschichte, das kommt gut an bei den Mädels, die sonst immer nur Salsa-Klänge hören. Bombenstimmung in dem Laden, einige Girls hüpfen schon auf den Tischen herum, während die Gilbies ihre Gitarren quälen. Emma entert die Bühne, etwas mühsam, drei vier Maaten drücken und schieben ihren gewaltigen Achtersteven, bis Madame richtig positioniert ist. Sie verhandelt mit den Gilbies, summt ihnen offensichtlich was ins Ohr, die schlagen ein paar Akkorde, dann ist man sich einig. Und nun erleben wir ein Highlight der jüngeren Musikgeschichte, die dicke Puffmutti Emma aus Golfito singt, begleitet von zwei freundlich grinsenden Südseeinsulanern, mit einer sehr rauchigen Bass-Stimme den berühmten Song „Sentimental Journey". Herbie behauptet hartnäckig, das Lied stamme von der berühmten Jazzsängerin Ella Fitzgerald. Und schon hat Emma ihren Spitznamen weg, zumindest bei der Crew der PEKARI: Emma Fotzgerald.

Der Abend gerät zu einer der wildesten Partys, die ich je bei einem Landgang erlebt habe. Noch zweimal erklimmt Emma die Bühne, jedes Mal mit tatkräftiger Unterstützung unsrer Piepels. Einmal mit soviel Schwung, dass sie beinahe durch die Bretterrückwand ihres Schuppens gedonnert wäre, die Gilbies können sie gerade noch ausbremsen. Inzwischen war die dicke Mutti auch blau wie ein Veilchen, ihre letzten Sangesbemühungen verlaufen reichlich unkoordiniert. Mann, haben wir einen Spaß.

Lange nach Mitternacht kehrt erst Ruhe ein, so nach und nach verschwinden alle Maaten mit ihren „Damens" im Oberdeck des Gebäudes.

Im Übrigen verlief der Abend sehr friedlich, auch unsere Südseebarden fielen trotz etlicher Drinks nicht aus der Rolle, ihr musikalischer Auftritt hatte wohl einen beruhigenden Einfluss auf ihre Psyche.

Der Morgen danach. Im Sonnenaufgang verlasse ich Emmas Hütte, draußen stolpert mir der Gilbie Birima über den Weg, einer der Gitarristen der Nacht. Birima grinst über das ganze Gesicht, als er mich erkennt. „Na, Birima, hat sich der Auftritt gelohnt?" – „Oh Radio, it was wonderful. Emma paid us 10 Dollars each, and we got free drinks and free fuck!" Musikanten kommen an bei den Frauen. Überall in der Welt...

Uferstraße von Golfito, links Emmas Etablissement

An Bord zurückgekehrt verbringe ich dann den Vormittag mit Meditationsübungen, auf gut deutsch, ich schließe meine Kammer ab und penne noch 'ne Runde. Mittags in der Messe allgemeine Heiterkeit. Schmierer Kreidler ist unmittelbar bei Pausenbeginn im ölverschmierten Kesselpäckchen an Land gerast, Begründung: „Ich hab 'ne Stunde Zeit, reicht für 'nen Shorttime." Dazu muss man Landratten erklären, dass Hein Seemann zwei Formen des im Hafen praktizierten Beischlafs kennt: Nachtschicht, also eine komplette Übernachtung mit der Dame, und Shorttime, die stark verkürzte Variante für den kleinen Hunger zwischendurch. Storie wies den davoneilenden Kreidler noch darauf hin, dass er in seinen dreckigen Arbeitsklamotten aussähe wie ein Kormoran in der Ölpest, aber Kreidler war um eine Antwort nicht verlegen: „Dat geit schon. Ik nehm 'ne Zeitung, bohr 'n Loch rein, dann bleibt die Schnecke sauber!" Sprach's und verschwand. Wir haben nie herausgefunden, ob Kreidler dieses Verfahren tatsächlich zur Anwendung brachte, aber alleine die Vorstellung sorgte für tagelangen Gesprächsstoff.

Das Laden geht doch mächtig voran, wenn eine Reihe Waggons leer ist, werden sie von einer Diesellok abgezogen, ein oder zwei Stunden später kommt der nächste Train angewackelt. Die werden die Drei-Tage-Vorgabe wohl einhalten.

Emmas Mädels haben ihre Seeleute fest im Griff

Auf das Abendessen verzichten Jochen und ich, wir sind mit unsren Chicas verabredet. Dieses ominöse Bergrestaurant ist unser Ziel, Jochen war schon mal da, man sitze da gut unter einem offenen Dach mit prima Blick über die Bucht. Zunächst mal lassen wir uns ein Taxi an das Wachhäuschen am Gate kommen, wir verspüren wenig Lust, bei der Schwüle den Hügel hoch zu keuchen. Außerdem kündigt sich wieder ein Gewitter an, bei den Wassermassen, die hier vom Himmel fallen, ist Fußmarsch nicht zu empfehlen. Wir holen die Chicas in der Alaskapinte ab, und los geht's auf den Berg unsrer Wünsche. Das „Restaurant" ist eher 'ne Imbissbude mit eingeschränktem Programm, auf einem Holzkohlegrill, der im Freien steht, werden so 'ne Art Schaschlikspieße zubereitet, als Beilage werden gegrillte Papas und kaltes Bier gereicht. Sieht aber ganz appetitlich aus, wir ordern für vier und trinken uns warm. Die „Damens" genießen ihre Rolle als Begleiterinnen der gut zahlenden Alemanes und scheuchen den Camerero durch die Gegend, das es staubt. Da setzt plötzlich der erwartete Regen ein, es gießt wie aus Eimern. Im Laufschritt zerren die Kneipen-Piepels den Grill unters Dach, jetzt hocken wir im Qualm wie die Räucheraale. Unsere Mädels keifen wie die Kesselflicker, der Grill wird so lange hin und her gezerrt, bis wir halbwegs atmen können. Kaum kehrt Ruhe ein, fällt mit einem Rumms das Licht aus. Und zwar auch unten im ganzen Hafenviertel, wir haben ja einen prächtigen Blick von hier oben. Nun hocken wir im Qualm und im Dunkeln, das wird ein richtig romantisches Abendessen. Die Chicas verklarfiedeln uns, dass das hier ständig vorkommt, die Power-Station am Hafentor versorgt die ganze Gegend mit ihren Dieselgeneratoren. Wenn sie denn funktionieren. Wir nehmen's gelassen, der Kellner zaubert zwei Kerzen in Gläsern auf den Tisch, und weiter geht's als Candlelight-Dinner. Irgendwann wird's wieder hell, das pannengeplagte E-Werk nimmt seinen Dienst wieder auf.

Nach zwei Stunden keucht unser Taxi erneut den Hügel hoch, den Kutscher hatten wir für diese Zeit bestellt. Abfahrt zu Emmas Nuttenbude, und schon beim Aussteigen nehmen wir wahr, dass in der Kneipe wieder die dicke Party abgeht. Erneut geben unsere Gilbies auf der Bühne alles, und in dem Bretterschuppen geht es her wie in einer Disko, so was erleben die hier auch nicht häufig. Offensichtlich hatte sich der gestrige Auftritt unserer Bordkapelle herumgesprochen, jede Menge Einheimische belagern den Laden. Auf allgemeinen Wunsch ihrer begeisterten Fans wiederholen die Gilbies gerade ihren Lieblingssong aus ihrem Rock-Repertoire: „Wooly Bully" von „Sam the Sham and the Pharaos". Der Song war mal in den 1960ern populär, ist mir heute noch schleierhaft, wie er zum Spitzentitel unserer bordspezifischen Gilbie-Hitparade avancieren konnte.

Die Piepels in der Bar finden es grandios, ich vermute mal, nach jahrelanger Salsa-Berieselung gibt es einen echten Nachholbedarf für Rock'n Roll. In Emmas Schuppen ist die Hölle los. Woodstock im Puff.

Mit dickem Schädel tauche ich am frühen Morgen wieder an Bord auf, so nach und nach finden sich auch die anderen Maaten ein. Das Frühstück gerät zum lebhaften Erfahrungsaustausch, Hein Seemann hat ein ausgeprägtes Mitteilungsbedürfnis, was seine Landgangsabenteuer betrifft. Es stellt sich heraus, dass am vergangenen Abend einer der Gilbies doch postalkoholisch aus der Rolle gefallen war, aber Emma regelte das diskret und ohne Policia. Als unser Südsee-Sailor Stunk anfangen wollte, nahm ihn Emmas Faktotum, ein als Hausknecht getarnter Zweizentner-Gorilla, in den Schwitzkasten und führte ihn hinters Haus. Dort hämmert er den Kopf des Delinquenten ein paar Mal zärtlich gegen die Bretterwand und fixierte ihn dann in einem Schuppen hinter der Bude. Am frühen Morgen, wieder ausgenüchtert, war unser Mann sehr handzahm, wurde losgebunden und mit einigen Ermahnungen schiffwärts geschickt. Er hatte einige Beulen am Kopf und sich selbst 'ne Menge Geld und Ärger erspart. Die anderen Gilbies in der Kneipe hatten von der Aktion gar nichts mitbekommen, sonst hätte es womöglich eine Massenkeilerei gegeben.

Am Nachmittag lasse ich mich vom Agenten in das Städtchen mitnehmen. Dieses Mal besorge ich wirklich einige Sätze Briefmarken für Kollegen, die ihre Post mit Sammlerstücken frankieren wollen. Außerdem entdecke ich einen Laden für Werkzeug und Metallwaren aller Art und kaufe eine Machete, das schien mir das passende Souvenir zur Erinnerung an meine Bananenreisen zu sein. Im Laufe der weiteren Jahre bei der Seefahrt habe ich noch etliche Erinnerungsstücke an verschieden Häfen und Länder erworben, schöne Stücke darunter und auch viel Unsinn. Vieles habe ich später weiterverschenkt oder schlichtweg als überflüssigen Nonsenskauf entsorgt. Die Machete habe ich immer noch.

Letzter Abend in Golfito. Ich verbringe noch einige Stunden an Land, mit meiner „Lady" gehe ich noch mal essen, ein kleines von einem Chinesen betriebenes Lokal im Ortskern. Wir führen die übliche etwas mühsame Unterhaltung, mit ein wenig Mühe und gutem Willen kann man sich auch ohne kompatible Sprachkenntnisse ganz gut austauschen. Sie zeigt mir ein Foto von ihrem kleinen Sohn, ein etwa vierjähriger Knilch, der da ganz ernst aus einem nachcolorierten Farbfoto schaut. Viele der „Mädels vom Hafen" sind schon ganz jung Mutter geworden, meist wachsen die Kleinen bei irgendwelchen Verwandten auf, und die Mutti schafft dann mittels Seemannsbetreuung die Kohle für alle Beteiligten herbei. Lebensschicksale. Man verbringt zwei oder drei Nächte zusammen, selten sieht man sich noch einmal wieder. Ein paar Tage später wird sie einem anderen Seemann das gleiche Bild zeigen...

Dieses Mal sehe ich zu, dass ich noch bei Dunkelheit an Bord bin. Mit etwas Glück kann ich falls nötig ein QSO mit Norddeich fahren, die Kurzwellenbedingungen sind nachts günstiger. Die Liste von DAN ist schwach zu hören, mein Rufzeichen ist aber nicht dabei, also Entwarnung. Ich haue mich noch ein wenig aufs Ohr.

Beim Frühstück wieder großer Klönschnack an der Back. Einer der Assis hat sich unsterblich verliebt, der faselt ernsthaft davon, im nächsten Urlaub hierher zu reisen und die Chica endgültig „klar zu machen". Herbie tippt sich an die Stirn: „So 'n Stuss hört man immer wieder. Ich hatte mal 'nen Kumpel, der fuhr bei Hamburg-Süd und hatte sich in Santos in so 'ne ganz heiße Brasil-Tante verguckt. Flog im Urlaub runter, ein paar Mal, der hatte nur noch die Mutter dort im Kopf. Hat ihn auch ein Schweinegeld gekostet, die ganze Mischpoke von der stand schon am Flughafen und wartete auf die Geschenke, wenn er wieder aufkreuzte. Und nach einigem Hin und Her nahm er sie dann mit nach Deutschland, in so'n kleines Drecksnest in Niedersachsen. Und dann fuhr der Döspaddel wieder zur See, Kohle musste ja weiter verdient werden, und die Chica saß todunglücklich in dem Bauernkaff bei Schwiegermama und verstand nur Bahnhof. Es wurde Winter, und die fror sich den Arsch ab, so hatte sie sich das alles nicht vorgestellt. Alles war anders als gewohnt, das deutsche Essen schmeckte ihr nicht, das Wetter war Scheiße, Schwiegermama nervte, und der Olle war auf See und die Koje leer. Irgendwann war die abgehauen, weg, futschikago. Angeblich wurde sie mal in Hamburg gesichtet, soll dort ihren alten Job wieder aufgenommen haben, fucking for cash, aber so genau weiß es keiner. Mein Kumpel hat ein paar Mal versucht, sie ausfindig zum machen, der war immer noch verknallt. Wenn der Hammer steht, ist der Verstand im Arsch. Ist wirklich so!" Für unseren Zweiten war es eine bemerkenswert lange Rede, und dem verliebten Assi hat sie gar nicht gefallen. Trotzdem wurde das Für und Wider einer Ehe mit einem Hafenmädel noch eine ganze Zeitlang diskutiert, das Wider überwog aber deutlich. Obwohl immer wieder mal Beispiele für eine gelungene Verbindung kolportiert wurden. Den Betroffenen kannte aber nie einer persönlich, es hieß immer nur: „Ich hab da mal von einem gehört, also der hatte da 'ne Olsch aus Guayaquil mitgenommen…!" Der Name des Hafens war austauschbar…

Am späten Vormittag rollt der letzte nun leere Bananenwaggon von der Pier, die Luken werden zugefahren. „Seeklar machen", also die Vorbereitung für das unmittelbar bevorstehende Auslaufen lief auf Hochtouren. In der Funkbude bin ich bereits ‚seeklar', die Station war in allen Komponenten überprüft und einsatzbereit. Das Auslaufmanöver wenig später verbringe ich als Zuschauer auf der Brücke, ohne Schlepperunterstützung unter Zuhilfenahme des bei Einlaufen ausgebrachten Ankers zieht der Alte den Pott langsam von der Pier weg, mit der bei ihm üblichen Ruhe und Gelassenheit. Überhaupt habe ich diesen Kapitän niemals aufgeregt oder hektisch erlebt, später sollte ich da noch ganz andere Kandidaten kennen lernen.

Auf der Pier bleibt der Agent winkend zurück, einige Arbeiter, die die Leinen los geworfen hatten, heben grüßend die Hand. Und als wir in langsamer Fahrt von der Anlegestelle weg zur Bucht hin wenden, sind entfernte Rufe zu vernehmen. Vor Emmas Laden ist ein kleiner Volksauflauf. Wir schauen durch die Gläser, da steht die dicke Mama San mit einigen ihrer Mädels und winkt und ruft aus Leibeskräften zu uns herüber. Golfito, vertreten durch Emma Fotzgerald und ihre Ladys, verabschiedet sich von MS PEKARI.

Eine Stunde danach, die Bucht von Golfito liegt hinter uns, wummern wir in voller Fahrt Richtung Panamakanal. Ich sitze an meiner Morsetaste und rufe auf Kurzwelle Slidell-Radio: WNU WNU WNU

DE DIFK DIFK DIFK QTC 4 K. Den Anruf muss ich noch einige Male wiederholen, dann antworten die Amis. Ich bin wieder im Geschäft, der Hafen ist Vergangenheit.

Eineinhalb Tage später. Wir verlassen bei Cristobal den Panamakanal, die Karibik liegt vor uns. Runde vier Tage soll die Reise nach Baltimore dauern, ein Katzensprung, wenn ich das mit dem vergangenen Trip nach Kuwait vergleiche. Meine Funkwache beginnt gerade, da bin ich in der Liste von Slidell. Was wollen die schon wieder? Kleine Routenänderung? Vielleicht in den Persergolf? Ich rufe die Küstenfunkstelle, werde auch sofort gehört und erst mal wie gewohnt auf die Wartebank gesetzt. Zwanzig Minuten später lege ich dem Alten das Telegramm auf den Tisch, der liest und nölt sofort los: „Wissen die eigentlich, was sie wollen? Am besten klappern wir die ganze Ostküste ab und werfen vor jedem Hafen ein paar Bananenkartons ins Wasser, dann ist hoffentlich jeder zufrieden!" Er wirft noch einen Blick aufs Telegramm: „Nehmen sie's mit zur Brücke, er soll schon mal den neuen Kurs eintragen und das ETA ausrechnen, ich komme später hoch und gebe ihnen die Messages rein!" Nun, so tragisch sehe ich die Änderung der Destination gar nicht, grundsätzlich bleibt es bei Baltimore, zuvor sollen wir aber noch Charleston in South Carolina anlaufen und einen Teil der Ladung löschen. Also zwei US-Häfen statt einem. Bis jetzt jedenfalls.

Ich trabe mit meinem Telegramm zur Brücke, der Chiefmate ist auf Wache. „Charleston? Zusätzlich? Shit!" Ich stelle fest, dass eine Routenänderung nicht gleich Routenänderung ist, für den einen bedeutet sie mehr Arbeit und für den anderen mehr Vergnügen. Ich zähle in einem solchen Fall zur „Vergnügungsfraktion", Brücke und Maschine eher weniger. Also behalte ich meine Sympathie für den zusätzlichen Hafen für mich und trolle mich in die Station.

Gegen Ende der Wache taste ich drei Telegramme in den Äther. Wir würden in etwas über drei Tagen in Charleston eintreffen, Einlaufen so gegen Mitternacht. Nur ein kleinerer Teil der Ladung soll dort rausgehen, bereits am folgenden Nachmittag soll die Reise nach Baltimore fortgesetzt werden. Wir würden zwischen Haiti und Kuba hindurch fahren und dann durch die Bahamas mit Kurs Nord-Nordwest Richtung Charleston marschieren.

Zunächst aber geht's mal durch die Karibik, und ich habe wieder Ärger mit meinem Autoalarm. Wie schon auf der Reise nach Golfito schlage ich mich mit den atmosphärischen Störungen in diesem Seegebiet herum, die Mittelwelle ist extrem verrauscht, das Autoalarmgerät reagiert völlig verwirrt mit mehreren nächtlichen Fehlalarmen in Folge. Ich bringe es aber nicht fertig, das Ding einfach abzuschalten, so kaltschnäuzig kann ich mit dem Thema „Überwachung der Notfrequenz" nicht umgehen. Also hüpfe ich nachts ein paar Mal völlig für die Katz aus der Koje und wünsche mich und die PEKARI endlich aus diesem verdammten Seegebiet heraus.

Das Wetter ist jetzt im November auch durchwachsen, die See ist reichlich kabbelig, sie beruhigt sich erst bei der Durchfahrt der Windward Passage zwischen Kuba und Hispaniola.

Dann rödeln wir bei zunehmend besserem Wetter durch die Inselgruppe der Bahamas und bewegen uns damit durch den westlichen Zipfel des berüchtigten Bermuda-Dreiecks.

Ich stehe nachmittags auf der Brücke und schnacke mit Herbie einen aus, natürlich kauen wir auf dem Bermuda-Dreieck herum, dieses sagenumwobene Seegebiet hat durch die Publikationen des Herrn Berlitz in den vergangenen Jahren für reichlich Gesprächsstoff gesorgt. „Alles Käse", meint Herbie, „ich bin schon zigmal hier durchgeballert, und ich habe noch nie grüne Männchen gesehen, die den Dampfer mopsen wollten. Die Schwarte von dem Berlitz habe ich gelesen, das ist doch alles Interpretationssache. Da verschwindet nach dem Krieg eine Marinefliegerstaffel spurlos in der See, weil der Staffelführer sich komplett verflogen hat, und Berlitz macht 'ne überirdische Hexerei da draus. Auch die anderen Nummern da mit den Schiffen, alles Quatsch. Hier ist einfach mehr Seeverkehr als sonst wo an der US-Küste, also verschwinden auch mehr Pötte, wenn es ganz dumm läuft. Und überall auf der Welt verschwindet mal wieder ein Schiff ohne Lebenszeichen, ohne dass die Marsmännchen die Angel ausgeworfen haben!" Klare Ansage eines Nautikers, dem bleibt nichts hinzuzufügen.

In Kürze werden wir einlaufen, zwei unserer Piepels freuen sich besonders darauf. Die erwarten nämlich gleich am Morgen danach einen Arzttermin, aus Golfito haben sie sich ein nettes Souvenir mit dem charmanten Namen ‚Gonorrhöe' eingefangen. Soeben haben sie ihr erstes Date mit Herbie im Hospital, dieser hat einen Ruf als „schmerzhafter Injektor" zu verteidigen. Ich gehe gerade an der angelehnten Hospitaltür vorbei und höre drinnen seine aufmuntern-den Kommentare: „Der Gonokokk sitzt da und lauscht, wie der Urin vorüberrauscht!" kurz danach „Aua, verdammt!" Der schmerzhafte Injektor hat wieder zugeschlagen.

Später, wir sitzen in der Messe, kommen wir noch einmal auf das Thema zu sprechen. Herbie meint: „Das Problem ist so alt wie die Seefahrt, wahrscheinlich wurden sogar viele Geschlechtskrankheiten von Seeleuten über Länder und Kontinente verstreut. Dank Penicil-lin (er spricht es wie Peniscillin) hat man das ja einigermaßen im Griff, aber die Jungs riskieren neuerdings auch wieder Schlimmeres, wenn sie die angebotenen Lümmeltüten ignorieren. In asiatischen Häfen tritt immer wieder mal die Syphilis auf, und dann wird's wirk-lich heftig."

Der Chiefmate mischt sich ein: „Durch den Vietnamkrieg ist es in Südostasien wieder ganz riskant geworden. Die Amis haben wäh-rend des Krieges immer wieder ihre GIs zu Fronturlauben nach Thai-land gekarrt, dort flog das Penicillin als Billigware auf dem Schwarz-markt herum, und die Nutten fraßen das wie Bonbons, quasi vor-beugend. Jetzt sind dort jede Menge Erreger unterwegs, die gegen Penicillin resistent sind, da hilft dann nur noch das gute alte Aus-schaben!" – „Bitte was? Was für'n Ausschaben?" – „Nun, der Doc priemelt eine Röhre in deine Röhre, fährt ein paar Klingen aus und schabt die Pipeline mal richtig durch, da kommt aber richtig Freude auf!" Huuhahaha, man kann richtig zuschauen, wie fünf Mann um die Back herumsitzen und Gänsehaut produzieren. Falls der Chief-mate mit dieser Ansage etwas mehr Vorsicht beim Landgang gene-rieren wollte, ist ihm dies trefflich gelungen. Jedenfalls für den Au-genblick.

Ich setze mich an meine Einklarierungspapiere. In den USA ak-zeptiert man keine internationalen IMCO-Forms, die wollen ihre ei-genen Formulare sehen. Für mich ist Premiere, bei meinem ersten Trip an die US-Küste war ich noch Aufwäscher, den Papierkrieg durfte ein anderer führen. Nun sitze ich an der Schreibmaschine und wühle mich durch die Ami-Formblätter. Crewlisten in einer besonderen Aufmachung, Landgangsausweise müssen vorbereitet werden. Custom-Declarations natürlich auch. Die Maaten erhalten im ersten Hafen das so genannte D1-Visum, es ist Seeleuten für den Aufenthalt in US-Häfen vorbehalten. Gott sei Dank hat mein Vorgänger während seiner Dienstzeit genügend Vordrucke gebunkert, auf einem Jahre später stattfindenden Trip musste ich mal mit einem Dampfer überraschend einen US-Hafen anlaufen und hatte keine US-Forms an Bord, die ganze Einklarierung zog sich endlos hin, bis ich den ganzen Schrott ausgefüllt hatte.

Die ausgelegten Listen für Zoll und Geldaufnahme habe ich längst wieder eingesammelt, die Jungs haben reichlich Kohle geordert, wahrscheinlich ist Shopping in größerem Maßstab vorgesehen. Lediglich die Gilbies üben sich in Bescheidenheit, ihre mageren Kontostände lassen auch keine großen Sprünge zu. Was mag wohl in ihren Köpfen vorgehen, wenn ihre deutschen Kollegen, die da mit ihnen leben und teilweise die gleiche Arbeit verrichten, in den Häfen prächtig hinlangen? Ich hielt es für keine gute Idee, auf einem Schiff Sailors mit völlig verschiedenen Heuertarifen zu fahren, besonders mit einem solch gravierenden Unterschied, wie er bei der Bezahlung von europäischen und Drittwelt-Piepels auftrat. Aber Fairness ist ein unbekannter Begriff in der Welt der globalen Seewirtschaft.

Es ist Mitternacht, als wir uns langsam der Lotsenübergabe von Charleston nähern, von der Küste her leuchten die Lichter der Hafenstadt. In den Handbüchern auf der Brücke sind einige nautische Details enthalten, leider keine weiteren für den Besucher interessanten Anmerkungen. Logisch, nautische Handbücher sind nun mal keine Touristenführer. Irgendwie ist mir noch in Erinnerung, dass hier 1861 mit der Beschießung von Fort Sumter durch die Südstaaten der amerikanische Bürgerkrieg begann. Ach ja, und so ein bekloppter Tanz aus den Zwanzigern ist auch nach diesem Kaff benannt. Wurde wahrscheinlich erfunden, als jemand eine Fußbodenheizung zu weit aufgedreht hatte.

Der Lotse ist an Bord, wir sollen unverzüglich an die Pier gehen. Das ganze Manöver zieht sich noch fast eine Dreiviertelstunde hin, ich stehe auf der Brücke und verfolge das Anlegen.

Es ist ein Uhr morgens, als wir fest sind.

Nun folgt die umständlichste Einklarierungsprodzedur, die ich bis dahin erlebt habe. Ein Immigration-Officer bezieht im Salon Stellung, die komplette Crew muss antreten, Gesichtsparade, die Amis sind Spezialisten dafür. Umständlich blättert der Beamte in den Seefahrtsbüchern, auf dem Tisch liegt ein Riesenwälzer, in dem er jeden einzelnen Namen nachschlägt. Dieser Vogel hat tatsächlich ein Fahndungsbuch dabei, oder vielleicht ist es auch eine Auflistung aller in den USA unerwünschten Personen. Einer nach dem anderen treten die Piepels an seinen Tisch, werden kritisch gemustert und erhalten dann mit gnädiger Geste ihren Landgangsausweis, die Dinger hatte ich vorher alle auf der Schreibmaschine ausgefüllt. Die enthalten außer den üblichen Daten, wie Namen und so weiter, auch die Größe in Fuß und Inch sowie das Gewicht. Die Größe einzutragen ist kein Hexenwerk, die steht im Seefahrtsbuch und anhand einer Umrechnungstabelle konvertiere ich das in Ami-Maße.

Die Gewichte habe ich einfach geschätzt, die glauben ja wohl nicht, dass ich hier anfange, die Besatzung zu wiegen. Ich hoffe, dass dieser Officer sich nicht an meinen ausgedachten Zahlen aufgeilt. Die sind aber nicht das Problem. Als der erste Gilbie vor ihm steht, kommt die Prozedur ins Stocken. Wieder und wieder blättert er in dem britischen Pass, noch sind die Inseln ja Kolonien, die Gilbies stehen auf der Crewliste als „British Subjects". Er studiert die Mannschaftsliste, schüttelt den Kopf, nimmt wieder die Pässe in die Hand. Was ist los, verdammt, warum geht's nicht weiter? Die Jungs draußen in der Warteschlange werden langsam kiebig. Schließlich sagt er zum Alten: „Sorry, Captain, but i dont't give this poeple a permit!" Was ist los? Der will die Gilbles nicht an Land lassen. Hat der sie noch alle? Der Alte will eine Begründung. Der Officer verweist auf ein seiner Ansicht nach zu hohes Risiko, dass die Gilbies illegal im Land bleiben könnten, unlängst seien von einem Frachter Filipinos an Land gegangen und untergetaucht. „You know Captain, those guys come ashore, they see all the lights, and they wanna stay...!" Wie bescheuert ist das denn? Unsere Gilbies sehen die Lichter der Stadt und beschließen dann, hier zu bleiben? Der tickt doch nicht richtig. Der Alte widerspricht, verweist auf die Tatsache, dass die Gilbies schon fast elf Monate an Bord seien, sie hätten in dieser Zeit schon öfters US-Häfen angelaufen. Der Officer bleibt störrisch. Der Agent interveniert, auch er versucht, den Einwanderungsbeamten zu belabern. Inzwischen hat sich das Problem auch vor der Tür herumgesprochen. Die Gilbies tuscheln miteinander, und die deutschen Maaten regen sich richtig auf. „Frag den Amidödel doch ma' wann er zum letzten Mal durch ein Bulleye geflogen is'", dröhnt Storie von draußen. „Keiner will hier bleiben, mach das mal dem Deppen klar. Ich will hier nich' ma' tot überm Zaun hängen!" Das war Kreidler. Insgeheim freue ich mich über die Solidaritätsbekundungen der Piepels, aber im Moment können wir keine Drohkulisse gebrauchen, vielleicht versteht der Ami-Beamte mehr Deutsch, als wir ahnen. Ich gehe vor die Tür und bringe die Jungs erst mal zur Ruhe, schließlich würden wir ja noch verhandeln. „Wenn die Gilbies nicht an Land dürfen, gehen wir auch nicht, der kann sich seine Shorepässe direkt in den Arsch priemeln!" Klare Ansage vom Deckschlosser, ich denke genau so, rate aber zunächst mal zur Ruhe. Zurück in den Salon, der Beamte diskutiert noch mit dem Alten, jetzt ist auf einmal von Kaution die Reede, Landgang gegen Pfand. Was soll bloß dieser Mist? Der Alte bemerkt beiläufig zum Agenten, dass er am Vormittag mit der lokalen Presse Kontakt aufnehmen werde, das wäre doch mal 'ne interessante Story. Da knickt der Officer ein, ich bin echt verblüfft. Hochachtung vor dem Alten, der hat's wirklich drauf. „Dafür kannst du mich auch mal nachts wieder zum Bier kommandieren, wenn dich der Durst übermannt", denke ich.

Der ganze Aufriss dauert jetzt schon zwei Stunden, allmählich reicht es jedem von uns.

Und die Immigration ist nicht der einzige Stolperstein. Da taucht noch so ein Heini auf, der hat einen Dienstausweis am Hemd mit dem Aufdruck „Department of Agriculture." Was will der denn, geht's jetzt hier auch um Ackerbau und Viehzucht? Will der die Bananen testen?

Nein, der Herr versiegelt die Provianträume. Die Vereinigten Staaten schotten sich gegen Nahrungsmittel-Importe konsequent ab, sofern nicht wie bei unseren Chiquitas ein Amikonzern dicke Kohle damit macht. Also wird auch auf den Schiffen, die US-Ports anlaufen, der Proviantraum versiegelt, lediglich der für den Verbrauch während der voraussichtlichen Liegezeit benötigte Vorrat darf vorher ausgelagert werden. Und deshalb hatten Schiffsköche auch ihre ganz eigene Meinung zu den Gepflogenheiten an der Amiküste. „Da kommt er ja, der Dünnpisser!" knurrt Ede Wolf in seinen Bart, als ich den Beamten zu ihm in die Kombüse führe. Am liebsten würde er den Typen durch seinen Fleischwolf jagen, es ist ihm deutlich anzumerken. Der Beamte nimmt die Abneigung, die ihm entgegenschlägt, stoisch zur Kenntnis und versiegelt sowohl den Trockenproviantraum als auch den Kühlraum. Später sagt Ede: „Der Trockenraum hat noch 'nen zweiten Zugang, da stehen Regale vor, aber das brauch' ich dem blöden Arschloch ja nicht auf die Nase zu binden."

Es geht gegen vier Uhr morgens, als der letzte US-Beamte das Schiff verlässt. Um sechs Uhr sollen die Arbeiter anrücken, um einen Teil der Ladung zu löschen. Und abends gegen 20:00 Uhr ist Auslaufen angesetzt. Es lohnt sich kaum, hier an Land zu gehen. Der Agent hat uns über die Planungen der nächsten Tage informiert, von Charleston geht es weiter nach Baltimore, dort geht der größere Teil der Bananen von Bord. Danach werden wir wieder hierher nach Charleston fahren und Stückgut laden, Bestimmungshafen Almirante in Panama.Mal was Neues, keine Bananen.

Nachdem sich auch der Agent verkrümelt hat, bleiben der Alte, der Chiefmate und ich noch ein wenig im Salon sitzen und trinken ein Bier. „Almirante also", meint der Chiefmate, „da müssen wir wenigstens nicht durch den Kanal. Ostküste Panama. Aber 'ne Scheißansteuerung, diese blöde Barre da vor dem Hafen." Eine Barre, also eine aufgeschwemmte Untiefe vor der Hafeneinfahrt. So was mögen Nautiker gar nicht. Funker haben damit kein Problem, aber das werde ich jetzt dem Chiefmate nicht auf die Nase binden, die Antwort kann ich mir lebhaft vorstellen. Der redet weiter: „Kann mir schon denken, was die für ein Stückgut hier laden. Papier für die Bananenkartons, das hatte ich letztes Jahr schon mal. Sind so riesige Kartonage-Rollen, Scheiße zu stauen. Na ja, ist eh' egal. Wenn wir Glück haben, laden wir sogar in Almirante wieder Bananen, dann bleibt uns ein zweiter Hafen erspart."

Später am Tag komme ich doch an Land, der Alte lässt einen Wagen von der Agentur kommen, und der nimmt mich und den Alten dann mit, zunächst in das Office des Agenten. In Baltimore soll ein Schiffshändler unsere Proviantvorräte ergänzen, auch Sprenkelbacke hat Bestellungen für die Maschine. Gebunkert werden soll dort auch, ein Wäschereidienst wird angefordert, alles muss in der knapp bemessenen Liegezeit von dreißig Stunden bewältigt werden. Die ganzen Anforderungen gehen per Telex nach Baltimore, ich setzte mich in der Agentur selbst an die Maschine und tippe von unseren mitgebrachten Listen den Lochstreifen, ein Angestellter sendet das Fernschreiben unverzüglich ab. Danach beschließt der Alte noch einen Abstecher in ein Shopping-Center, aber nicht, um zu shoppen, sondern dort in einer kleinen Bar, die er wohl von früheren Trips kannte, ein Bier mit mir zu trinken. Wir sitzen am Tresen und gießen uns ein ‚Schlitz' in die Luke. Und weil es schmeckt, ein zweites. „Na Sparks, zufrieden in ihrem Job?" – „Nix zu meckern, so wie es ist, stand es im Prospekt!" grinse ich zurück. „Na ja, Sie wuppen das ja auch ganz gut. Man merkt nicht mehr, dass es ihr erster Job als Funker ist." Für diesen Alten ist das 'ne ganze Menge Lob, ich gebe mal die nächste Runde aus.

Das Löschen der Teilladung geht zügig voran, zum Dampfer zurückgekehrt hängt ein Schild an der Gangway: LANDGANGSENDE 20:00 UHR. Also, kein nächtlicher Ausflug in die Niederungen von Charleston. Vielleicht ein anderes Mal.

Und tatsächlich, den Amis gelingt eine Punktlandung, um 20:00 Uhr werden die Luken dicht gefahren, wenig später sind wir klar vorn und achtern. Um 21:30 Uhr stehe ich in der Nock und schaue auf die sich entfernende City zurück. Meine Erinnerung an dieses erste Mal in Charleston besteht aus einer höchst ärgerlichen Einklarierung und drei Gläsern Schlitz Bier. Ende der Durchsage.

Bis Baltimore sind es nur 530 Meilen. Etwas mehr als eine Tagesreise. Und die letzte Etappe bis zu diesem Hafen fahren wir durch die Chesapeake-Bay, eine in Nord-Süd-Richtung verlaufende gewaltige Bucht mit mehreren Häfen an ihren Ufern. Wir passieren Hampton Roads, einen der größten Kohlehäfen an der US-Ostküste, an Backbord gleitet wenig später die Marinebasis Norfolk vorbei, in der Abenddämmerung blicken wir auf eine ganze Reihe grauer Navy-Schiffe, zwei gigantische Flugzeugträger dazwischen. In der Nacht dann Ansteuerung Baltimore, der Lotse bringt uns unverzüglich an die Pier. Kurz nach Mitternacht ist die Gangway unten, der Klarierungstrouble bleibt uns aber erspart, den Zirkus muss man lediglich im ersten US-Hafen über sich ergehen lassen. 30 Stunden sind als Liegezeit eingeplant, für mich ist Feierabend, ich haue mich in die Koje.

Morgens ist Hektik angesagt. Während die Bananenkartons in endloser Kette in den angrenzenden Schuppen wandern, ist bereits in aller Frühe der Schiffshändler mit einem Truck vorgefahren. Die Gilbies packen die einzelnen Güter auf Paletten, die werden mit bordeigenem Geschirr an Deck gehievt. Der Händler sitzt mit dem Alten in der Messe, die Bierfrage ist noch nicht geklärt. Bier gehört zu den unabdingbaren Betriebsstoffen eines deutschen Seeschiffes, und wir sind mittlerweile fast trocken gefallen. Der Ami kann auch deutsches Bier liefern, aber zu einem üppigen Preis. Ami-Bier wiederum wäre günstig, schmeckt aber nach übereinstimmend geäußerter Ansicht der Crew nach Hundepisse. Nimmt der Alte jetzt trotzdem Amibrühe und wir gehen in der Anschlussreise nach Europa, kommt dort natürlich Beck's an Bord, und er bleibt auf der amerikanischen Jauche sitzen. Er stellt die Frage zur Abstimmung, und wir votieren einstimmig für deutsches Bier mit moderater Anhebung des Bierpreises. Der Alte stört sich an dem Begriff „moderat", letztlich würde der Einkaufspreis auch die Erhöhung bestimmen, aber schlussendlich kauft er eine gute Ausstattung Beck's, sollte später eine Ergänzung in Europa möglich sein, will er beide Kontingente in einer Mischkalkulation verscherbeln. Damit können wir leben. Die anderen Kantinenwaren sind preislich teilweise sogar günstiger als drüben in Germany, wir statten uns üppig aus.

Am späten Vormittag Zoff an Deck. Seeseitig hat eine Bunkerbarge festgemacht, wir beziehen Diesel und Schweröl. Bei den Amis ist das immer ein wenig kritisch, die sind total allergisch gegen „water pollution", gerät nur ein Tropfen Öl ins Hafenbecken, laufen die Behörden Amok. Blöderweise schwimmt so eine kleine bunte

Spur an unserer Bordwand, als zufällig ein Boot der US-Coastguard vorbei tuckert, und schon ist die Kacke am dampfen. Minuten später stoppt ein ‚Pick Up' mit USCG-Emblem an den Türen vor unserer Gangway, einige Uniformierte besteigen unseren Zossen und verlangen den Kapitän zu sprechen.

Im Nu ist die größte Diskussion im Gange, die Yankees unterstellen, dass das Öl von unserem Betankungsmanöver stammt. Wir dementieren. Sprenkelbacke schleppt die Küstenwach-Heinis an den Übergabepunkt, wo die Schläuche angeschlagen sind, der Storie hält dort Wache, und es ist auch tatsächlich keine Tropfen Öl zu sehen, weder an Deck noch im Wasser. Die Coastguard-Typen von dem Boot haben inzwischen die Bunkerbarge geentert, auch dort werden sie nicht fündig. Mürrisch zieht der ganze Haufen schließlich ab, es ist kaum zu widerlegen, dass die Ölspur woanders verursacht wurde. Sprenkelbacke atmet tief durch, hätten uns die Amis eine Leckage bei unserem Equipment nachgewiesen, wären schnell einige Zehntausend Dollars Strafe fällig geworden. Und alles, was sich um das Bunkern dreht, fällt in Sprenkelbackes Verantwortung.

Landgangsende ist am Folgetag um 04:00 Uhr. Eine Riesensause ist heute nicht ratsam, wenn wir ganz früh auslaufen sollen. Aber ein bisschen Shopping muss sein, in Amiland gibt es so ein paar Dinge, die zu dieser Zeit deutlich günstiger als zu Hause angeboten werden. Fritz kennt sich aus, zunächst fahren wir ‚vier Mann hoch' mit 'nem Taxi zu einem Army-Navy-Store in Hafennähe. T-Shirts, 1A-Qualität, „Fruit of the Loom" und solche Sachen stehen auf dem Einkaufszettel. Etwas Wäsche, ein paar prima Holzfällerhemden. Und ‚Levys' zu Spottpreisen, für die Kohle, die du in Deutschland hinlegen darfst, kannst du hier drei kaufen. Wir fahren weiter, ein riesiger Supermarkt, Toilettenartikel deutlich billiger als in der Bordkantine, dazu noch einige Gimmicks, die der Alte gar nicht in seinem Store fährt. Peanuts in Riesendosen, irgendwelche Weingummis, alles Mögliche an Naschereien, solches Zeug vermisst man doch irgendwann.

Fritz muss zurück an Bord, Nachtwache, die löschen die Nacht durch. Er nimmt im Taxi die ganze Shopping-Beute mit, wir anderen drei, Assi Kalle, der Storie und ich wollen doch noch die Lage peilen, irgendeine gute Kneipe lässt sich vielleicht finden. Der Taxifahrer empfiehlt einen Schuppen einige Blocks weiter, also hin da. Die Bar ist brechend voll, auch ein Haufen Weibchen sind drin, aber nahezu alle in Begleitung, 'ne Seemanns-Pinte ist das schon mal nicht. Egal, wir kämpfen uns zur Bar vor. Ich bestelle drei ‚Screwdriver', so ein Wodka-Orange-Gemisch. Die Barmaid knallt mir sechs hin, kassiert aber nur drei. Als ich auf den vermeintlichen Fehler hinweise, kräht sie: „Two for one, all night long!" und deutet auf ein Schild über der Bar. Ach so, die haben hier 'ne Aktion laufen, zahl einen Drink und sauf zwei. Aber gerne, wir passen uns geflissentlich den Landessitten an. Kalle versucht ein paar Girls anzumachen, aber die Resonanz ist dürftig. Storie findet die „Two for one-Masche" prima und ordert bereits die nächste Hiev. Nach einiger Zeit stehen bereits jede Menge von den Plastikbechern mit der Brühe um uns herum, wir haben wohl alle zeitgleich geordert. „Hau wech den Scheiß!" Als wir uns um Mitternacht aus dem Schuppen bewegen, haben wir ganz schön geladen.Storie winkt ein Taxi heran, wir wollen zurück aufs Schiff, passt eh' nix mehr in uns rein.

Ich schwinge mich auf den Beifahrersitz, die anderen beiden nach hinten. Ich gebe dem Fahrer Order, zum Hafen, Schuppen so und so. Der lehnt das prompt ab, nicht zum Hafen um diese Zeit, zu gefährlich. Wir diskutieren, aber er bleibt stur. Also wieder raus aus der Karre, beim Aussteigen donnert Storie noch eine gewaltige Blähung in den Fahrgastraum, als kleines Dankeschön für den nicht stattgefundenen Transport. Der Typ keift irgendwas hinter uns her und rauscht mit geöffneten Fenstern ab. Wir schlendern ein Stück die Straße runter und beratschlagen, wie wir nun zum Dampfer kommen sollen. Die Hafengegend sah ja auch tagsüber reichlich runtergekommen aus, aber dass das hier nachts eine „No-Go-Area" ist, wussten wir nicht. Da hält neben uns ein Taxi, am Steuer ein breit grinsender Schwarzer.

„Need a cab, guys?" Na logisch, nichts benötigen wir dringender. Wir klettern in die Karre, die ist fast so heruntergekommen wie das ganze Hafenviertel. Der Schwarze grinst immer noch über alle vier Backen, in dem Wagen herrscht ein ganz merkwürdiger Geruch. Wir nennen das Fahrtziel, er nuschelt „OK" und grinst noch breiter. Dem macht das scheinbar nichts aus, dass es in die gefährliche Hafengegend gehen soll. Die Karre klappert los, hoffentlich hält die noch bis zum Port durch. Auf einmal kriegt der Fahrer einen Lachanfall. Völlig grundlos. Ich gucke nach hinten zu den anderen beiden, Assi Kalle tippt sich an die Stirn. Der Fahrer kichert immer noch. Storie fragt „Soll ich ihm was vorn Poller kloppen?" . „Lass das, Storie, mit ohne Zähne fährt der uns auch nicht zum Hafen", erwidere ich. Der Schwarze quietscht vor Vergnügen, der hat komplett ein Rad ab. „Der ist völlig zugekifft", meint Kalle, „was glaubt ihr, was hier so komisch stinkt, der hat 'n ganz wildes Kraut geraucht." – „Den Mief könn' wir sofort ändern", verkündet Storie und lässt wieder gewaltig einen krachen. Der Schwarze kichert erneut wie irre, wir reißen an den Fensterkurbeln. Drei Vaterunser, wenn wir aus dieser Karre heraus kommen. Der kichernde Taxifahrer schafft es tatsächlich, uns am richtigen Hafentor anzuliefern. Statt einer verständlichen Preisforderung gackert er weiter fröhlich vor sich hin und hält nur die Hand auf. Wir drücken ihm ein paar Dollars in die Pfote und trollen uns Richtung Dampfer.

Auch in Baltimore wird der Zeitplan exakt eingehalten, am frühen Morgen sind die Luken dicht, der Lotse an Bord und ein Schlepper längsseits, wieder haken wir einen Hafen ab.Es beginnt der Tagestrip zurück nach Charleston.

Nun laden wir also Stückgut. Unmittelbar nach dem Festmachen großer Aufmarsch an der Pier, eine ganze Reihe von Trucks steht zwischen Schuppen und Kai, alle mit gewaltigen Kartonage-Rollen beladen.

Wir übernehmen die Dinger mit eigenem Ladegeschirr, die schwarzen Hafenarbeiter gehen ziemlich ruppig mit der Ladung und auch unseren Winden um, Blitz Jochen ist kurz vorm Nervenzusammenbruch. Wenn die 'nen Windenmotor zu Bruch fahren, hat er den Mist an der Backe, es wird einfach vorausgesetzt, dass er den Schrott dann in Nullkommanix repariert. Die Rede ist von Auslaufen um Mitternacht, ich überlege, ob ich noch mal in die Stadt fahren soll. Letztlich entscheide ich mich dagegen, Einkäufe sind bereits erledigt, und den Nachmittag oder Abend in einer Kneipe verbringen will ich heute auch nicht. Ich setze mich in die Funkbude und schreibe Postkarten.

Am Abend kommt noch spezielle Ladung, wir übernehmen zwei Trucks, gelb lackierte Viertonner, die wohl auch für die Bananen-kompanie in Panama zum Einsatz kommen sollen. Einer schwebt gerade in der Luft, als ein Windenmotor zickt. Das Gefluche von Jochen ist bis zur Brückennock zu vernehmen, der LKW schwebt noch geraume Zeit da oben, bis der Motor wieder läuft.Am nächsten Morgen sind wir auf See.

Vier Tage später schweben die Trucks wieder über den Luken. Wir haben in Almirante festgemacht, einer kleinen Hafenstadt an der Karibikküste Panamas. Bananenland. Das Städtchen ist umgeben von Plantagen, „La Compania" ist auch hier der Marktführer für Alles und Jedes. Kaum an der Pier, fällt die landesübliche Horde der Staatsmacht über uns her, der übliche Deal „Abfertigung gegen Whisky und Zigaretten" geht über die Bühne. Inzwischen betrachte ich diese Einklarierungspartys gelassen, das gehört hier zum All-tagsgeschäft, die Welt ist, wie sie ist. Als der Beamtenschwarm verschwunden ist, bleibt der Agent noch ein wenig sitzen, wir plau-dern über alles Mögliche. Als er hört, dass ich noch nie eine Bana-nenplantage gesehen habe, bietet er spontan an, am Nachmittag mit ihm eine solche aufzusuchen. Herbie kann sich auch loseisen, der

Agent verfrachtet uns in seinen Toyota, und wir verschwinden im Busch. Nach einer guten Stunde Schaukelei über eine saumäßige und vom Regen mächtig aufgeweichte Piste erreichen wir die Packstation der Plantage.

Anlieferung der geernteten Bananen an der Packstation

Zunächst mal schleppt uns der Agent zwischen die in endlosen Reihen verlaufenden Pflanzen und erläutert uns das Anbausystem. Schnurgerade ausgerichtet in langen Reihen, stehen die Stauden, an ihren „Stämmen" der so genannte Fruchtstand. Bei zunehmendem Gewicht neigt sich der Fruchtstand mit seinem Büschel der Erde zu, die einzelnen Früchte aber wachsen nach oben, der Sonne entgegen. Und deshalb ist die Banane krumm, lerne ich an diesem Nachmittag.

Herbie und mir fällt der penetrante Chemiegeruch auf. Möchte gar nicht so genau wissen, was die da alles draufhauen. Wir sehen endlos lange Drahtseile, die an Metallstützen zwischen den Staudenreihen verlaufen. Es ist ein leicht montierbares und verlegbares Transportsystem, wie wir erfahren, damit werden die Fruchtbüschel zur Packstation transportiert, und zwar kilometerweit.

Bananen-Waschstraße

Die Packstation besteht aus einigen lang gestreckten, an den Seiten offenen Hallen, unzählige Arbeiterinnen pflücken an einer Art „Fertigungsband" die Bananen-Hände von den Büscheln, die Bananen passieren eine „Waschstraße" und werden dann schon mit den Chiquita-Aufklebern versehen und in 18-kg-Kartons verpackt, wir sehen das fertige Paket, wie es Wochen später bei uns im Supermarkt steht. „Wenn ich den Chemie-Mief hier rieche, vergeht's mir aber", meint Herbie. „Den Arbeitern wahrscheinlich auch", erwidere ich.Mit etwas gemischten Gefühlen fahren wir später zurück an Bord.

Wie gesagt, es ist in den Siebzigern. Die Debatten um Lebensmittelreinheit haben in Deutschland noch gar nicht richtig begonnen.

An Bord scharren alle schon mit den Hufen. Wir haben nur diese eine Nacht in Almirante, wenn die Trucks und die Papierrollen aus dem Schiff sind, laufen wir morgen nachmittags aus. Ziel Turbo, Kolumbien. Dort wird der größere Anteil der Bananenladung an Bord genommen, komplettiert wird die Fracht dann in Manzanillo, Dominikanische Republik. Der Agent hat diese Order heute hier angeschleppt und damit mittelprächtigen Beifall ausgelöst. Drei Häfen an der Chica-Küste, und als Sahnehäubchen Destination Rotterdam, das ist fast schon wie ein Heimathafen. In Rotterdam wird es auch den ganz großen Besatzungswechsel geben, die meisten Maaten sind länger an Bord als ich und damit reif für Crewchange. Laeisz löst sehr zuverlässig nach rund sechs Monaten Fahrtzeit ab, längere Verweildauern an Bord, wie sie früher gang und gäbe waren, sind bei dieser Reederei unüblich. Auch fast alle Gilbies fliegen nach Hause, die haben dann 12 Monate abgerissen und wollen nur noch weg. Aber zunächst mal ist wieder Party angesagt, wir sind immer noch in Häfen, die man getrost als Seemannsparadiese bezeichnen kann.

Wir pfeifen noch das Abendessen rein, dann geht's im großen Pulk die Gangway runter. Almirante ist wie die meisten der Bananaports an dieser Küste auch mehr oder weniger 'ne Kleinstadt. Kaum hat man ein paar Meter hinterm Hafenzaun zurückgelegt, kreischen irgendwelche Putas aus Kneipenfenstern: „Hola, Hombres, focki focki...", Kampfruf ungezählter Hafennutten, wenn die Maaten an Land schießen.

Wir sind zu viert unterwegs, Kalle, Herbie, Storie und ich. An den ersten Läden vorbei, mal schauen, wo das Ende der Freudenmeile ist. Das erreicht man ganz schnell, wirklich ein kleines Nest hier. Wir stiefeln in eine Bar, eine Bretterbude mit Bierwerbeschild und Pendeltür, aus dem Inneren dringt Jukebox-Radau. Storie stößt die Pendeltür auf und brüllt: „Fotzenkontrolle, alles aufstehen!" Mann, der ist ja jetzt schon in Hochform. Allerdings ist er am falschen Platz, hinterm Tresen hockt eine betagte Mulattin, die bei unsrem Anblick fast vom Hocker fällt. An der Bar zwei, drei Einheimische, die uns auch wie Aliens anstarren. Das scheint nicht der Schuppen zu sein, der sich normalerweise auf maritime Kundschaft spezialisiert hat. Kalle meint: „Also, wir lenzen hier mal 'n Drink, und dann hauen wir ab, ich hab' jetzt Brand." Gut, wir ordern eine Hiev ‚Tropical', das Standartbier in Panama.

Wir pumpen die Brühe fast auf Ex ab, die Thekentante will nur ein paar Kujambels, wir löhnen in Dollars. Nächste Piesel, genau so ein müder Schuppen. Der wird von einem alten Panamesen gemanagt, Storie interviewt ihn mit Händen, Füßen und Pseudospanisch, wo den hier die Damens wären. Der alte Barkeeper deutet Richtung Port, der will uns nur schleunigst loswerden. Wir gehen auf Gegenkurs und nähern uns wieder dem Hafen, wahrscheinlich wäre doch die erste Kneipe der richtige Ort gewesen. Wir sind kurz vor dem

Laden, da ist von drinnen ein wüster Tumult zu vernehmen. Kalle peilt durch die offene Tür: „Ach du Scheiße, die Gilbies sind auf dem Kriegspfad, das können wir vergessen!" Da hat auch Storie keine Lust, die Kaschemme zu entern, und der geht sonst keinem Trouble aus dem Weg. Wir sind kaum ein paar Meter weiter getrabt, da sausen vier unserer Gilbies im wilden Schweinsgalopp aus der Bar und wetzen wie vom wilden Affen gebissen Richtung Dampfer.

Das Krakeelen in der Bude geht aber weiter, und da kommen auch schon die lokalen Ordnungshüter angewetzt. Fünf Mann zu Fuß, ich weiß gar nicht, wie die Alarmierung da abläuft, die haben keine Funkgeräte und der Bumsschuppen mit Sicherheit kein Telefon. Egal, die Staatsmacht rückt an, und zwar mit geschwungenen Knüppeln. Wir stehen gegenüber und gucken uns mal die Show an. Aus der Tür dringt noch eine Weile heftiger Klamauk, und dann kommen die fünf Uniformträger wieder raus. Auf den Schultern tragen sie den sich heftig windenden Steward Tiroko, die schleppen den ab wie ein gefesseltes Krokodil. Der ganze Trupp mit dem zappelnden Gilbie auf dem Ast verschwindet um die nächste Ecke. Ende der Vorstellung.

Nun betreten wir das Lokal. Oder das, was noch übrig ist. Die Saalschlacht hat einiges an Trümmern produziert, ein paar heulende Chicas hocken auch noch in dem Durcheinander, und wir haben nicht den Eindruck, dass da in Kürze wieder geordneter Puffbetrieb stattfindet.

Einer der Assis ist noch drin, der hat die Sache von Anfang an verfolgt und war während dem Höhepunkt der Schlacht mit den Chicas hinterm Tresen in Deckung gegangen. Der ganze Aufstand ging von Tiroko aus, der nach drei Drinks schon wieder hackevoll war und dann komplett aus der Rolle fiel. Seine Gilbie-Kumpels waren alkoholtechnisch noch gar nicht so weit, die wollten ihm nur solidarisch helfen, als der Hausknecht Tiroko an die Luft setzen wollte. Als aber irgendjemand „Policia" schrie, gaben sie Fersengeld, nur Tiroko fand nicht schnell genug den Ausgang. Morgen wird es also wieder einen Transport vom Kalabus zum Dampfer geben.

In erstaunlich kurzer Zeit wird aber die Kneipe wieder in Betrieb genommen, wir sitzen schon an der Bar, als um uns herum noch Aufräumarbeiten stattfinden. Es hat schon Gründe, warum in den

Hafenkneipen Mittelamerikas Zement und Blech vorherrschende Baumaterialien sind und die Jukebox meistens in einer Art eng verdrahtetem Hundezwinger untergebracht ist. Ein paar Blechmöbel sind verbogen, einige Eimer Glasscherben zu beseitigen, und schon läuft der Betrieb wieder an.

Also Chicas sind definitiv zu wenige hier. Jedenfalls solche, für die man dann auch eine Nacht hier verbringen will. Storie wird fündig, er erklärt aber auch recht derb, dass er heute sowieso keine großen Ansprüche mehr stelle. „Mir scheißegal, Hauptsache warm!" erklärt er kurz und bündig, bevor er mit einer etwas fülligen Señorita nach oben verschwindet. Wir bleiben an der Bar hocken und wimmeln die Mädels ab, die immer wieder mal den Versuch einer Kontaktaufnahme machen, nehmen einige Drinks, labern über alles Mögliche. Kurz nach Mitternacht sind wir wieder an Bord.

Am späten Nachmittag ist Löschende, Papier und Trucks stehen an Land, wir sind seeklar.Zwei Stunden später sitze ich in meinem Lampenladen, wie ich die Funkbude mittlerweile nenne und arbeite mich an den Auslauftelegrammen ab. Das zieht sich hin, Slidell-Radio scheint wieder mal unterbesetzt zu sein. Die Überfahrt nach Turbo ist keine große Sache, 20 Stunden maximal. Den Rest des Abends verbringe ich mit der Vorbereitung des beim Einlaufen fälligen Papierkrieges.

24 Stunden später, die Küstenreise nach Turbo war ein Klacks. Der kleine Hafen liegt am Rande einer Bucht und bietet für uns überhaupt keine Anlegestelle, wir ankern mitten in dieser Bucht und sollen dort auch beladen werden. Das kolumbianische Einklarierungs-Komitee erscheint besonders zahlreich, der Salon ist bis auf den letzten Platz mit schnatternden Officials besetzt, einer tut wichtiger als der andere. Der Immigrations-Heini tut sich besonders hervor, blättert in den Seefahrtsbüchern, als ob wir auf allen Fahndungslisten dieser Welt stünden. Auch hier soll ich Shore-Pässe für alle beschriften, gut, das kann ich nachher noch erledigen, wir bleiben ja hier vor Anker liegen und ein Boot für Landverbindungen wird erst für den Abend bestellt. Das Palaver geht weiter. Der Hafenarzt hält einen Vortrag zum Thema Geschlechtskrankheiten. Na vielen Dank auch, auf so was wären wir ja gar nicht gekommen. Der

scheint noch neu hier zu sein, wenn die Betreiber der einschlägigen Etablissements da drüben an der Küste mitkriegen, dass der Warnungen verbreitet, verschwindet der für immer im Busch, und zwar leblos. Es ist hier unüblich, die Geschäfte anderer zu stören. Auch der Agent hat einige Verhaltensregeln für uns parat. Nicht alleine an Land herumstreunen. Möglichst das von der Agentur bereitgestellte Boot nutzen, es pendelt zwischen Schiff und Küste je einmal abends um 20:00 Uhr, um 01:00 Uhr und morgens um 06:00 Uhr. Fahrten mit privat angeheuerten Bootsleuten sind brandgefährlich und enden häufig mit Ausplünderung. Die Mord- und Totschlagrate ist beachtlich hier in Turbo, also Augen auf! Unlängst hat ein Seemann sein Boot zum Dampfer verpasst und sich an der Holzpier selbst einen Bootsführer angeheuert. Drei Typen boten Transfer zum Schiff an, auf der Überfahrt raubten sie ihn komplett aus und setzten ihn dann halbnackt auf einer Boje aus. An die Boje geklammert fanden ihn dann später Arbeiter, die zur Frühschicht mit ihrem Boot Richtung Dampfer unterwegs waren. Und er zählte noch zu den Glücklichen, häufig stachen die Banditen ihr Opfer einfach ab und ließen es verschwinden. Wir liegen mit unserem Kahn also mitten in einer Art Kriegsgebiet.

Später relativiert der Chiefmate die Horrorszenarien ein wenig: „Aufpassen musst du hier in Kanakeranien in jedem Port. Klar, Kolumbien ist schon immer ein besonders heißes Pflaster gewesen, aber mit ein bisschen Hirn kommt man ganz gut zurecht. Wenn ihr das Boot verpasst, bleibt bei euren Weibern, die passen dann schon auf euch auf und setzen euch später am Tage auf den richtigen Kahn. Und das Gelaber mit dem Tripper ist auch überzogen, an der Westküste ist es viel schlimmer, da hast de schon einen am Arsch, wenn de nur die Sonnenbrille absetzt!"

Nach der Einklarierung diskutieren wir noch eine Weile die Besonderheiten an dieser Küste, Sicherheit bei Landgängen war immer mal ein Thema. Häufig bringen sich die Maaten selbst in üble Situationen, sturzbesoffen in dunklen Gassen eines Hafenviertels herum zu torkeln ist auch in Europa nicht frei von Risiken, ich würde es weder in Hamburg noch in Rotterdam drauf ankommen lassen. Hier drüben ist es halt noch 'ne Spur fischiger, die Messer sitzen locker und 'ne Knarre wird ebenfalls gerne rumgeschleppt und bei Bedarf auch hemmungslos verwendet. In den Siebzigern ist Kolumbien bereits Drogenland Nr.1 in dieser Region, die Staatsmacht hat nur sehr eingeschränkt Kontrolle über das örtliche Geschehen. Vorsicht ist in jedem Falle oberstes Gebot.

Anderseits haben kolumbianische Häfen den Ruf, die schönsten Frauen Lateinamerikas zu beherbergen. Da ist auch was dran, das in diesem Lande vorherrschende Völkergemisch hat wirklich außergewöhnlich hübsche Grazien hervorgebracht, und das schließt durchaus die in den Hafenbars arbeitenden Señoritas mit ein. Mancher Seemann droht schon vor lauter Vorfreude am eigenen Speichel zu ertrinken, wenn er erfährt, dass die Reise nach Kolumbien geht. Selbst in den unmittelbaren Nachbarländern, wie zum Beispiel Panama, arbeiten häufig Kolumbianerinnen in den einschlägigen Lokalen.

Drogen und Nutten sind die ersten beiden Begriffe, die mir heute, 40 Jahre später, noch bei der Nennung des Landesnamens Kolumbien einfallen. Wobei Drogen noch ein besonderes Thema sind. Selbst hatte ich mit dem Zeug nie zu tun, das traf aber nicht auf alle Piepels an Bord zu. So mancher Seemann hat sich da schon knüppeldick in die Scheiße gesetzt, indem er mal eben mit einem satten Quantum an Stoff nach Hause kam und dem Zoll in die Arme rannte. Schiffe aus Kolumbien waren damals schon bevorzugte Ziele für die ‚Schwarze Gang‘, die Hafenzollfahndung. Das hat sich übrigens bis heute nicht geändert. Auch hier warnte der Alte eindringlich davor, irgendwelche Nummern mit Drogen zu drehen.

Zwei Tage Liegezeit sind angesetzt, also zwei Nächte High Life für die Crew. Ich verkneife mir aber am ersten Abend den Landgang, gestern war Monatswechsel, ich will unbedingt alle Abrechnungen heute Abend fertig haben, der Alte gedenkt das Zeug vor Auslaufen auf den Tisch zu bekommen und ab Turbo zu verschicken. Kriege ich heute Nacht alles gebacken, habe ich dann morgen Luft und kann entspannt die zweite Hafennacht angehen. Ich sitze die halbe Nacht am Schreibtisch, die letzten Daten bekomme ich nach einigem Gequengel am folgenden Vormittag, Sprenkelbacke ist nicht der Schnellste mit den Arbeitsstundenzetteln seiner Leute. Aber dann ist alles eingetütet, gegen Mittag packe ich dem Alten sämtliche Abrechnungsunterlagen auf den Schreibtisch, der reißt dafür sofort zwei Flaschen Bier aus seinem Kühlschrank, und wir begießen den Monatsabschluss.

Draußen wird seit dem frühen Morgen mächtig geladen. Ein Verfahren, dass ich bisher noch nicht erlebt habe: Die Bananen werden in großen Bargen, also Frachtkähnen, mittels Schleppern beidseitig ans Schiff gebracht, einheimische Stauer in großer Zahl bilden quasi eine Ameisenstraße und schleppen die Kartons durch unsere Seitenpforten ins Schiff. Die Laeisz- Kühlschiffe sind tatsächlich mit Pforten in den Bordwänden versehen, da diese Art des Beladens vor Anker in einigen Häfen üblich ist. Wenn der Nachschub an Frachtkähnen nicht ins Stocken gerät, kann der Ladevorgang recht flott vonstatten gehen, allerdings ist der Personalaufwand beachtlich.

Bananen komm in großen Bargen ans Schiff

Beim Mittagessen schwirren schon die ersten wilden Storys über die Back, die Jungs, die gestern an Land waren, hatten ja wohl gleich gut hingelangt. Im Städtchen gibt es wohl zwei Etablissements, die sich als besonders attraktiv herausgestellt haben, dort hatte der größte Teil der Crew Stellung bezogen. Fotos fliegen über den Tisch, in einem der Läden tobte ein einheimischer Fotograf mit einer Polaroid herum und lichtete die Maaten und ihre Angebeteten ab, gegen Dollars versteht sich. Storie hatte wohl merklich zur Erheiterung beigetragen, er verschwand frühzeitig mit einer Chica in den oberen Gemächern. Als er Getränkenachschub benötigte, tauchte er in der vollbesetzten Bar wieder auf, und zwar splitternackt, lediglich um den Kopf hatte er sich den Büstenhalter seiner Señorita gebunden. Mit der Buddel Schluck unterm Arm verschwand er wieder nach oben, stehende Ovationen hinter sich lassend.

Einen versuchten Raubüberfall hatte es auch gegeben, einer der Assis wechselte über die Straße von einer Bar zu anderen, als ihn ein schwarzer Schlingel von hinten ansprang und an seiner Uhr riss. War sowieso Leichtsinn, in diesen Ports trägt man besser keine Armbanduhr.

Der Assi war allerdings von der kleinen, harten und zähen Sorte, mit einem Rundschlag traf er den Angreifer voll auf die Zwölf, und der ließ von seinem Vorhaben ab. Der Assi nahm aber auch fix die Beine in die Hand und verschwand in der Bar, man weiß ja nie, ob so ein Gauner Verstärkung im Hintergrund hat und wie schon gesagt, die Messer sitzen hier locker.

Früher Nachmittag, ich schieße mich noch ein wenig in der Offiziersmesse auf. Plötzlich Geschrei an Deck, Gelächter. Ich gucke raus, da haben doch die Gilbies einen Pelikan erwischt. Der hatte wohl mal an Deck eine Flugpause eingelegt, und unsere braunen Naturburschen aus der Südsee haben ihn gekrallt. Natürlich lassen sie ihn wieder fliegen, ich beschere ihm aber einen leicht verlängerten Aufenthalt, weil ich erst noch meine Kamera holen muss. Er muss kurz für Sparkys Fotoalbum posieren, dann darf er seine Reise fortsetzen.

20:00 Uhr, das Abendboot legt ab Richtung Shore, dieses Mal mit Sparks. Ich trage meinen Standarddress für Kanakeranien, höchste Gefahrenstufe, eine alte Jeans, in der Tasche nur den Shorepass, keine Uhr, und meine Kohle habe ich teilweise im Socken und teilweise in den hochgekrempelten Ärmeln meines Hemdes verschwinden lassen. Safety first. Die Nummer mit den Socken praktizieren fast alle, ich wundere mich, dass die Gauner hier an der Küste noch nicht dahinter gekommen sind.

Dumm gelaufen für den Pelikan

Das Boot hält an einer verfallenen Holzpier, dort ist schon ein ziemlicher Auflauf. Etliche Schlepper lungern rum, die uns an alle möglichen finsteren Orte entführen wollen, wildes Palaver in Spanisch und Englisch: „Holla Hombres, come quick, I show you good place, good girls, very young, focki focki very cheap!" Wir schlagen uns durch den Mob, die Maaten wissen schon, wo es lang geht. Kalle winkt einen Fahrer herbei, wir klettern zu dritt in die Karre, den Wagen halte er gestern schon vorbestellt. Wir rumpeln einige Minuten über löchrige Pisten, ein wenig außerhalb das Ziel. Eine Mauer mit Holztor, dahinter ein zweistöckiges Steingebäude, etwas Grünzug im Hof. Kalle labert mit dem Fahrer einen aus, Abholung ist mañana gegen sechs, wir dürfen das Boot nicht verpassen. Kalle grinst: „Den Laden kenne ich von früher, hier kommen die wenigsten her, und die anderen beiden Rambo-Mambo-Schuppen sind mir zu voll, da hüpft der ganze Dampfer rum." Wir stehen in Innenhof, auch der ist ein bisschen bestuhlt, in der Ecke eine holzgeschnitzte Bar, das sieht ja ganz manierlich aus, hätte ich in dem Dreckskaff gar nicht erwartet. Da kommt Mama San angesegelt, eine klapperdürre ältere Lady mit zuviel Farbe im Gesicht, aber kackfreundlich.

In flüssigem Englisch werden wir begrüßt und auf die Gartenstühle genötigt. Was ist das denn für ein vornehmer Schuppen hier? Hat Kalle den Edelpuff der Gegend ausgegraben? Und dann kreuzen die Chicas auf, eine hübscher als die andere, wir müssen uns beherrschen, dass uns nicht auf einmal die Spuckfäden aus den Mundwinkeln hängen. Wir plaudern, wir trinken zusammen, hier erinnert wirklich nichts an den üblichen Seemanns-Bums, den man so in der Nähe der Piers vorfindet. Ich bin verdutzt, ausgerechnet in Turbo, dass mir immer als Wildwestkaff geschildert wurde, hätte ich das nicht erwartet. Kalle ist stolz wie Oskar, na ja, er ist eher stolz wie Kalle, weil er den Laden „klargemacht" hat. Fritz und ich sparen auch nicht mit Lob. Wir verbringen hier wirklich eine angenehme Nacht.

Frühmorgens rauscht Mama San persönlich über den Flur und sorgt dafür, dass wir rechtzeitig klar vorn und achtern sind. Die Chicas kommen noch mit ans Tor, Küsschen, winke winke, eine Nummer, wie in einem kitschigen Film.

Der klapprige Ford bringt uns wieder zum Bootsanleger. Dort hängt die halbe PEKARI rum, bei einigen Maaten sind die Damens noch dabei und machen einen auf schmerzvollen Abschied. „Viajar con Dios, und bringe ausreichend Platas mit, wenn du wieder kommst." So oder so ähnlich.

Mit leichter Verspätung legt das Boot ab, es benötigt noch einige Zeit, bis mit vereinten Kräften auch Storie in dem Kahn verstaut werden kann, der ist noch voll wie ein Eimer und versucht ständig, wieder in Richtung Land auszubüxen. Dann knattern wir über die morgendliche Bucht, in einiger Entfernung sieht man unsren Zossen liegen, umgeben von Bananen-Bargen.

Die letzte Barge legt am frühen Abend ab, unverzüglich beginnen die Vorbereitung zum Auslaufen. Ich sitze in der Funkbude und warte auf Maaten, die noch Pesos zurückzahlen wollen. Fehlanzeige, die Jungs haben alles gewissenhaft auf den Kopf gehauen.

Kurz vor Mitternacht, seit zwei Stunden laufen wir mit 20 Knoten nach Nordosten. Nach einigen Versuchen habe ich in einem niedrigen Kurzwellenband tatsächlich eine Verbindung mit Norddeichradio zustande bekommen. Dort bin ich in der Liste, ein Reedereitelegramm an den Alten, ein Privattelegramm an einen Assi. Im Gegenzug setze ich die für die Reederei bestimmte Auslaufmeldung ebenfalls über DAN ab, die entsprechenden für United Brands gedachten Telegramme habe ich vorher schon an Slidell-Radio übermittelt. Die Ausbreitungsbedingungen in der Karibik haben mir schon manche lange Nacht an der Taste beschert, so ist das eben.

Als ich eben abschalten will, höre ich im Anschluss an die SP aus dem allgemeinen Rauschen auf 500 kHz ein schwaches Signal: „XXX XXX XXX DE YVG YVG YVG SY BLUE MOON 9V.... REPORT....OVERBOARD IN POSITION 11° 43'6.. N 68° 4.. W IN... CURAC..O SHIP...VICIN...EEP SHARP LOOK.....ASSIST... Der verstümmelte Funkspruch beinhaltet eine Dringlichkeitsmeldung, gesendet wurde er von La Guaira / Venezuela, aber inhaltlich war das Ding völlig unbrauchbar, die massiven Störungen ließen keine korrekte Aufnahme zu. Offensichtlich war jemand auf 'ner Yacht über Bord gegangen, die Position war unvollständig, irgendwo bei Curacao und damit weitab von unserem Kurs. Ich lausche noch geraume Zeit in den Äther, aber die Meldung wird nicht mehr wiederholt. Auch andere Schiffe zeigen keinerlei Reaktion, logisch, die meisten Sparks in diesem Seegebiet hatten schon lange abgeschaltet. Ein Alarmsignal war auch nicht zu hören gewesen. Irgendein armes Schwein schwamm da draußen im Bach. Ich lege das Fragment noch dem auf der Brücke wachhabenden Herble vor, aber der zuckt auch nur mit den Schultern. Wir können sowieso nichts tun. Ist zu weit weg.

Reisezeit nach Manzanillo bei 20 Knoten Speed knapp über vierzig Stunden. Ich forsche im Handbuch nach, was wollen die in der Dominikanischen Republik an Einklarierungspapieren sehen? Mein Vorgänger hat mir jede Menge brauchbarer Aufzeichnungen hinterlassen, aber die „Dom. Rep." ist nicht dabei, wurde wohl noch nicht angelaufen. Die haben aber keine speziellen Wünsche, ich bereite den üblichen Standard vor, in der Messe liegen schon seit dem Auslaufen Turbo die Zolllisten. Die ETA's für den Zielhafen sende ich über Slidell, den Küstenfunkstellen in Kanakeranien traue ich nicht so recht übern Weg, auch mein Vorgänger hatte davon abgeraten.

Einen Abend später ankern wir vor Manzanillo. Was für ein Nest. Eine Fingerpier, einige Schuppen, die Küste gesäumt von ausgefransten Palmen. Kurzer Funkkontakt zwischen Brücke und Port auf UKW-Kanal 16, der Lotse käme erst morgen früh, dann sollen wir an die Pier gehen und unverzüglich mit dem Laden beginnen. Das war's. Wir genießen wieder eine Bauernnacht, einige Stunden Ruhe, der Alte lässt die Seewache weiter laufen. Ich stehe neben Fritz in der Nock und peile mit dem Fernglas zum Ufer rüber. „Mann, das Kaff ist ja toter als tot, auf'm Ohlsdorfer Friedhof ist mehr los!" nöle ich. „Das sage ich dir, 'n Kumpel von mir war schon mal hier, absolut tote Hose, das eigentliche Dorf ist ein bisschen weiter weg, und man hat da alle Mühe, überhaupt hinzukommen. Ich glaube, ich pfeife auf Landgang, lohnt sich nicht", meint Fritz. Na gut, ich warte mal ab.

Tatsächlich gehen wir früh am Morgen Anker auf, ein ‚Piloto' steht wichtig hinterm Rudergänger, als ich die Brückentür aufstoße. Aus dem Anlegemanöver macht er ein Riesenkino, veranlasst ständig widersprüchliche Maschinenkommandos, und prompt klingelt das Telefon. Sprenkelbacke fragt aus der Maschine an, ob sie auf der Brücke den Arsch offen hätten. So könne man mit seiner Maschine nicht umgehen. Schließlich macht der Alte dem Lotsen klar, dass es so nicht funktioniere, er möge doch mal nachvollziehbare Anweisungen geben und nicht diese „Vor, zurück und Dann-doch-nicht-Orders". Der Lotse guckt beleidigt, aber dann haut es doch einigermaßen hin. Wir legen an.

Die Einklarierungsparty ist so richtig á la Karibik. Viel zu viele Beamte, wichtiges Getue, und ganz flink verschwinden wieder einige Whiskyflaschen in den Aktentaschen. Der Agent der Bananencompany, ein Yankee, scheint hier aber einiges an Einfluss zu haben, ein paar Mal geht er dazwischen, wenn die ‚Officiales' die Angelegenheit zu sehr verzögern, im Grunde hat er das Sagen und nicht dieser aufgeblasene Uniformheini, der die Kolonne anführt.

Nach 'ner Stunde trollt sich der Verein, und wir sind offiziell einklariert.

Mittlerweile hat auf der anderen Seite der Fingerpier ein altes Minensuchboot festgemacht, die machen da mächtig Tamtam an Deck, alle paar Minuten hört man die Bootsmannpfeife zwitschern. Der Agent grinst: „Meine Herren, darf ich vorstellen, hier liegen 50 Prozent der dominikanischen Navy, der Krieg kann beginnen!" Es stellt sich heraus, dass die „DomRep" gerade mal über zwei solcher Boote verfügt, das ist die komplette Marine des Landes.

Zügig beginnt der Ladebetrieb, LKWs bringen in Reihen die Chiquita-Kartons an die Pier. Am folgenden Morgen ist Auslaufen geplant, könnte zu schaffen sein, wenn das Tempo beibehalten wird.

Das Interesse der Crew in Sachen Landgang ist mäßig, nur wenige Piepels haben ein paar Dollars bestellt. In unmittelbarer Nähe des Anlegers befindet sich rein gar nichts, man benötigt irgendeine Transportmöglichkeit, um ins Dorf zu gelangen. Taxen gibt's nicht. Kalle und ich quatschen abends einen Trucker an, der nimmt uns prompt mit. Eine Viertelstunde Geschaukel über einen holprigen Feldweg, dann die ersten Bretterbuden. Wir haben dem Trucker verklarfiedelt, dass wir eine Kneipe suchen, er stoppt an einer Abzweigung und deutet zu einer im Hintergrund stehenden Hütte, genauer gesagt ein Blätterdach auf Holzpfählen, offen nach allen Seiten. Wir jumpen vom Truck, Kalle steckt dem Fahrer 'ne Schachtel Kippen zu, und wir nähern uns diesem Gebilde. Tatsächlich, eine Art Kneipe. Die Mitte unter der Überdachung wird von einem aus Brettern gezimmerten Rundum-Tresen eingenommen, dahinter der Patron. Eine Bardame gibt's auch, die ist so um die 60 und hat nur noch zwei Zähne, wie sie uns breit grinsend sogleich demonstriert. „Einen für Suppe, einen für Kuchen", meint Kalle. Vor dem Tresen zwei, drei Einheimische, die uns anglotzen. Mein lieber Schwan, hier sind wir in einem wahren Vergnügungszentrum gelandet. Wir ordern ein Bier. Gott sei dank gibt's 'ne Kühlbox, kalt ist das Zeug wenigstens. Draußen stoppt wieder ein LKW, und raus kraxelt der Deckschlosser, der hat sich auf eigenen Faust auf den Weg gemacht. „Moin, Timmi, hock dich hin, der Bus mit den Chicas kommt gleich!".- „Wenn die alle so aussehen wie der Feger da hinter der

Bar, braucht kein Bus zu kommen, dann tut's auch 'n Leichenwagen!" lautet die Antwort. Nun sitzen wir zu dritt an dieser Theke und fragen uns, was zum Teufel wir hier eigentlich verloren haben. Vor der Piesel haben sich mittlerweile einige Kinder zusammengerottet, für die sind wir so was wie Außerirdische. Wir steigen von Bier auf Cuba Libre um, mit schön viel Eis, dann ist morgen wieder Durchfall angesagt. Timmi interviewt die Einheimischen, ob es hier wohl noch mehr Bars gäbe. Und Señoritas. Die zucken mit den Schultern, deuten irgendwo in die Dunkelheit, und zwar in alle Richtungen. Da ist aber nix, selbst die Bretterhäuschen ringsumher sieht man nicht mehr, Straßenbeleuchtung Fehlanzeige. „Scheiß drauf, wir trinken noch ein paar und hauen ab zum Dampfer!" Aus den paar wurde dann aber doch eine ganze Menge, wir löffelten 'ne stattliche Anzahl Rum mit Cola in uns hinein. Irgendwann dann um Mitternacht der finale Rettungsschluck. Jetzt haben wir ein Problem, schon geraume Zeit waren keine LKWs mehr vorbei gekommen, der Ladebetrieb ist wohl unterbrochen. Wie gelangen wir zu unserem Schlorren? Timmi quatscht den Patron an, etwas mühsam mit seinem selbst gebastelten Spanisch, wenn er ein Wort nicht weiß, hängt er an den deutschen Begriff einfach ein A oder O an. „Mira, Kneipiero, Is'possible uno Taxi oder sowatt?" Wir unterstützen das Interview mit unseren rudimentären Sprachkenntnissen, und siehe, es scheint eine Lösung für unser Problem zu geben. Der Patron schickt eines der Kinder weg, die dort immer noch vor der Pinte herumhängen.

Wir warten eine Weile, dann kreuzen drei Halbwüchsige auf – mit Pferden. Wir fallen fast vom Bar-Schemel, als die Kavallerie erscheint. Der Patron deutet auf die berittene Abteilung, bitte schön, Señiores, euer Taxi. Ich glaub's nicht. Die anderen beiden auch nicht. Aber eine Alternative haben wir kaum, falls wir nicht durch den dunklen Busch Richtung Dampfer stolpern wollen. Also gut, zunächst löhnen wir unsere Zechkosten, teuer war es nicht, wir geben gut Trinkgeld und werden von der Bardame dafür noch mal mit dem vollen Anblick ihres zweiteiligen Gebisses belohnt. Der Patron verrät, dass jeder der „Taxireiter" fünf Dollar für seine Dienste bekäme. Akzeptiert. Wir treten vor die Kaschemme, ich schaue mir die Viecher mal näher an. Das sind doch keine Pferde, das sind Maultiere, die haben riesige Ohren und stehen recht gedrungen auf kurzen Beinen. Ich deute auf das Vieh und frage den Besitzer „Mula?" – „No Señior, caballo!" schallt es leicht beleidigt zurück. Er besteht also darauf, dass das Maultier ein Pferd sei. Meinetwegen. Nun beginnt das Aufsitzen, mit jeder Menge Rum in der Rübe nicht unbedingt ein leichtes Unterfangen. Die Biester tragen eine Art Holzsattel, mit Stroh unterfüttert, und für die Übertragung der Steuerkommandos einen Tampen im Maul, der als Zügel gebunden ist. Timmi geht mit Schwung den Sattel an und fliegt prompt auf der anderen Seite wieder runter, großer Spaß bei allen Beteiligten. Die Sache hat einen gewissen Unterhaltungswert. Kalle schafft es beim ersten Versuch, oben zu bleiben, mir gelingt es ebenfalls. Schließlich managt auch Timmi den Aufstieg, die drei „Caballeros" setzen sich hinter uns auf den blanken Mauleselpferdehintern, und auf geht's.

Die Biester setzen sich in Bewegung, ein nicht gerade angenehmes Geholper und Gestolper, ich hüpfe in dem Holzsattel auf und ab und in mir hüpft der Cuba Libre auf und ab. Timmi flucht hinter mir: „Scheiße, meine Eier!" Das Tier hat wirklich riesige Ohren, ich gucke praktisch dazwischen durch, wenn ich nach vorne peile. Mein „Lenker" drückt mir auf einmal den Tampen-Zügel in die Hand, ich solle selber lenken. Ich ziehe mal schüchtern an der Backbordseite, keine Reaktion. Ich ziehe stärker, da dreht das Vieh den Hals und glotzt mich an, läuft aber stur weiter auf der Piste. Ich gebe es auf, die Biester traben eh' Richtung Hafen.

Es hätte beinahe reibungslos geklappt, wenn nicht diese blöde Brücke gekommen wäre. Die überquert auf halber Strecke eine kleine Schlucht, die mit irgendwelchem Gestrüpp völlig zugewachsen ist. Timmis Mähre und mein Transportmittel traben nebeneinander, für Kalle ist kein Platz mehr. Da tobt sein Gaul einfach die Schlucht runter und drüben wieder hoch, aus der Dunkelheit hören wir das spanische Geschnatter des Maultierpiloten und die Flüche von Kalle, der von dem Gestrüpp heftig malträtiert wird. Als er auf der anderen Seite wieder zu uns stößt, hat er sich jede Menge Dornen eingefangen und ist nur noch eingeschränkt guter Laune. Der Rest der Reise verläuft dann aber ohne Zwischenfälle. Am Hafentor vor der Pier zahlen wir die Mulitreiber aus und verholen uns an Bord.

Unser „Höllenritt von Manzanillo", so stellen wir die Sache später leicht dramatisiert dar, war noch tagelang Messegespräch.

Den Rest der Liegezeit habe ich keinen Fuß mehr an Land gesetzt. Manzanillo gab nichts her für uns Seeleute, wenn man von unseren reitsportlichen Aktivitäten absieht.

Vier Tage später. MS PEKARI hat knapp die Hälfte der achteinhalbtägigen Reise von Manzanillo nach Rotterdam bewältigt, wir wühlen uns über den winterlichen Nordatlantik.

Ich sitze in der Funkbude und warte auf das Wach-Ende, ab 20:00 Uhr gedenke ich mit dem Chiefmate eine Partie Schach zu spielen. Da taucht in der letzten Liste von Norddeich unser Rufzeichen auf, wer will jetzt noch was von uns? Anruf auf Kurzwelle, ich werde nicht sofort gehört. Erneuter Anruf, jetzt hat mich der Kollege in Ostfriesland wahrgenommen, ich werde zur weiteren Abwicklung des Funkverkehrs auf einen Arbeitskanal verwiesen. Wartezeit fast 15 Minuten, dann höre ich DIFK, meine „Hausnummer". Ich tippe das zügig gesendete Telegramm direkt in die Schreibmaschine, siehe da, es bleibt in Europa nicht bei Rotterdam.

United Brands hat unsere Bananenladung nun für zwei Häfen vorgesehen, ein Teil Rotterdam, ein Teil Oslo. Dadurch wird unsere Liegezeit in Rotterdam glatt halbiert, weniger Zeit für alle geplanten Aktivitäten wie Besatzungswechsel, Proviantübernahme, Bunkern. Entsprechend begeistert guckt der Alte, als ich ihm die Message auf den Tisch lege. ‚Dir kann es doch eigentlich egal sein', denke ich, ‚du wirst doch sowieso abgelöst!' Es ist ihm wohl aber nicht egal, mit seinem Job ist er dermaßen verwachsen, dass er sich selbst die Probleme, die sein Nachfolger zu bewältigen hat, noch zu Eigen macht. Ich bedaure seine bevorstehende Ablösung ein wenig, von seiner Neigung zu gelegentlichen nächtlichen Spontanpartys mal abgesehen, war eigentlich ein prima Kapitän. Ich hätte mir für meinen Einstieg in diesen Beruf keinen Besseren wünschen können. Für uns Funker ist der Kapitän die maßgeblichste Figur an Bord. Gut, für andere Dienstgrade sind sie das letztendlich auch, aber da sind noch etliche Vorgesetzte dazwischengeschaltet, die einem das Leben schwer machen können. Für den Sparks aber zählt nur der

Alte, sonst hat mir niemand etwas zu erzählen. Punkt! Und wenn nun wie in diesem Falle ein Schiffsführer, mit dem man gut zurechtkommt, die Koffer packt, ist das erst mal weniger angenehm. Man weiß ja nicht, was für ein Stratege da demnächst das Kommando haben wird.

Besagtes Telegramm löst zunächst keine weiteren Aktivitäten aus, der Alte will erst am nächsten Morgen eine Message absetzen lassen, unser ETA für Rotterdam hat weiter Bestand. Pünktlich um acht schalte ich meinen „Lampenladen" ab, Feierabend.

Nach dem Verlassen eines Hafens, besonders eines Hafens mit hohem „Freizeitwert", herrschte zunächst mal Ruhe im Schiff, die Maaten erholten sich entweder von der arbeitsintensiven Liegezeit oder von den anstrengenden Landgängen, im Idealfall von beidem. Nach zwei, drei Tagen jedoch fanden wieder gesellige Aktivitäten statt, und das waren nicht immer nur „Partys" auf irgendwelchen Kammern. Schachpartner fanden sich auf jedem Dampfer zusammen, Skatrunden sowieso. Diverse Brettspiele waren ebenso vorhanden wie eine, wenn auch meist recht bescheidene, Bordbücherei.

Mindestens eine Filmvorführung pro Atlantiküberquerung war Standard, sofern man die drei mitgeführten Streifen nicht schon bis zum Erbrechen konsumiert hatte. Leider fielen die geselligen Filmabende in den Achzigern dem sich immer mehr verbreitendem Videorecorder zum Opfer, in den Messen standen dann TV-Geräte mit Recorder und die Jungs guckten einzeln oder in kleinen Cliquen ihre mitgebrachten Filmkassetten.

Dünn sah es naturgemäß mit Zeitungen und Illustrierten aus, die waren in der Regel uralt und nach 'zig Runden durch alle Kammern in völlig zerfleddertem Zustand. Neues Material bekam man in Zentralamerika gar nicht und in den USA nur zu völlig überhöhten Preisen, auch ich habe einige Male einen ‚Spiegel' für acht Mark oder so an Bord geschleppt. Gelesen wurden diese Produkte dann aber auch wirklich bis zur letzten Zeile, ich glaube mich zu erinnern, dass ich einmal sogar das Impressum einer deutschen Illustrierten bis runter zum Büroboten eingehend studiert habe. Würde mir in Deutschland nicht im Traum einfallen.

Nun sitzen wir beim Chiefmate auf Kammer und versuchen uns am ‚Spiel der Könige'. Bei der Sache sind wir aber beide nicht so richtig, der Alte hat den Ersten über den zusätzlichen Hafen informiert, und der kommt ins Sinnieren. Als junger Matrose war er mal auf einem Kümo gefahren, einem Küstenmotorschiff in der Skandinavienfahrt. „Mann, das war ein Leben, dafür würde ich heute glatt die Bananenfahrt wegschmeißen. Meist waren wir nur 'nen Tag auf See, manchmal nur Stunden bis zum nächsten Hafen. Damals noch mit Stückgut oder mit Holz, das brachte noch ganz gute Liegezeiten. Und die Mädels in Norwegen oder in Schweden, die waren, ich sage mal, äußerst großzügig zu den Sailors, besonders wenn man an Bord zum Umtrunk einlud. Für 'ne Buddel Sprit fielen die sofort auf den Rücken, das is' alles sauteuer bei denen, aber heiß begehrt. Und Kohle brauchten wir auch kaum, wir haben alles durch Schmuggel finanziert. Sprit war das Zauberwort, dafür kriegtest du alles."

„Ging das denn immer gut mit der Schmuggelei?" – „Meistens. Wir waren ja nicht so doof und haben das Zeug in der Kammer versteckt, meistens in der Maschine oder im Kabelgatt oder sonstwo. Ein Stürmann hängte immer ein paar Buddels in einen mit Eisen beschwerten Zampelbüddel an 'ner Schnur außenbords. Wenn die schwatte Gang wieder weg war, wurde das Zeug dann hoch gehievt und direkt an den Endabnehmer verscherbelt. Das waren in der Regel die Stevedores, wie die das dann weiter aus dem Hafen brachten, war deren Problem." „Aber das war doch ein Haufen Maloche, wenn man in so dichter Folge durch die Häfen geht?" – „Klar, seemännisch gesehen war es eine größere Herausforderung als hier, man war ja in permanenter Revierfahrt unterwegs, oft auch bei beschissenen Wetterbedingungen, Nebel und so. Aber Langeweile kam da nie auf, hier kannste das schon mal haben, denke an den Trip drei Wochen Überfahrt zum Perversergolf, drei Tage löschen und drei Wochen zurück. Nee, also die Kümofahrt, die ist da unterhaltsamer. Wenn sie nicht dieses Zweiwachensystem fahren würden, wäre ich vielleicht dort hängen geblieben!" – „Wie, Zweiwachensystem?" – „Na, auf den kleine Schlorren, so mit 499 BRT, da hast du seit einiger Zeit nur noch den Alten und den Stürmann, sonst keinen Patentinhaber mehr. Die lösen sich sechs um sechs Stunden ab, und im Hafen malochen die oft durch. So 'n Alter kommt manchmal 24 Stunden nicht von der Brücke, wenn alles zusammenkommt, Nebelfahrt und so. Kann auch mal mehr werden."

Na danke, das ist ja nackter Stress im Vergleich zur ‚Großen Fahrt', in der wir hier unterwegs sind.

Und ich war gar nicht mal traurig darüber, dass Funkoffiziere in der ‚Kleinen Fahrt', in der die Kümos überwiegend zuhause sind, so gut wie nie auftauchen. In den Siebzigern gab es ja noch die klassische Unterteilung der Fahrtgebiete in ‚Kleine Fahrt', also Nord- und Ostsee bis hoch zu einem bestimmten Breitengrad, ‚Mittlere Fahrt' weitergehend bis rund ums Mittelmeer, und ‚Große Fahrt' weltweit. Und wir „Antennenheizer" waren eben nur auf Pötten über 1.600 BRT in der „mittleren" und der „großen" Fahrt tätig, auf Kümos bediente ein Steuermann in Nebenfunktion den Sprechfunk.

Die Tage bis Rotterdam vergehen schnell. Je weiter wir uns Europa nähern, umso schlechter wird das Wetter.

Blick durch die Klarsichtscheibe auf das sturmumtoste Vorschiff. Die sich schnell drehende Scheibe schleuderte Regen und Spritzwasser nach außen weg und ermöglichte so freie Sicht

Stürmischer Wind pfeift uns um die Ohren, wenn mal die Brücken-tür zur Nock geöffnet wird, immer wieder brechen sich Wellen über der Back, als wir heftig stampfend und rollend nordostwärts schau-keln. Die nassen Tischtücher in der Messe sind wieder Dauerein-richtung. Aber überall fröhliche Gesichter, gut zwei Drittel der Crew werden im nächsten Hafen von Bord gehen, denen ist das Wetter so was von egal, es juckt die überhaupt nicht mehr. Auch die Tatsache, dass das miese Wetter den Alten dazu veranlasst hat, mit der Fahrt runter zu gehen, geht den Urlaubern komplett am Hintern vorbei. Wenn man auf gepackten Koffern sitzt, kommt es wohl auf einen Tag mehr oder weniger nicht mehr an.

Ich tauche in meinen Verwaltungsjob ein. Ein so umfassender Crew-Change bringt natürlich eine Menge Schreiberei mit sich, die Endabrechnungen sind zu erstellen, Seefahrtsbücher werden mit entsprechenden Eintragungen versehen, ich sitze etwas vergrätzt an meinem schwankenden Schreibtisch und arbeite mich durch den Papierberg. Sehr lästig, wenn man nichts mal eben so hinlegen kann, weil es gleich quer durch den Raum fliegt. Alles muss irgend-wie fixiert werden, ich ersinne immer merkwürdigere Klemm- und Festhaltekonstruktionen, um meine Listen am Flugdienst zu hindern. Als wir endlich in den englischen Kanal einlaufen und damit eine Wetterberuhigung eintritt, bin ich alles andere als traurig.

Kalle taucht in der Funkbude auf, fröhlicher Genosse etlicher Landgänge. „Moin Bernd, ich glaube, ich muss mal telefonieren, zu Hause wissen die noch gar nicht, dass ich wieder aufkreuze." – „Wie, hast du dich noch nicht angemeldet, du weißt doch schon seit Wochen, dass du hier abgelöst wirst?" – „Wozu denn, die merken das noch früh genug, wenn ich wieder da bin. Ne Olle habe ich zu-hause nich', und meine Mutter brauch' kein halbes Jahr Vorwarnung, wenn ich mal auftauche. Ich ruf mal nur 'nen Kumpel an, wir fliegen dann mal auf die Kanaren, die Sau rauslassen. Haben wir im letzten Urlaub so abgesprochen. Der soll jetzt mal buchen, deshalb ruf ich an!" Wir stehen fast querab Oostende, über die dortige Küstenfunk-stelle wickele ich das Telefonat ab. Während Kalle seinem Kumpel

Order für die Operation „Sau rauslassen" erteilt, denke ich so über die Hintergründe der meisten Sailors nach.

Verheiratet waren die Wenigsten, meistens nur die älteren Offiziere, mal ein Bootsmann oder ein Storekeeper. Eine feste Freundin wurde schon öfter mal erwähnt, aber in den Erzählungen schwang wenig Vertrauen in die Haltbarkeit dieser Beziehungen mit. Viele der Piepels wohnten noch bei Muttern, für eine eigene Wohnung sahen sie oft keine Notwendigkeit. Außerdem hatte man als seefahrender Junggeselle mit eigenem Hausstand immer das Problem, dass über Monate niemand die Post wahrnahm oder überhaupt nach dem Rechten sah, da war das ,Hotel Mama' immer noch die bequemste Lösung. Und genau wie bei Kalle bestand die Urlaubsplanung meistens aus Aktionen à la „Sau rauslassen".

Meine eigene Urlaubsplanung sah in jenen Jahren nicht viel anders aus. Man war zwei Monate zuhause und glaubte, irgendetwas nachholen zu müssen. Dabei hatten wir, besonders in der Zentralamerikafahrt, in einem Maße dort die Sau raus gelassen, wie es zuhause kaum möglich war.

Rotterdam. Wir liegen in einem der zahllosen Hafenbecken dieses größten europäischen Ports, und an Bord ist „Tanz im Kettenkasten". So bezeichnen die Maaten den Zustand größtmöglichen Durcheinanders. Schon kurz nach dem Festmachen kommen die ersten Ablöser an Bord, darunter der neue Alte, der neue Chief, und eine Kleinbusladung Gilbies wird auch angeliefert. Weitere Einsteiger werden im Laufe des Tages erwartet. Ich sitze am Schreibtisch, nehme die Bücher und die Heuerscheine der Neuen entgegen, trage Abmusterungen der Urlauber in deren Bücher ein, schüttele abwechselnd die Hände von Ein- und Aussteigern, es geht zu wie im Taubenschlag. Und zu allem Überfluss hampelt noch ein holländischer Fernmeldeheini mit Beamtenstatus um mich herum und überprüft die Funkstation, die alle zwei Jahre erforderliche Verlängerung des Funksicherheitszeugnisses ist fällig. So eine Art TÜV für die Funkgeräte, es gibt diese Überprüfungen in regelmäßigen Abständen für alle technischen Bereiche eines Schiffes, ohne diese Zeugnisse erlischt die Fahrerlaubnis. Bei diesem Kommen und Gehen aufgrund des Besatzungswechsels stehen wir uns alle gegenseitig im Weg, die Funkstation der PEKARI entspricht in der Größe einer gut möblierten Besenkammer. Ich sehe dem Holländer buchstäblich an, wie sich seine Laune verschlechtert, er fühlt sich von dem Personenverkehr in seiner Arbeit behindert. Aber fündig wird er nicht, mein Funkladen ist technisch OK, ich habe vor dem Einlaufen selbst noch mal alles gecheckt. Nach einigem Getue stellt er das Dokument aus, ich atme auf. Sind diese Typen bei ihrer Fehlersuche erfolgreich, fällt es doch irgendwie auf den Sparks zurück, das kann ich jetzt mitten im Kapitänswechsel überhaupt nicht gebrauchen.

Der alte Alte erscheint und verabschiedet sich, den neuen Alten bringt er gleich mit. Kurze Vorstellung, ein hoch gewachsener Vierziger, ziemlich zurückhaltend, schaut sich kurz um, nickt mir zu und verschwindet wieder. Mal sehen, wie es mit ihm läuft.

Sprenkelbacke holt sein Seefahrtsbuch ab. Im Anzug mit Krawatte, ich reibe mir erst mal die Augen. An Bord tobte der die meiste Zeit im Kesselpäckchen umher, in der Messe im ewig gleichen T-Shirt, jetzt marschiert der von Bord wie ein Bankdirektor.

Dann hauen meine Kumpels diverser Landgänge ab. Kalle empfiehlt sich grinsend: „Also, dann grüß mir die Chicas an der Bananenküste, ich käme demnächst wieder...!" Herbie holt seine Papiere, der neue Zweite kommt gleich mit und stellt sich vor. Storie geht ebenfalls, würde mich interessieren, ob er im heimischen Duisburg auch in die Kneipen marschiert und lauthals „Fotzenkontrolle" ankündigt. Zuzutrauen ist es ihm.

Als es Abend wird, sind fast zwanzig Mann abgereist, in der Messe lauter fremde Gesichter.

Man ist aber zügig im Gespräch, die Fluktuation an Bord ist ein Teil Normalität. Viele der Neuen kennen sich untereinander und auch den einen oder anderen Maaten aus der alten Crew, Laeisz ist halt eine überschaubare Reederei mit den acht Schiffchen unter Schwarz-Rot-Senf. Und ich kenne den neuen Dritten, der war zu meiner Zeit auf der Seefahrtschule in der Nautiker-Abschlussklasse, bei „Hermine" sind wir uns ein paar Mal über den Weg gelaufen. Es würde weitergehen, in wenigen Tagen werden wir uns aneinander gewöhnt haben.

Von den Gilbies bleiben nur zwei an Bord, die waren später als der Rest der Truppe eingestiegen. Auch Steward Tiroko, der ungekrönte Knastkönig, darf die Heimreise antreten. Acht neue Südsee-Sailors steigen ein, darunter zwei Frischlinge auf ihrer ersten Reise. Denen steht der Kälteschock im Gesicht, wir haben Dezember, in Rotterdam sind es so zwei bis drei Grad, saukalter Wind, Nieselregen. Die beiden fühlen sich wahrscheinlich wie nach Sibirien entführt, man hat sie praktisch von der Kokospalme weg ins Tiefkühlfach verpflanzt. Anschließend gehen wir nach Oslo, die werden staunen, wie kalt es noch werden kann.

Draußen ist Action pur. Zeitgleich mit dem Löschen der Bananenkisten wird gebunkert und Proviant übernommen – und zwar bis tief in die Dunkelheit hinein, wir sollen am frühen Morgen wieder auslaufen. Landgang wird so gut wie nicht in Anspruch genommen, die Neuen haben andere Dinge im Kopf und die paar Alten sind alle gut beschäftigt. Es war eine der hektischsten Liegezeiten in meiner bisherigen Fahrtzeit.

Kurz nach dem Frühstück legen wir ab, die Holländer haben ihre Zeitvorgabe exakt eingehalten. Und der Betrieb läuft weiter, als ob es nie einen Besatzungswechsel gegeben hätte.

Der Lotse ist gerade von Bord gegangen, da steht der neue Alte in der Funkbude: „Also, Sparks, dann wollen wir mal. Hier das Übliche, geben Sie mir das Buch nachher rüber, ich bin noch 'ne Weile auf der Brücke!" Er legt mir das Telegrammbuch mit seinen Auslaufmeldungen auf den Tisch, und ich mache im Geiste eine kleine Rolle rückwärts. Genauso fing es für mich vor fünf Monaten an, Auslaufen Bremerhaven, meine erste Reise, meine ersten Telegramme. Mittlerwelle habe ich schon ein paar hundert in den Äther geblasen, aber diese ersten Gehversuche vergisst man nie. Wie bei einigen anderen Dingen auch…

Später bringe ich das Buch auf die Brücke. Der neue Dritte auf Wache, der Alte steht lässig neben dem Rudergänger, noch ist das Ruder besetzt, wir sind in Revierfahrt. Wir unterhalten uns ein wenig, der Alte ist ganz umgänglich, ich habe einen guten ersten Eindruck. Und der sollte nicht täuschen, mit Kapitän K. wird es ein angenehmes Fahren.

Ganze eineinhalb Tage bis Oslo. Ich gewinne eine Vorstellung von der Kümofahrt, die der Erste bei unserem Schachspiel erläutert hatte. Wie sagte er noch? „Da wirfst'de achtern noch los und kannst vorne schon wieder festmachen!" Aber zunächst ballern wir mal quer über die Nordsee. Und die macht im Dezember keine Freude, so ein Mistwetter braucht niemand. Die holländische Küste hoch zunächst mal Nebel, und was für einer. „Das ist keine Suppe, das ist Brei!" meint der neue Zweite, der von seinem Vorgänger schon wieder den Beinamen „Segundo" geerbt hat. Der Alte ist die meiste Zeit auf der Brücke, guter Seemannsbrauch bei so einer beschissenen Sicht. Und dann kackt das Radargerät ab. Nicht völlig, aber es lässt sich nicht mehr nachregeln, da ist eine permanente Trübung auf dem Screen. Gut, wir haben noch ein zweites, baugleiches Gerät, und das wird nun besetzt. Aber dem Alten ist nicht wohl dabei, wenn das zweite Gerät auch noch dicke Backen macht, gehen wir in den Blindflug über. „Sparks, kann man da was machen?" Na Bravo, jetzt hat er mich. Der größte Elektroniker war ich nie, auf der Seefahrtschule habe ich mir den technischen Stoff so rein gezogen, dass es gerade mal für die Prüfung reichte, aber die Feuerprobe im praktischen Einsatz war mir bisher erspart geblieben. Und ausgerechnet das Radar, mit der Fischkiste habe ich mich bisher noch überhaupt nicht befasst. „OK, Kaptän, ich reiße mal noch die Funkwache runter, dauert noch 'ne Stunde, dann schau ich mal. Vielleicht kann der Blitz inzwischen schon mal einen Blick drauf werfen!" Mein Manöver kommt mir selbst reichlich dämlich vor, aber der Alte geht voll drauf ein. „Prima, so machen wir's!" Uff. Ich verkrümele mich erst mal in die Funkbude, am liebsten hätte ich das Handbuch für die Radarkiste mitgenommen, aber das braucht ja Jochen, der gerade mit ratlosem Gesicht auf der Brücke aufkreuzt.

Wach-Ende, nun muss ich mein Versprechen einlösen und den großen Radar-Zampano geben.

Auf der Brücke ist die Konsole des Gerätes aufgeklappt, Jochen hockt davor und stiert auf die Innereien von dem Kasten, Durchblick sieht anders aus. Ich setze mich dazu und gucke nun ebenfalls hoch konzentriert in das Gehäuse, habe aber null Plan, wo man einhaken könnte. Das Handbuch ist eine Riesenschwarte, die Bibel ist ein Heft dagegen. Jochen setzt seinen Chirurgenblick auf und fängt an, mit seinem Messgerät alle möglichen Spannungswerte zu überprüfen. Ich vertiefe mich in das Radar-Manual, besagtes Handbuch, alles natürlich in Englisch. Ich bin der Sprache mächtig, sogar recht flüssig, geht auch gar nicht anders in der Funkerei plus Behördenabwicklungen. Aber dieses technische Englisch bringt mich an Grenzen. Natürlich kenne ich auch da die notwendigen funktechnischen Begriffe, aber die radarspezifische Terminologie geht ein Stück darüber hinaus. Jochen guckt gar nicht erst rein: „Den Quark versteh ich sowieso nicht", meint er nach einem kurzen Blick in das Buch. Wir fummeln eine Weile vor uns hin, dann reicht es mir. „Sach'ma' Jochen, meinst du, das hat einen sittlichen Nährwert hier?" raune ich ihm zu, der Alte, der wachhabende Mate plus Rudergänger sind ja auch noch auf der Brücke und erwarten ein Wunder von uns. „Nö", raunt Jochen zurück, „bei den Dingern bin ich auch nicht so fit, ich geb's gleich auf!" – „Na dann kürzen wir das jetzt mal ab, wir müssen ja hier nicht bis Oslo herum mimen!" befinde ich. „Also Kaptän, dat wird nix, wir können den Fehler nicht finden, in Oslo brauchen wir 'nen Service"! – „Gut, habe ich mir schon gedacht, mit Bordmitteln ist da meistens wenig zu machen. Ich gebe Ihnen gleich ein Telegramm rein, wir bestellen 'nen Techniker"!

Jochen und ich packen unseren Krempel zusammen und gehen von der Brücke, nach meiner Einschätzung ohne größeren Gesichtsverlust.

Der Nebel verschwindet, dafür wird's wieder wacklig, Nordsee im Winter eben. Wir sind noch in der Reichweite einiger UKW-Funkstellen, aber nur wenige Plepels tauchen bei mir auf, um zu telefonieren. Die meisten sind ja eben erst eingestiegen, zuhause ist das Bett noch warm. Dafür habe ich reichlich Telegrammverkehr, nach langer Zeit arbeite ich mit Norddeichradio wieder auf Mittelwelle. Die sind ja nicht weit weg, irgendwo im Dunst da an Steuerbord ist die deutsche Küste. Letzte ETAs gehen raus, dazu eine Anforderung für einen Radartechniker. Und ich bereite die Papiere für Oslo vor.

Die PEKARI stampft durch die kabbelige Nordsee, an Steuerbord die dänische Küste. Wir erreichen das Skagerrak, seit den Tagen des ersten Weltkrieges auch für Landratten ein Begriff. Hier haben also die Deutschen und die Engländer mit der geballten Macht ihrer Hochseeflotten aufeinander eingedroschen. Für nichts und wieder nichts, über achttausend Gefallene auf beiden Seiten, viel Stahl auf dem Meeresgrund und dann beiderseitiger Rückzug in die Heimatstützpunkte. Die Seefahrt bringt mich an einige historische Stätten dieser Art, mich macht das regelmäßig ziemlich nachdenklich.

Aus den Tropen in den Winter – verschneites Dorf am Oslo-Fjord

Wir laufen in den Oslo-Fjord ein. Über 118 Kilometer Luftlinie gestreckt und fast genau in Nord-Süd-Richtung bildet der Fjord den Zugang zur norwegischen Hauptstadt. Ich stehe auf der Brücke, der Lotse ist sehr auskunftsfreudig und erläutert immer wieder die Besonderheiten am Ufer – Seelotse und Fremdenführer in Personalunion. Und dann passieren wir die Droebak-Enge, schmalste Stelle des Fjords. Der Lotse erzählt die unglaubliche Geschichte des deutschen Kreuzers BLÜCHER, der hier im April 1940 versenkt wurde. Die Deutsche Marine hatte mit einem ganzen Kriegsschiffsverband Kurs auf Oslo genommen, Norwegen sollte ja handstreichartig besetzt werden. Mit nennenswerter Gegenwehr des kleinen Landes hatte man wohl deutscherseits nicht gerechnet, typische Arroganz einer militärischen Großmacht. Der Kreuzer lief hier direkt vor die Rohre der Küstenbatterie Oscarsborg, und der norwegische David ballerte auf den deutschen Goliath mit allem, was er hatte. Die BLÜCHER ging mit 830 Mann auf 90 Meter Tiefe und da liegt sie heute noch. Mit einer gewissen Betroffenheit stelle ich fest, dass wir soeben über ein Massengrab fahren.

Schließlich sind wir in Oslo an der Pier. Zwei norwegische Beamte klarieren uns ein, freundlich, korrekt und ohne viel Zeitverschwendung. Ich genieße es wie schon in Rotterdam, mal zur Abwechslung keine Penishaut-Taschen mit Geschenken zu befüllen oder wie in den Staaten mittels Gesichtskontrolle darum zu betteln, meinen verunreinigten Fuß auf geweihten amerikanischen Boden zu setzen. Es ist doch gut, mal wieder in „Good Old Europe" zu sein.

Einer der Beamten schiebt mir eine norwegische Zoll-Liste über den Tisch, für einige Punkte haben sie da besondere Listen. Als erstes lese ich Øl, also in der skandinavischen Schreibweise, O mit Querstrich. Ich will gerade zum Telefon greifen und beim Chief die Bunkerbestände abfragen, da weist mich der Norweger grinsend darauf hin, dass mit „Oel" hier Bier gemeint ist. Ich bin zum ersten Mal in Skandinavien, aber nun lerne ich schon ein für Seeleute nicht ganz unwichtiges Wort. Im weiteren Verlauf der Reise habe ich dann regelmäßig das finale Bier bei einer abendlichen Partyrunde als „letzte Ölung" bezeichnet.

Am Nachmittag geselle ich mich zu dem norwegischen Radartechniker, der an dem defekten Gerät herumfummelt. Will doch mal sehen, was da Sache ist, mit solchen Ausfällen ist immer zu rechnen. Der Norweger legt ganz optimistisch los, allmählich aber verlängern sich sowohl sein Zeitbedarf als auch sein Gesicht. Scheint keine Kleinigkeit zu sein. Nach zwei Stunden Messen und Probieren fährt er in die Stadt, Spareparts besorgen. Kommt wieder und tauscht eine komplette Platine aus, so was hatten wir nicht mal ansatzweise an Bord. Dann funktioniert die Kiste wieder.

Später gehe ich mal runter an Deck. Es ist saukalt, nun bin ich heilfroh, trotz Einstieg im Juli einen dicken Parka mitgenommen zu haben. Die Gilbies schleichen mit blauen Lippen umher, denen setzt das Klima hier wirklich zu. Die beiden „Frischlinge" sind sogar unzureichend ausgerüstet, ihre Landsleute mussten ihnen dicke Plünnen leihen, die wären uns sonst an der Reling festgefroren.

Da stürzt Timmi auf mich zu. „Sparks, so was hast'de noch nich' gesehn. Eben quatscht mich da ein Stevedore an, ob ich ihm mal ein Bier verkaufen kann. Ich denke, na ja, die armen Hunde müssen ja hier teuer fürs Bier bezahlen, gib dem ma' 'nen Sixpack Holsten, der drückt mir dafür ein paar Norweger-Kujambels in die Klaue und gut is'. Ich geh wech, dreh mich noch ma' um, da hat der schon zwei Buddels aufgerissen, steckt die sich gleichzeitig in die Fresse und schüttet die Brühe volles Rohr down the Hatch. Überleg ma', zwei Buddels gleichzeitig!"

Timmi ist total beeindruckt, kopfschüttelnd zieht er weiter und ich höre noch: „Zwei Buddels auf einmal, ich glaub es nich'!"

Am Abend gehe ich mit Erwin, dem 3. Steuermann, an Land. Der Liegeplatz ist recht zentral, wir können Teile der Innenstadt per Fuß erreichen. Wir schlendern ein wenig durch vorweihnachtlich geschmückte Straßen, dann treibt uns die Kälte in ein Lokal. Wir mampfen eine Kleinigkeit, ordern ein Bier. Das gibt es in unterschiedlichen Preiskategorien, aber selbst das billigste ‚Øl' würde bei uns preislich gesehen ins Champagner-Regal gehören. Mein lieber Mann, wenn man hier zu den durstigen Zeitgenossen gehört, kann man für jeden gepflegten Rausch eine Hypothek aufnehmen. Früh sind wir wieder an Bord.

Am nächsten Abend stehe ich erneut auf der Brücke und verfolge das Auslaufmanöver, die Bananen sind vielleicht schon auf ihrem Weg in norwegische Obstläden. Vor uns über 5.000 Seemeilen, runde 11 Tage, es heißt wieder „Panamakanal for Order". Freundlicherweise hat mir der Agent ein paar deutsche Zeitschriften besorgt, eine Kiste mit Filmen übernahmen wir schon in Rotterdam. Außerdem gibt's ja etliche neue Kollegen an Bord, auf die abendlichen Bierrunden mit noch nicht gehörten Storys freue ich mich jetzt schon. Wenn man über Monate mit denselben Piepels unterwegs ist, hat man irgendwann jede Geschichte schon mal vernommen. Man kommt sich, was das Wissen über persönliche Hintergründe betrifft, oft viel näher als in vergleichbaren Arbeitsverhältnissen an Land. Seefahrt ist halt nicht nur ein Beruf, es ist eine besondere Lebensweise. Und bei so vielen neuen Crewmitgliedern hat man wieder jede Menge „frischen" Stoff zum Schnacken.

Die erste Etappe der Überfahrt ist stressig, besonders für die Nautiker. Eigentlich durchgehend Revierfahrt bis in die Biskaya hinein. Wieder Nebel über weite Strecken, wir fahren unentwegt mit Ausguck in der Nock, der Alte kann sich eigentlich auf der Brücke häuslich niederlassen. Im Kanal fange ich von Niton-Radio GNI ein DDD SOS auf, die Weiterverbreitung einer Notmeldung. Ein britischer Trawler war vor der Küste in Seenot geraten. Die übermittelte Position befindet sich weitab von unserem Kurs, trotzdem lege ich die Meldung dem Alten vor, als Funker treffe ich da keine Vorentscheidung. Aber wir kommen wirklich nicht als Unterstützer in Frage.

SOS-Meldungen habe ich während meiner ganzen Fahrtzeit immer wieder mal empfangen, in den meisten Fällen aber mit DDD angekündigt, also von einer See- oder Küstenfunkstelle ausgestrahlt, die ihrerseits diese Meldung empfangen hatte. Und jedes Mal ist man sich dann des Ernstes der Lage bewusst, irgendwo da draußen geht es für Seeleute auf Leben und Tod. Egal, welcher Nationalität, das waren Seeleute, die das gleiche Leben lebten wie wir, und für die ging es jetzt ums Ganze.

Wir erreichen die Biskaya, berühmt berüchtigtes Schlechtwettergebiet vor der französischen Küste. Und wieder ein DDD SOS. Dieses Mal von EAF, Cabo-Radio. Auch ein Fischer, der hatte vor der spanischen Küste ein MAYDAY abgesetzt, danach war Stille. Ein Hilfseinsatz unsererseits kommt ebenfalls nicht in Frage, aber ich beobachte den Notverkehr noch eine Weile. Offenbar sind spanische Marinekräfte bereits unmittelbar an dem Havaristen, hoffentlich haben sie Erfolg.

Die Wetterberichte, die ich auf die Brücke bringe, bleiben durchwachsen. Im Nordatlantik viele Tiefdruckgebiete, wir rollen. Und zwar anhaltend, bis hin an den Rand der Karibik. Und dann ist es Weihnachten.

Weihnachten auf See war damals ein beliebtes Thema für die Medien, der norddeutsche Rundfunk sendete „Grüße an Bord", im Fernsehen kam mit schönster Regelmäßigkeit irgendein Bericht über die Seeleute da draußen, wenn dann noch Freddy im Radio „Junge, komm bald wieder" schnulzte, war die Rührung perfekt. Zunächst aber war Weihnachten auf See ein normaler Arbeitstag für die meisten der Piepels, das Schiff fuhr, auf Brücke und in der Maschine gingen die Wachen wie gewohnt weiter. Und für den Sparks bedeutete Weihnachten schlicht Mehrarbeit. OK, wir Funker machten uns an Bord nicht gerade kaputt, wenn man seinen Job beherrschte und die Funktechnik in Ordnung war, hatte man ein entspanntes Dasein. Weihnachten aber bedeutete intensivsten Telegrammverkehr, und zwar für alle Schiffe. Die zehn bis fünfzehn Weihnachtsgruß-Telegramme für Besatzungsmitglieder waren auch keine Riesensache, aber bei dem durchschnittlichen Funkverkehrsaufkommen eines Frachters reden wir hier von einer Steigerung von mehreren 100 Prozent. Und zwar für Norddeichradio.

Die Wartezeiten nach der Anmeldung bei DAN waren gewaltig, in einigen Fällen saß der Funker etliche Stunden da und wartete, bis er aufgerufen wurde. Aber diese Telegramme gehörten zum Festtagsritual an Bord, der F. O. steckte die Dinger in Umschläge und übergab sie dem Alten. Der hatte dann was zum Überreichen am heiligen Abend, und die Piepels nahmen die Dinger dankend entgegen, weitere Bescherungsakte gab es nicht.

Weitaus noch mehr Arbeit als der Sparks hatte die Kombüse. An dem Fest mussten die Köche zeigen, was sie drauf hatten. Schon am Heiligen Abend wurde ein opulentes mehrgängiges Mahl serviert, an den Feiertagen sollte binnen kürzester Zeit eine Fettleber entstehen, so die Erwartung der Crew.

In Rotterdam war da einiges an zusätzlichen Leckereien an Bord geliefert worden. Auch ein Weihnachtsbaum fand seinen Weg in unsere Kühlräume. Und nun haben wir den 24.Dezember…

Ich sitze in meinem „Lampenladen". Eine ganze Reihe Festtagstelegramme hatte ich gestern schon erhalten, jetzt bin ich wieder in der Liste von Norddeich. Anruf, dann warten. Ein Schiff nach dem anderen wird abgefertigt, immer die gleichen Messages, frohe Festtage und so weiter und so fort. Erwin steht grinsend in der Tür der Funkbude: „Eben hat's den Bootsmann im Salon umgehauen. Der ist beim Baumschmücken mitsamt der ollen Tanne quer durch die Hütte gesegelt!" – „Kann ich mir denken, der Zossen rollt ja auch ganz schön!" – „Nee, nicht deshalb, der hat schon den ganzen Vormittag mit Timmi in der Proviantlast gesessen und den Punsch ausprobiert, den die Kombüse vorbereitet hat. Der ist jetzt schon ganz schön breit!" Nun, das wäre mit dem Gilbie-Bootsmann nicht passiert, der machte um Alkohol einen Bogen. Aber seit Rotterdam haben wir wieder einen deutschen Scheich, so 'nen kernigen Kieztypen aus Hamburg, für den ist der Test des Weihnachtsgebräus elementarer Bestandteil seiner Bootsmannspflichten.

Ich warte weiter auf meinen Aufruf, es zieht sich in die Länge. Der Chief schaut kurz rein, der ist schon aufgetakelt für das abendliche Dinner, anstelle des üblichen Räuberzivils erscheinen wir heute alle in Uniform, wenn auch ohne die Schulterstücke. Dunkle Hose, weißes Hemd, vornehm geht die Welt zugrunde. „Na Sparks, hast'de auch schön ein Weihnachtsgedicht auswendig gelernt, dass'de nachher aufsagen kannst?" – „Klar, wie wär's denn damit: Siehst du nicht Sack und Rute? Ich bin der Weihnachts-Sparks, der Gute!" Wiehernd zieht der Chief weiter zur Brücke.

Endlich ruft Norddeich DIFK. Drei Telegramme, und wieder geht's ausschließlich um Weihnachten. Sowohl in der Reederei als auch in den Büros des Charterers ist schon lange Daddeldu, auch die nächsten zwei Tage wird da kaum etwas kommen. Ich schreibe die Festtagsgrüße mit, quittiere mit QSL, und der Kollege an der Küste wünscht mir auch noch „merry xmas", ein frohes Fest. Danke, Dito. Und jetzt ist Wach-Ende.

20:00 Uhr ist als Beginn der Weihnachtsfeier angesetzt, das Essen wird aber zunächst in den Messen eingenommen, zu den üblichen Zeiten. Danach soll die ganze Feier im Salon fortgesetzt werden, der liegt ein Deck über der Kombüse und bietet für die Abfütterung nicht genügend Platz. Die eigentliche Zeremonie will der Alte erst um acht starten, nach dem Wachwechsel.

Mein lieber Schwan, da haben sich der Koch und sein Kochsmaat aber ins Zeug gelegt. Vorspeise mit Krabben, irgendein Wildgericht mit Kroketten und allem Furz und Feuerstein.

Eisbombe achtern ran. Gut, dass Ede nicht mehr an Bord ist, der hätte sowohl das Wild als auch die Eisbombe durch den Fleischwolf gejagt. Auf der Back die ersten Bierflaschen, ist bei den alltäglichen Abendmahlzeiten eher nicht üblich. Nur muss man die gut festhalten, die nassen Laken auf dem Tisch halten zwar das Essen gut in

Position, aber die Buddels eher nicht.

Um 18:00 Uhr ziehe ich nochmals auf Funkwache, letzte Schicht. Und bin prompt wieder in der Liste, irgendeine Oma, Mama oder sonst was hat wohl am späten Nachmittag ein Telegramm für den lieben Jungen auf die Reise geschickt. Gut, wir haben auch schon vier Stunden Zeitunterschied zu good old Germany. Und wieder sitze ich 'ne dreiviertel Stunde, bis Hein Seemanns Festtagsgrüße eingetütet sind. Um Acht dann in den Salon, das Fest beginnt.

Der Raum ist bis auf den letzten Platz besetzt. Die Gilbies haben sich fein hergerichtet und wirken leicht verschüchtert, in den Salon kommen sie so gut wie nie. Der Scheich hat sich einigermaßen regeneriert und sitzt ganz manierlich inmitten seiner Leute, nur seine hochrote Birne zeugt noch vom Punschtest. Der Weihnachtsbaum steht mit allerhand Lametta in der Salonecke, wegen der Schaukelei ist er fachmännisch in alle Richtung gelascht und fixiert worden. Ich sitze unweit vom Alten, mir fällt auf, dass er ständig unter den Tisch schielt. Was macht der denn? Ich schaue genauer hin. Der hat da 'nen kleinen Zettel, auf den er ständig pliert. Mir dämmert es: Der Alte ist ein symphatischer Kerl, aber alles andere als ein großer Redner, und nachher wird eine Weihnachtsansprache von ihm erwartet. Der hockt hier mit 'nem Spickzettel. Was da wohl drauf steht? „Frohes Fest" in Druckbuchstaben? Ich unterdrücke ein Grinsen. Außerdem, was soll's. Wenn er sonst in Ordnung ist, soll er meinetwegen die Ansprache singen oder auch tanzen. Jeder, wie er kann.

Und dann hält er seinen Vortrag. Einige gestammelte Worte über das Fest auf See, die Lieben alle weit weg, aber wir machen unsere Arbeit wie gewohnt. Nicht sehr originell, aber es hört eh kaum jemand richtig zu. Für die Gilbies hat er noch eine Kurzfassung in Englisch zu bieten, dann verteilt er die Telegrammumschläge. Diese Verteilerei im Rahmen der offiziellen Weihnachtsfeier habe ich zunächst kritisch gesehen, etliche Piepels gehen ja leer aus, vielleicht wurmt das den einen oder anderen. Dem ist aber nicht so, der ganze Vorgang wird mit den üblichen schnoddrigen Bemerkungen quittiert: „Brauchst'de gar nich' aufmachen, sind nur Rechnungen drin!" oder „Ham'se auch 'n Foto mitgeschickt, von deinem Alimentenempfänger?" Die Stimmung ist prächtig, zumal der Punsch jetzt freigegeben ist. Ich mache mir Gedanken wegen der Gilbies, aber dann erzählt mir Segundo, dass man an deren Back eine entschärfte Variante aufgefahren hat. Ganz diskret, außer dem Koch und der Schiffsleitung weiß es keiner. Noch. Dumm für den Bootsmann, der sitzt zwischen der Deckscrew und wird zunächst auch mit der „kastrierten Brühe" versorgt. Für ihn besonders dumm, den mittäglichen Punschtest hatte er nicht nur zum Vorglühen genutzt, sondern auch noch etwas „Wirkstoff" nachgeführt. Der „Premiumpunsch" war nun an einer anderen Back gelandet, ist vielleicht das Beste für ihn, so wie der vorgearbeitet hat. Dann klingelt Jochen an sein Glas. Was kommt jetzt, hält der auch 'ne Rede? Blitz erhebt sich: „Also, wenn wir hier schon Weihnachten feiern, dann gehört auch ein Weihnachtsgedicht dazu. Meine Herren ohne Damen, hier ein Gedicht über 'nen Seemann, der an Weihnachten im Hafen liegt":

Aufgewacht mit dumpfem Schädel
und im Bett ein nacktes Mädel
Uhr im Pfandhaus, Geld ist weg
Unterm Nagel Nuttendreck
und im Herzen Trippersorgen
das ist des Seemanns Weihnachtsmorgen!

Das Verslein kenne ich bereits, allerdings endet es in der mir bekannten Variante mit „Seemanns Montagmorgen". Jochen hat den Kalauer flexibel an den aktuellen Termin angepasst.

Brüllendes Gelächter und Gejohle, nur der Alte guckt ein wenig kritisch, der will nicht, dass die Weihnachtsfeier niveaumäßig in den Keller rutscht. Aber dann grinst auch er.

Kurz darauf der nächste Heiterkeitssturm, als der Scheich versucht, das Gedicht den Gilbies ins Englische zu übersetzen. Aus Nuttendreck macht er „Natten-Shit", die Gilbies gucken verstört und wir nässen uns fast ein vor Begeisterung.

Der Punsch muss dann ständig ergänzt werden, wegen der Rollerei kann der Koch die großen dafür genutzten Suppenkessel nur halb befüllen, sonst wäre das gute Stöffchen übergeschwappt. Tut es sowieso ab und an, die ganze Bude stinkt allmählich wie ein weihnachtlicher Glühweinstand, ich befürchte, dass die Gilbies schon vom Einatmen besoffen werden. Aber alles bleibt ruhig und bester Laune. Schließlich holen die Gilbies ihre Gitarren, wir lauschen mit Begeisterung ihren heiteren Liedern, ohne auch nur ein Wort zu verstehen.

Es ist wirklich ein schöner Weihnachtsabend.

Um keine Missverständnisse aufkommen zu lassen: Weihnachten auf See lässt die Maaten nicht völlig kalt. Aber das hier war eine Männerwelt, Emotionen wurden meist mit einer gewissen Verklemmung gezeigt. Oder manchmal dann auch exzessiv übertrieben, es gab schon den einen oder anderen Fahrensmann, der bei dieser Gelegenheit den ganz großen „Moralischen" fuhr. Oder alkoholtechnisch bei diesem Event völlig aus dem Ruder lief. Meist wurde mit Kalauern überspielt, was einen bewegte.

Nicht alle Seeleute schafften es, über die ganze Borddienstzeit seelisch stabil zu bleiben. Zumal die mit diesem Beruf einhergehende Trennung von allem, was man in der Heimat schätzte, nicht von allen Maaten gleich gut verkraftet wurde.

Gefühlsäußerungen habe ich bei den Piepels in allen möglichen Spielarten erlebt, wenn zum Beispiel ein naher Angehöriger verstarb – oder die Partnerin von der Fahne ging. Und selbst dann waren viele Sailors bemüht, das mit sich selbst auszumachen. Was nicht immer funktionierte, die über einen langen Zeitraum anhaltende Isolation führte immer wieder mal zu teils recht heftigen Ausrastern.

An den beiden Feiertagen läuft die Seeroutine wie immer weiter. Wir gehen unsere Wachen, selbst die Decksgang wird am zweiten Feiertag mit einigen kleineren Wartungsarbeiten beschäftigt und macht damit einige Overtimes, es sind ja zuschlagspflichtige Tage. Aber sämtliche Mahlzeiten laufen unter dem Motto „Das große Fressen". Der Koch haut alles raus, was die Kombüse hergibt.

Mit Erreichen der Karibik bessert sich das Wetter schlagartig, wir brettern an den Inseln vorbei wie in einem Kreuzfahrtprospekt. In Deutschland frieren sie sich den Hintern ab, und ich sitze in der Pause zwischen den Wachen am Pool und grinse in die Sonne. Pool ist ein ziemlich hochtrabender Begriff für dieses Planschbecken, aber gemäß den in dieser Zeit geltenden Bauvorschriften war auch auf der PEKARI eine solche Einrichtung vorhanden. Lächerlich klein, aber immerhin. Blitz meint dazu: „Drei dicke Gilbies und das Ding ist voll!"

Nun, das ist zwar als Vergleich hinnehmbar, aber so dick waren unsere Polynesier auch wieder nicht.

DIFK ist in der Liste von Slidell. Mit einer gewissen Spannung werfe ich den Sender an, stimme ab und rufe die Ami-Station, gleich würde ich den Ladehafen erfahren. Nach kurzer Wartezeit dann das Telegramm aus Boston. „PROCEED TELA" Wo zum Henker ist das denn wieder? Ich trabe mit der Message zum Alten, der nickt kurz. „Honduras", meint er beiläufig und marschiert dann mit mir hoch zur Brücke, ETA's ausrechnen.

Eineinhalb Tage später liegen wir auf der Reede vor Tela. Die Pier ist belegt, wir sollen warten. Genaue Zeitangaben gibt es nicht, „Mañana, Capitan", plärrt es aus dem UKW-Gerät, als der Alte mit der Agentur spricht. Na gut, morgen halt. Ich lungere in der Funkbude herum, die Presse habe ich bereits in die Messen verteilt, die Einklarierungspapiere liegen fertig auf meinem Schreibtisch, wir warten. Erwin schaut herein, wir ziehen uns 'ne kalte Cola in den Rachen. In Tela war Erwin auch noch nicht, er ist nicht viel länger dabei als ich. Da stürzt Kiatake herein, einer der Gilbie-Matrosen. „Radio, come quick, and take your camera with you, we h've got a shark." Was, die haben einen Hai erwischt? Ich reiße die Canon aus dem Schapp, Erwin und ich hetzen hinter Kiatake her. Auf dem Achterdeck ein kleiner Volksauflauf, und tatsächlich, da liegt ein Hai.

Gut über drei Meter lang, vorn und achtern haben sie den Körper mit Tampen fixiert, er liegt still in einer Lache von Wasser und Blut.

Ich mache zunächst ein Foto von oben, von der Luke. Gehe dann nahe heran, um eine Großaufnahme vom Kopf zu bekommen. Da klappt das Biest ruckartig das Maul auf, der wohl schnellste Sparks aller Zeiten hüpft mit einem Riesensatz wieder auf die Luke. Die Gilbies quieken vor Vergnügen: „Don't worry Radio, he is dead, sure!" Ihr habt ja gut reden, ein Hai, der zwei Meter vor mir die Futterluke aufreißt, ist für mich noch lange nicht tot. Ist er aber wohl doch, was sich da noch bewegt, scheinen Nervenreaktionen zu sein. Die Gilbies latschen jedenfalls ganz entspannt um ihn herum. Wir stehen noch eine Weile bei dem toten Tier, dann löst sich die Versammlung auf. Merkwürdigerweise werfen die Gilbies den Kadaver ins Meer zurück, wie ich später erfahre, essen sie keine Haie. Sonst jeden Fisch, aber „no shark". Der wird angeblich von irgendwelchen Ahnengeistern bewohnt, die Begründung ist reichlich nebulös. Die Turnschuhe, die ich bei der Haiaktion trage und mit denen ich mehrfach in der Brühe um das Vieh herumgetrabt bin, kann ich später wegschmeißen, der infernalische Gestank ist nicht mehr rauszukriegen.

Hai an Deck

Abends sitzen wir mit ein paar Piepels locker an der Back in der Laube, genießen ein kaltes Bier im karibischen Sonnenuntergang. Da rast schon wieder einer der Gilbies hoch zu uns: „Come quick, we h've got a turtle!" Was treiben die hier eigentlich, wollen die an einem Tag die ganze Karibik leer fischen? Gut, wir haben Sonntag, kaum war der Anker weg, war Arbeitsende verkündet worden, „Ausscheiden", wie es hier heißt. Seitdem hängen unsere Polynesier mit ihren Angelschnüren achtern an der Kante und lauern auf Beute. Ich wetze wieder mit der Kamera los.

Und wirklich, eine Riesenschildkröte liegt ermattet an Deck, zwei Gilbies hatten das Tier schwimmend an der Bordwand erspäht und waren ins Wasser gejumpt. Wohlgemerkt Wasser, aus dem sie Stunden zuvor einen Hai gezogen hatten. Vom Schiff wurde ihnen ein Tampen zugeworfen, sie haben das Vieh dran festgebunden und dann ging's mit Juhu nach oben. Erst für die Kröte, dann auf gleichem Transportweg für die Gilbies.Und wieder bekomme ich spektakuläre Fotos.

Schildkröte an Deck

Schildkröten wiederum werden wohl nicht von Ahnengeistern be-wohnt, die wollen sie jetzt mampfen. Der Koch aber will an die Zu-bereitung nicht rangehen, und dann haben sie die Gilbies überredet, dem Tier wieder die Freiheit zu schenken. Sonst hätten sie an Deck ein Schlachtfest organisiert, wie mir der Steward am nächsten Tag erzählte.

Später sitzen wir wieder in der Laube. Ich sage zu Jochen: „Pass ma' auf! Gleich trabt hier wieder ein Gilbie an. Dann haben sie ein U-Boot gefangen!"

Am Tag danach liegen wir an der Bananenpier von Tela. Karibi-sche Einklarierung mit reichlich Präsenten für die beamteten Korrup-ties. Und dann erzählt uns der Agent, dass wir mit dieser Ladung in die USA gingen, Galveston / Texas und Gulfport / Mississippi seien die Löschhäfen. Das ist ja 'ne megakurze Reise, gerade mal über den US-Golf, und schon sind wir da. Wir bleiben also zunächst in warmen Gewässern.

Ich mache einen Gang durch die Altstadt von Tela. Viele Bauten aus spanischer Kolonialzeit, eine zentrale Plaza mit Kirche und Verwaltungssitz. Viele Schwarze fallen mir auf, die gibt es zwar in ganz Zentralamerika, aber nicht in dieser Häufung. Ich komme in einer Bar mit einem gut englisch sprechenden Honduraner ins Gespräch, es stellt sich heraus, dass er für die Bananencompany als Büroleiter arbeitet. Ich erfahre, dass die Schwarzen Garifunas sind, eine afrikanische Volksgruppe, die von den Spaniern hier im 18. und 19. Jahrhundert angesiedelt wurde, sie leben in der Umgebung immer noch in geschlossenen Dorfgemeinschaften.

Später lasse ich mich wieder in Richtung Hafen treiben. Und natürlich habe ich auch Briefmarken besorgt...

Abends Landgang. Die richtige Kneipe ist bereits bekannt, der zweite Ing war schon ein paar Mal hier. Der Laden ist wieder eine typische „Casa de Putas". Hört sich schöner an als Puff.

Wir sitzen mit den Mädels in einer lockeren Tischrunde, trinken die üblichen Rum-Coke-Mixturen und palavern mit den Fräuleins, da bricht in einer Ecke ein gewaltiger Tumult aus. Zwei Chicas haben sich in den Haaren, mit wildem Gekreische geht es los, und dann blitzt tatsächlich ein Messer. Die anderen Mädels stieben auseinander, unsere „Damens" klammern sich an uns fest und gucken mit großen Augen auf das Durcheinander. Da wirft sich Mama San, die kommandierende Puffmutter, mit Todesverachtung ins Getümmel, ihr Schankknecht ebenfalls, und mit vereinten Kräften gelingt es ihnen, die Kontrahentinnen auseinander zu zerren. Beide Kampfhühnchen bluten, die eine hat 'nen ganz netten Schmiss auf der Wange, der bleibt wohl „for ever". Die ganze Geschichte löst sich in einem allgemeinen Weinkrampf aller Beteiligten auf, dann ist wieder Ruhe. Und ich habe einen guten Eindruck gewonnen, was es heißt, wenn eine Latina außer Rand und Band gerät. Wie mir meine Chica dann radebrechend verklarfiedelt, ging es um einen Lover von einem Dampfer, der schon längst ausgelaufen war.

Zwei Tage liegen wir in Tela an der Pier, die laden recht flott. Am Tage gebe ich mich an Bord dem Nichtstun hin, außer Presse und Kujambelnachschlag liegt nichts an. Die Abende verbringen wir in der „Stammkneipe" mit allem, was dazu gehört. Und schon sind wir wieder auf See.

Silvester steht auf dem Kalender, ein normaler Arbeitstag. Eine Silvesternacht bei ruhiger See und milden Temperaturen. Wir sitzen abends in der Laube und philosophieren über den Jahreswechsel. Anfrage vom leicht angesäuselten Assi Wagner: „Wann stoßen wir denn jetzt an, Mitternacht hier oder Mitternacht in Deutschland?" – „Für Deutschland musst Du rückwirkend anstoßen, die haben Mitternacht schon durch", sage ich. „Na gut, frohes Neues, rückwirkend!" meint Wagner. Nachts sind wir zum größten Teil noch auf, prosten auf das neue Jahr 1977.

Beim Wachwechsel um Mitternacht lässt Segundo die Schiffssirene dröhnen. Anstatt Kirchenglocken, wie er erklärt.

Knappe tausend Meilen nach Galveston, bei 20 Knoten Speed fahren wir mal gerade zwei Tage und ein paar Stunden. Ich mache mich sofort nach Auslaufen über die Einklarierungsformulare für die USA her, die Gesichtsparade und der sonstige Aufstand der US-Behörden stinkt mir jetzt schon. Aber da müssen wir durch. Wiederum mache ich meine Gewichtsschätzungen für die Landgangsausweise, wir haben ja 'ne neue Crew. Ich tippe Listen bis zum Erbrechen, und dazu kommen noch die ganzen Monatsabrechnungen, der Dezember ist zu Ende. Die beiden Seetage bis Galveston sind dermaßen mit Verwaltungsarbeiten angefüllt, dass die Funkerei fast zur Nebensache wird.

Wir liegen an der Pier in Galveston. Die Gesichtsparade verläuft dieses Mal lockerer als zuvor an der Ostküste. Natürlich zieht sich die Sache wieder in die Länge, bis endlich der letzte Sailor an dem Immigration-Officer vorbei gepilgert ist. Die Versiegelung des Proviantraumes findet wieder begeisterte Zustimmung beim Koch, der guckt den damit betrauten Ami-Beamten genau so an, wie er immer die zu zerlegenden Schweinehälften betrachtet. Endlich sind wir abgefertigt, geplante Liegezeit 24 Stunden.

Ich sitze mit den Kollegen beim Mittagessen, als einer der Assis aufkreuzt: „Am Ende der Pier, da hinter dem Bananenschuppen, ist „Schangs" zum Telefonieren, ganz billig. Da steht so eine Baracke mit 'ner Seemannsmission, sitzen so alte Tanten drin, irgendeine Amikirche, Methodisten, Baptisten, Philatelisten, was weiß ich. Die sind saufreundlich, und du zahlst nur ein paar Kujambels für ein Gespräch nach Germany." Na, das ist doch mal 'ne Meldung. Ich vereinbare mit dem Segundo, nach dem Essen zu dieser Philatelistenkirche zu gehen und einen Mama-Call zu starten.

Es wird dann doch etwas später, aber endlich tigern wir los, die Seemannsmission aufzusuchen. Seemannsmissionen sind eigentlich eine gerne genutzte Einrichtung, in den bedeutendsten Häfen dieser Welt unterhalten auch die deutschen Kirchen solche Stationen, und die dort eingesetzten Diakone oder auch Pastoren sind meist kernige Typen, die kennen ihre Klientel. Gerne wurde die Geschichte vom Seemannspastor in Durban kolportiert, der die Piepels auf Wunsch auch zum Puff fuhr und selbstredend dort auch wieder abholte. Jedenfalls erfuhr man in den Seemannsmissionen jede Unterstützung, und es war manchmal sehr wohltuend, auch mal über andere Themen zu schnacken als Häfen, Schiffe, Weiber.

Diese Mission da im Port von Galveston ist aber etwas speziell, um es mal milde auszudrücken. Wir treffen auf drei ältere Damen, so der Typ blaugrau getöntes Haar und vergeistigter Blick, die ganz offenbar sehr beseelt ‚im Auftrag des Herrn' unterwegs waren. Träger des Ganzen war irgendeine Ami-Sekte, den Namen habe ich komplett vergessen.

Unsere höflich vorgetragene Bitte, telefonieren zu dürfen, wird mit spitzen Entzückenslauten quittiert, und dann werden wir zunächst mal an eine Kaffeetafel gezwungen. Angeboten werden Kuchen- und Tortenstückchen in Neonfarben, und alle drei labern gleichzeitig auf uns ein. Wo wir den herkämen, „oh, Germany, how beautyful", wie alt wir seien „oh, so young, how nice", und lauter so ein Schmonzes. Ich will mir gerade einen dieser Leuchtröhrenkuchen auf den Teller hieven, da gibt es „time out", zunächst wird gebetet.

OK, wir spielen mit, wir wollen ja telefonieren. Das Geschnatter geht weiter, ich erfahre, dass Lucys Husband in Germany stationiert war. „It was so nice over there." Und unser Englisch wäre „quite perfect", trotz dieses „nice little accent". Sie sprächen leider keine Fremdsprache. Von mir aus. Dürfen wir jetzt telefonieren? Sure, aber erst wird noch mal gebetet, und nach dem Verzehr des Chemiekuchens kommt mir der Gedanke, dass dies auch nötig sein könnte. Plötzlich wird verlangt, dass einer von uns das Abschlussgebet sprechen solle, das wäre doch besonders „marvellous". Segundo kriegt einen starren Gesichtsausdruck, der betet schon mal mit Sicherheit nicht. Ich bin zwar zahlendes Kirchenmitglied, aber mehr so in der passiven Fraktion angesiedelt und kriege gerade mal das Vaterunser noch stockend zusammen, das war aber schon zu hören gewesen. Aber irgendwie muss die Kuh jetzt vom Eis, sonst bin ich noch vor meinem Telefonat wieder bei Muttern. Die ganze Truppe hockt mit gefalteten Händen um den Tisch und guckt mich erwartungsvoll an. OK, denke ich, zur Not muss jetzt Ringelnatz herhalten:

„Es waren einmal zwei Ameisen,
die wollten nach Australien reisen,
jedoch bei Altona auf der Chaussee,
da taten ihnen die Füße weh,
da verzichteten sie weise,
auf den letzten Rest der Reise. Amen."

Drei Damen im Chor: „Beautiful, that german prayer sounds so nice!". Ich höre einen erstickten Laut, Segundo ist krebsrot im Gesicht und macht sich dann irgendwo unterm Tisch zu schaffen. Und endlich dürfen wir telefonieren.

Wenn wir schon mal in Texas sind, wollen wir auch ein zünftiges Steak mampfen. Abends ziehen wir los, Jochen, Segundo und ich. Am Hafen ist überhaupt nichts Brauchbares, wir benötigen ein Taxi. Die Seemannsmission ist noch geöffnet, aber ich rate dringend davon ab, dort ein Taxi rufen zu lassen. „Warum denn nicht", feixt Segundo, „du sprichst ein paar deiner Spezialgebete, und schon rauschen alle Taxen von Texas hier auf den Hof." Nee, das muss auch anders gehen. Wir traben aus dem Tor, an den Frachtschuppen entlang und finden eine kleine Bar, ein schäbiger Bums, nur Schwarze drin.

Die gucken uns träge an, kümmern sich aber nicht weiter, wir werden wohl als Sailors erkannt. Wir ordern ein Bier, drei eiskalte Budweiser werden auf den Tresen geknallt. Aber der Barmann ruft uns ein Taxi, ein „Radio-Cab", wie er es nennt. Das ist ja nach der Terminologie der Gilbies ein Taxi für Funker.

Dem Fahrer erläutern wir unser Bedürfnis nach Original Texas-Steaks, der nickt mürrisch und karrt uns an den Stadtrand. Dort sind einige Supermärkte, Tankstellen und ein lang gestreckter Flachbau mit 'ner Neonreklame „ Hank's Steak and Seafood". Na also, geht doch.

Und dann schlagen wir zu, als ob wir ohne Koch unterwegs wären. Wenn dieser Hank schon Steaks und Seafood verhökert, dann nehmen wir gleich mal das volle Programm. Wir ordern alle drei „Steak and Lobster", viel opulenter geht's nun wirklich kaum. Bestellen Wein dazu, die Flasche wird in einem Sektkübel mit Eis serviert, europäische Gourmets bekommen bei sowas einen Herzstillstand. Wir sind aber keine Gourmets, sondern drei verfressene Seeleute, wir hauen rein, als ob es kein Morgen mehr gäbe. Und kehren später knüppelsatt an Bord zurück. Nicht mal der obligatorische Absacker passt mehr hinein.

Wir laufen aus. Reisedauer von Galveston nach Gulfport / Mississippi 20 Stunden, nicht der Rede wert. Ich sitze meine Funkwache ab, träge, nichts ist los. Im Funktagebuch Routineeintragungen, wir sind in keinem Sammelanruf. Ein Wetterbericht für den US-Golf wandert von mir zur Brücke, keine meteorologischen Besonderheiten. Um diese Jahreszeit ist es im Golf nicht so heiß wie im Sommer, 15 bis 17 Grad Celsius sagt das Thermometer. Später hänge ich auf der Brücke herum, leiste Erwin bei seiner Wache Gesellschaft. Bohrinseln kommen hin und wieder in Sicht, Fischereifahrzeuge tauchen auf. Die See ist fast spiegelglatt, wir gleiten förmlich über das Wasser. Über fünf Monate bin ich nun schon auf diesem Dampfer, den üblichen Gepflogenheiten bei dieser Reederei zufolge kann ich bald mit Ablösung rechnen. Aber zunächst befasse ich mich damit nicht, erst mal sehen, welches Fahrtgebiet uns als nächstes blüht. Der Alte meinte, wir könnten durchaus noch einige Zeit hier in der Fahrt Bananenküste - USA verbleiben, er habe das schon öfters erlebt.

Blick vom Deck auf das Hafenviertel von Gulfport

Jetzt liegen wir in Gulfport. Mittelgroße Küstenstadt im Staate Mississippi, etwa 50.000 Einwohner. Irgendwie trist, was ich da so vom Oberdeck aus sehe. Hafenschuppen, einige Wassertürme, nichts, was einen Seemann vom Hocker reißt. Nach einem Tag Liegezeit sollen wir sowieso wieder auslaufen, ich beschließe, an Bord zu bleiben. Später bequatscht mich Jochen, mit in ein Shopping Center zu fahren, der Agent würde uns mitnehmen. OK, von mir aus, ich schließe mich an. Wir landen am Stadtrand, nahe einem Highway, in der für die USA typischen Ansammlung von Shopping Malls, Gas Stations und Motels, streunen durch diverse Stores, erwerben einige ami-typischen Artikel wie Levys und dergleichen. In Ermangelung internationaler Presseprodukte kaufe ich ein paar Ami-Magazine, Hauptsache, ich kann wieder mal etwas lesen, dass ich noch nicht 'zig mal durchgeblättert habe. Am Ende landen wir in einem original ‚American Diner', einer Kneipe in Form eines Eisenbahnwaggons mit Endlos-Tresen, Juke-Box und viel Chrom. Hocken an besagtem Tresen wie die Hühner auf der Stange und futtern einen Burger im Monsterformat, inklusive ‚French Fries' und Ketchup satt. Und dann haben wir auch den Landgang satt und sehen zu, dass wir wieder auf unsere PEKARI kommen. Es reicht.

Am Nachmittag des nächsten Tages sind wir schon wieder draußen, ich hänge in der Station, Beine auf dem Tisch, und schaue der Uhr beim Arbeiten zu. Monotonie. Die Auslauftelegramme habe ich schon kurz nach QTO Gulfport gesendet. QTO steht für Auslaufen, und genau das sende ich auch in meinem Traffic-Report an Norddeich. Allerdings mühsam, die Verbindung nach drüben ist wieder mal sehr bescheiden.

Wie ich so vor meinen Geräten hänge, Haxen hoch und träge blinzelnd, stehen auf einmal der zweite und der dritte Ing in der Tür: „Guck dir Sparky an, der hat's gut. So, wie der arbeitet, möchten wir mal Urlaub machen. Guckt hier aus'm Bulleye, während wir mit Leckie und Pissie kämpfen!"

„Tja Jungs, da hättet ihr in der Grundschule besser aufpassen müssen!" Wir frozzeln noch eine Weile hin und her, dann ziehen die beiden weiter. Leckie und Pissie? Da unten im Keller laufen zwei Hilfsdiesel, die die Generatoren für die Stromerzeugung antreiben. Die beiden alten Dinger neigen immer wieder zu Ölverlust, in einer kleinen Zeremonie haben die Maschinesen das eine Aggregat „Leckie" und das andere „Pissie" getauft und die Namen sogar mit Messingschildchen an den Motoren angebracht. Von „Hilfsdieseln" war seitdem nie mehr die Rede...

Der Charterer hat uns keinen Ladehafen mitgeteilt, wir fahren zur Abwechslung wieder mit unserem Standardauftrag ‚Panama for Order'. Und wir sollen mit ‚reduced speed' fahren, also nicht die üblichen 20 Knoten, mit denen wir unterwegs sind, sondern 16, das spart Treibstoff und gibt den Bananen-Managern mehr Zeit, sich 'nen Hafen für uns auszudenken.

So dödeln wir ganz gemütlich die dreieinhalb Tage von Texas zum Kanal. Ich nehme den ganzen Tag über jede Liste von Slidell auf, vielleicht haben sie doch einen Ladehafen für uns.

Aber still ruht der See, Boston schweigt. Zwischen den Wachen bin ich auf der Brücke, palavere mit dem wachhabenden Steuermann: „Wenn's dumm läuft, bleiben wir vor dem Kanal auf Reede liegen und warten, bis denen ein Loadport einfällt", meint der Erste.

„Schon mal gehabt?" – „Ja klar, so zügig wie in den letzten Monaten läuft's nicht immer bei UBC, wir lagen schon mal mit drei Reefern vorm Kanal und warteten tagelang, bis sie endlich 'ne Order für uns hatten. Da wirst'de rammdösig bei!" Ich denke an die wartenden Ankerlieger im Persergolf, so schlimm wird es ja bei uns nicht werden. Hoffe ich...

Und schon liegen wir vor Cristobal. Es kommt genau so, wie es der Erste befürchtet hatte, sie haben keine Ladeorder für uns, wir sollen hier ankern und abwarten. Blöderweise ist der Ankerplatz wieder auf panamesischem Territorium, ein bunter Haufen Beamter mit erwartungsfrohen Gesichtern stürmt unseren Kahn, um mal wieder kräftig abzustauben. Mit zusammengebissenen Zähnen lasse ich die Prozedur über mich ergehen, mittlerweile nervt mich dieses schmierige Getue nur noch. Besonders unter Beachtung der Tatsache, dass wir keinen Landgang kriegen. Der Charterer besteht auf volle Fahrtbereitschaft rund um die Uhr, wenn sie einen Ladehafen für uns ausbaldowern, sollen wir unverzüglich losdampfen können. Die Piepels sind stinksauer, Cristobal ist 'ne klassische Hullygully-Town, einige alte Bananenfahrer erzählen wilde Storys vom Nachtjackenviertel der Stadt. Einige Leute von der Maschine werden beim Alten vorstellig. „Also, Kaptain, wir können das doch so machen, wir fahren an Land, und wenn 'ne Order kommt, dann tuten 'se dreimal, und wir sehen zu, dass wir wieder an Bord kommen. Haben wir in Bolivar auch mal so gemacht!" Der Alte tippt sich an die Stirn: „Bei euch tutet's wohl. Ihr glaubt doch nicht im Ernst, dass ich mich da drauf einlasse. Nix gibt's!" Grummelnd verziehen sich die Jantjes in ihr Wohndeck, der Alte hat jetzt Minuspunkte bei denen.
Tage vergehen. Tagsüber zu heiß, nachts zu warm. Ich höre weiterhin meine Listen, aber Order kriegen wir höchstwahrscheinlich von der Agentur in Colon. Die stehen über UKW mit uns in Kontakt. Wegen dem ‚Standby'-Status nehme ich auch täglich einen Karibikwetterbericht auf, und sei es, um mir die Zeit zu vertreiben. Viel Zeit verbringe ich am Pool und schaue den vorüberschaukelnden Pelikanen zu. Die Deckscrew wird mit ‚Entrosten' beschäftigt. Der Lärm der Rosthämmer ist ohrenbetäubend, ich flüchte mich auf die Kammer. Warten. Warten. Warten.

Am Abend des dritten Tages, ich bin gerade mit der Presse durch, höre ich großes UKW-Palaver von der Brücke, die ist ja nur Meter von meiner Tür entfernt. Haben die Amis endlich Order? Nein, haben sie nicht. Chiefmate klönt mit der PIROL, einem Schwesterschiff von uns.

Ich stelle mich dazu, gerade tauschen sie die Namen der Besatzungsmitglieder aus. Und siehe da, Funker da drüben ist Werner, ein kleiner Berliner, der mit mir auf der Seefahrtschule war. Der ist also auch bei Laeisz gelandet und somit wie ich auf seiner ersten Fahrt als Sparks.

Zunächst kann ich nicht mit ihm labern, wir haben nur ein UKW-Gerät, das Ding ist portabel und wird bedarfsweise zwischen Brücke und Funkraum hin und her bewegt. Eigentlich ein unmöglicher Zustand, PEKARI ist auch das einzige Schiff in meiner gesamten Laufbahn, wo wir uns das UKW quasi teilen müssen. Später ist grundsätzlich ein eigenes Gerät in der Funkstation eingerüstet.

Schwesterschiff PIROL auf Cristobal Reede

Nachdem der Chiefmate sich mit seinem Kollegen genügend ausgetauscht hat, quatschen die beiden Kapitäne noch miteinander. Und endlich kann ich mir die Kiste unter den Nagel reißen und schnacke mit Werner. Viel Zeit haben wir aber nicht, der Alte drängt darauf, das Gerät wieder auf den Agenturkanal zu schalten, der wartet wirklich wie ein Flitzebogen auf 'nen Auftrag. Und außerdem bleibt die PIROL auch hier liegen, damit sind nun zwei Kühlschiffe von Laeisz hier in Lauerstellung.

Es wird Wochenende, und nichts hat sich getan. Dem Alten ist auch nicht wohl dabei, der Crew den Landgang zu verweigern, er telefoniert mit der Agentur. Die wiederum ruft in Boston an, dort räumt man ein, dass am Sonntag mit Sicherheit keine Entscheidung über einen Ladehafen fallen wird. Der Alte bestellt umgehend ein Boot, allerdings nur für einen Tagesausflug, die Piepels können am Sonntagmorgen rüber zur Stadt fahren, ein weiteres Boot geht am Mittag und das Letzte am Abend. Für einen „Nachtdienst" kann sich der Alte nicht erwärmen, er fürchtet, dass diverse Maaten in der Town versacken und nicht rechtzeitig an Bord sind. Nicht zu Unrecht, das hat's immer wieder mal gegeben.

Im Eilverfahren zahle ich Dollars aus, jetzt muss alles sehr schnell gehen. Selbst nehme ich das Mittagsboot, da ist ein großer Teil der Besatzung schon an Land. Ich bin mit Werner verabredet, die PIROL liegt ja auch auf ‚Standby' und hat sich an unser Landgangsmanöver drangehängt. Werner wartet am Bootsanleger auf mich. Wir suchen uns eine kleine Kneipe und tauschen uns aus. Schon nach kurzer Zeit schnalle ich, dass Werner nicht mal halb so happy in seinem Job ist wie ich, als es ihn zur Seefahrt zog, hatte er sich wohl die Sache ganz anders vorgestellt. Der Umgangston an Bord ist ihm vielfach zu derb oder zu primitiv, das ganze Miteinander entspricht nicht seinen Vorstellungen. Schade, aber im Nachhinein erkenne ich wieder den Vorteil, den mir meine kurze Fahrtzeit als Aufwäscher verschafft hatte. Ich wusste, auf was ich mich einlasse. Auf der Schule war ich nicht so sehr im privaten Kontakt mit Werner gewesen, vielleicht war er zu sehr Schöngeist für diese raue Welt an Bord. Wir schnacken noch eine ganze Weile. Er erzählt mir, dass er mit Kapitän Moebes fährt, der hat bei einigen Funkern einen Ruf wie Donnerhall. Moebes gehört nämlich zu dieser schon fast ausgestorbenen Generation von Nautikern, die selbst einstmals das Morsen lernten und dann den Funkdienst auf Frachtern nebenbei ausübten. Was Nautiker ja heute im Zeitalter der Satellitentechnik wieder tun, wenn auch mit geringerem fachlichen Ausbildungsanspruch. Und dieser wirklich alte Kapitän saß seinen Sparkys gerne im Nacken, der hörte mit und mokierte sich dann über deren Funkverkehr. Stelle ich mir auch unangenehm vor. Allerdings sollte ich wenige Monate später mit diesem Kapitän auf der „PERSIMMON" zusammen fahren und überhaupt keine Probleme mit ihm feststellen. Im Gegenteil, ich kam prima mit dem zurecht, vielleicht stimmte einfach die Chemie nicht zwischen den beiden.

Später schlendern wir noch ein wenig durch die Gassen und plaudern, da passiert es. Plötzlich rempelt mich von hinten jemand heftig an, bevor ich reagieren kann, reißt mir so ein halbwüchsiger schwarzer Bengel die komplette Brusttasche vom Hemd und jagt wie ein Windhund davon. Werner und ich stehen da wie die Deppen, Maul weit offen und wundern uns. Hinterher rennen habe ich sofort verworfen, der kleine Drecksack verschwindet vor unseren Augen in einer Seitengasse, ich werde den Deibel tun und dort rein wetzen.

Weiß ich, wie viele Kumpels von dem Schlingel da auf der Lauer liegen? Der Verlust hält sich in Grenzen, in der Brusttasche waren zwei Fünf-Dollar-Scheine gewesen, die haben sich bei dem dünnen Sommerhemd wohl außen abgezeichnet und den Beutetrieb dieses Kleinganoven geweckt. Meine restliche Kohle hatte ich, wie in Kanakeranien üblich, in den Socken platziert. Das war dann der erste und einzige Überfall, dem ich in der kompletten Seefahrtzeit zum Opfer fiel.

Abends stehen wir an der Pier und warten auf das Boot, das uns zu den Schiffen zurückbringen soll. Ich gebe Werner die Hand, rate ihm durchzuhalten und vielleicht auf 'nem anderen Dampfer sein Glück nochmals zu versuchen. Viel später hörte ich, dass er nach der PIROL die Seefahrt an den Nagel gehängt hat. Es war nicht seine Welt gewesen.

Noch zwei Tage hängen wir vor Cristobal herum, immer in Fahrbereitschaft. Wenigstens hatten die Maaten einen Tag an Land verbringen können. Der Landgang verlief sogar weitgehend „unfallfrei". Einzige bekannt gewordenen Zwischenfälle waren die Attacke auf meine Kohle und eine kleine Keilerei zwischen unseren Maschinesen und einigen englischen Sailors, einer der Limeys hatte angeblich „Nazi" gesagt und dafür vom Storie postwendend eine aufs Maul bekommen. Schon hatten sich die Jungs in der Wolle, aber als irgendjemand „Policia" schrie, stobten die Kontrahenten in alle Himmelsrichtungen auseinander, und damit hatte es sich. Irgendwelche Putas hatten die Janmaaten auch ausfindig gemacht und da wohl genügend Dampf abgelassen, um die nächsten Tage wieder handzahm ihre Arbeit zu erledigen.

Endlich der ersehnte Anruf von der Agentur. Unverzüglich sollen wir Anker auf gehen und zum Laden hoch nach Puerto Limon kacheln, und zwar flott. Ich höre es gerne, damit gehen wir nicht durch den Kanal, eine Verwaltungsorgie weniger. Aber dann muss ich gewaltig in die Hufe kommen, das sind ja nur 11 Stunden bis dahin. Die Zoll-Listen einfach nur in die Messe legen is' nich', ich wetze buchstäblich hinter den Piepels her und lasse sie sofort ihre Eintragungen machen. Dann noch die umständliche Funkerei mit Slidell, mein Zeitfenster ist recht klein.

Puerto Limon empfängt uns zunächst abweisend. Der Alte telefoniert über UKW mehrfach mit der Agentur, die scheinen keinen rechten Plan für uns zu haben. „Stay outside, Captain, we call you back tomorrow!" Gut wir liegen hier bei ruhiger See vor Anker, warten wir ab.

Ein Abend auf Reede bei Temperaturen so um die 28 Grad kann auch ganz angenehm sein, lange noch sitzen wir auf dem Palaverdeck und palavern, dafür ist es ja da. Jochen stellt sich an die Reling, hebt die Arme wie einst Moses bei der Verkündung der zehn Gebote und brüllt rüber zur Küste: „Seemann, prüf dein Sackgewicht, an Steuerbord ist Land in Sicht!" Allgemeine Heiterkeit, seit der Weihnachtsfeier kennen wir seine Vorliebe für schlüpfrige Poesie. Der Alte gesellt sich ein wenig dazu, das hat den Vorteil, dass er gleich mit samt seinem Kantinenschlüssel präsent ist, falls wir trocken fallen und Biernachschub benötigen. Bei Laeisz machen die Kapitäne selbst die Kantine, meist gibt es nur zwei Ausgabetermine die Woche, bei Bedarf „zwischendurch" muss man geschickt verhandeln, um in den Genuss zusätzlicher „Öffnungszeiten" zu gelangen. Aber dieser Alte stellt sich da sowieso nicht so eng an, ihm ist bekannt, dass dürstende Piepels nur eingeschränkt funktionieren.

Am nächsten Tag derselbe Spruch. „We call you back tomorrow." Ich äußere den Verdacht, dass das Office der Agentur unbesetzt ist und ein Tonband läuft oder ein dressierter Papagei seinen kompletten Wortschatz abspult. Aber der Alte bleibt unbeeindruckt, das gäbe es hier öfters.

Tomorrow ist mittlerweile schon drei Mal Today geworden, und immer noch tut sich nichts.

Dafür grillen wir am dritten Abend frischen Fisch, unsere Gilbies haben ständig Angelleinen draußen und schon einiges hochgezogen. Also wird auf die Schnelle ein Grillabend organisiert. Herrlich auf Holzkohle gegrillter Frischfisch, dazu kaltes Beck's, von mir aus können sich die Chiquita-Strategen ruhig noch Zeit lassen mit dem Einlaufen.

Endlich kommt Bewegung in die Sache, die Agentur meldet sich ganz hektisch am UKW. Einlaufen in einer Stunde. Warum jetzt auf einmal so eilig, faulen etwa die Bananen? Der Chief ist sauer, die haben da so ein paar Teile wegen Wartung auf den Flurplatten liegen, eine Stunde ist etwas knapp, um die Maschine klar zu kriegen. Aber dann sind wir doch „ready", als der Lotse an Bord gebracht wird.

Die Behördenabfertigung kommt schleppend in die Gänge, einige Beamte sind an Bord, andere sollen noch kommen. Immer wieder derselbe Mist in diesen Ports, diese Behördenheinis behindern uns und sich selbst nach Kräften, und schlussendlich läuft es doch nur auf eine große Abstauberei raus. Ich bin entsprechend angefressen, als sich endlich der letzte Würdenträger verabschiedet. Aber der Agent hat gute Neuigkeiten. Wir werden hier voll abladen und dann Richtung Nordeuropa gehen. Gemeint ist damit die Range von Antwerpen bis Skandinavien, auch ein deutscher Hafen ist im Bereich des Möglichen. Details zum Zielhafen sollen folgen. Das riecht für mich nach Ablösung, dito für fünf weitere Kollegen, die mit mir in Bremerhaven einstiegen.

Am Schiff wird's lebendig, die fangen unverzüglich an zu laden. Und wir drängen an Land, für die nächsten Wochen ist es dann Essig mit Rum und braunen Ladys. Wir marschieren in bewährter Formation, Jochen, Segundo und meine Wenigkeit. Finden mit nachtwandlerischer Sicherheit den Schuppen, der mit allen Mitteln Seeleute betreut und gehen dort in Stellung. So nach und nach trudelt die halbe Crew ein, PEKARI rules Puerto Limon. Auch der Alte und der Chief lassen sich mal blicken, verschwinden aber nach zwei Drinks wieder. Später im Oberdeck einen Fickstall neben Schmierer Meier oder Kochsmaat Krüger einzutörnen ist ihnen wohl doch etwas unangenehm. Wir unterhalten uns mit den Chicas, dabei schnappe ich von einer der Ladys interessante Aussagen auf. Also, wir Alemanes, wir seien ja nette Kerle. Großzügig und very nice. Aber mit den Filipino-Seeleuten, das sei schöner. Die tanzen nämlich gerne, und dann sängen sie Karaoke, Alemanes hingegen tanzen nicht, saufen aber, bis der Arzt kommt. Eine Chica bringt es auf ihre Art auf den Punkt: Alemannes mucho focki focki, pero mas drinki drinki. Der deutsche Seemann vögelt zwar, saufe aber umso mehr. Interessant. Ich werde aber trotzdem nicht Karaoke singen. Und wenn sich die Damen auf den Kopf stellen....

Es sind dann doch drei Tage geworden, bis die Luken endgültig zugefahren wurden. Drei träge Tage für mich, und drei lustige Nächte mit viel Party in besagter Seemannskneipe.

Der Gilbie Rokobu schaffte das Kunststück, gleich zweimal eingelocht zu werden. In der ersten Nacht ging er wegen postalkoholischer Randale in den Kalabus, der Alte löste ihn 24 Stunden später wieder aus, und am letzten Abend tauchte Rokobu in der gleichen Kneipe wieder auf, er sähe da noch Klärungsbedarf. Eine halbe Stunde später wurde er wieder im Kalabus eingeliefert und verblieb dort bis Auslaufen. Der Storekeeper ging mit seiner Chica derart heftig zur Sache, dass die Koje zusammenbrach, dies fand natürlich in unmittelbarer Nachbarschaft weiterer Kollegen in den Nachbarkabinen statt und wurde somit zum Running Gag während der ganzen Überfahrt. Und dem Kochsmaaten gelang das Kunststück, ausgeraubt zu werden, ohne bei dem Überfall dabei gewesen zu sein. Als nämlich einer der Assis vorzeitig zum Schiff zurückwollte, gab er diesem seine recht teure Uhr mit, er habe vergessen sie abzulegen vor dem Landgang. Der Assi lief einigen schrägen Vögeln in die Arme und büßte 50 Dollars und die Uhr des Kochsmaaten ein. Dieser kam am Morgen übrigens völlig unbehelligt an Bord.

Am Abend sollen wir auslaufen. Einige Maschinenleute sind nach dem „Ausscheiden" nochmals in die nächstgelegene Pinte marschiert, um einen „Abschiedsschluck" zu nehmen. Wir machen seeklar, und die Spezialisten sind noch nicht zurück. Der Alte schickt den dritten Ing los, die Typen an Bord zu holen. Der kommt auch nicht wieder. Der Chief lehnt es rigoros ab, hinter seinen Leuten herzurennnen. Jetzt greift sich der Alte meine Wenigkeit: „Sparks, gehen sie mal da rüber und holen sie diese Dödels aus der Kaschemme, wer nicht umgehend hier auftaucht, kassiert 'nen Sack!" Ich zucke mit den Schultern und mache mich auf den Weg, probieren kann ich es ja. In der Kneipe stehen der Storie, zwei Schmierer und der Kochsmaat, dessen Abwesenheit war noch gar nicht aufgefallen. Der dritte Ing steht auch dabei und haut sich gerade einen Drink in die Tülle. „Also Leute, der Alte springt im Dreieck, ihr sollt euch endlich mal auf die Socken machen!" – „Jou, geit kloor, Sparky, einen letzten noch. Trink einen mit!" – „So erfolgreich war ich auch!" meint der Dritte und kippt einen nach. Also gut, eine Runde wandert auf den Tresen und direkt anschließend in unsere hohlen Köpfe.

Ich nehme einen weiteren Anlauf: „Also, Leute, ich gebe jetzt 'nen letzten aus, und dann hauen wir ab, sonst brackert der Alte ohne euch los!" – „Jou, geit kloor, Sparky, aber ohne dich fährt der bestimmt nich' lous"! Scheiße, da hat er recht, ohne Funker darf der Alte gar nicht auslaufen. Die sehen mich praktisch als Sicherheit, dass der Dampfer nicht abhaut. Da steht der Chief in der Tür, der Alte hat ihm wohl den Ernst der Lage klargemacht. Prima, denke ich, jetzt hast du die Verantwortung, du hast 'nen Streifen mehr als ich. Der Chief macht einen auf strengen Kumpel: „Also, passt ma' auf, wir hauen noch einen wech, und dann geht's im Eilmarsch an Bord. Und keine Widerrede, einen noch, und gut is'."

Vor dem Chief haben sie dann doch Respekt, wir schlucken seine Runde noch weg und latschen dann im Gänsemarsch zur PEKARI. Insgesamt hatten wir noch vier „letzte Runden" reingefegt, dann war die Sache vom Tisch.

Endlich wieder auf See. Ja, endlich, auch wenn so etwas für Landratten kaum nachvollziehbar ist. Aber nach einigen Tagen Wein, Weib und vereinzelt Gesang hat der Seemann auch mal wieder genug vom Hafenleben, kurz nach dem Auslaufen aus diesen

Bananenhäfen herrschte meist gespenstische Ruhe im Schiff. Kammertüren „auf Haken" gab es kaum, die Piepels geruhten zu ruhen.

Das legt sich nach wenigen Tagen, noch in der Karibik wird ein letzter Grillabend anberaumt. Bevor wir ins winterliche Europa gelangen, ist das die letzte „Schangs". Da sitzt nun der ganze Haufen zusammen und wärmt die jüngsten Erlebnisse von Puerto Limon noch einmal auf. Stories Bettzerstörung ist auf dem besten Wege, in den Bereich der ewigen Seemannlegenden vorzudringen. Manche Geschichten werden ja von den Maaten von Schiff zu Schiff weitererzählt und dabei natürlich auch gebührend ausgeschmückt. Ich rechnete ganz fest damit, eines Tages eine Geschichte zu hören „da hatten wir mal 'nen Storie auf der PEKARI, der hat in Limon so gewaltig gevögelt, da ist der ganze Puff zusammengebrochen, tagelang haben sie die Trümmer durchwühlt, bis sie alle Nutten wieder gefunden hatten!" Hätte mich jedenfalls nicht gewundert, dies eines Tages so erzählt zu bekommen. Und ich hätte, obwohl Zeuge vor Ort, diesen übertriebenen Blödsinn nicht mal dementiert, manche Schnacks sind einfach zu gut, um sie zu relativieren.

Jedenfalls verbringen wir eine gelungene Feier, die Gilbies mit ihrer „Bordband" taten das Ihre dazu, es war eine runde Sache.

Mitte Atlantik, die halbe Überfahrt ist geschafft. Und das Telegramm mit dem Löschhafen liegt auf dem Schreibtisch des Alten, wir sind für Rotterdam bestimmt. Umgehend schreibt der Alte eine Message für die Reederei, ETAs für Charterer und die Rotterdamer Agentur. Ich bin in der ganzen letzten Funkwache des Tages mit Traffic beschäftigt, einige Piepels haben auch noch Privattelegramme aufgegeben. Nun bin ich gespannt, klappt's mit der Ablösung oder fahre ich noch 'ne Reise mit?

Schon am folgenden Tage sind wir in der Liste von Norddeich. Laeisz benutzt für seine Telegramme einen Code, bestimmte immer wieder benötigte Begriffe werden mit Fünf-Buchstaben-Codes übermittelt. Nicht der Geheimhaltung wegen, sondern um Telegrammkosten zu sparen. Und das Codewort für Ablösung lautete UMZIA. Ich habe bei DAN ein Telegramm vorliegen, ich tippe es direkt in die Maschine, als es der Norddeich-Operator übermittelt. Es beginnt mit UMZIA, dann folgen fünf Namen. Meiner mittendrin.

Das war's also, ich werde in Rotterdam nach knapp sechs Monaten das Schiff verlassen.

Meine erste Fahrtzeit als Sparks geht zu Ende, und verdammt, es war eine schöne Zeit.

Als ich dem Alten das Telegramm auf den Tisch lege, grinse ich breit. Der Alte grinst, weil ich grinse. „Na Sparks, das war's dann für Sie!" – „Kann man sagen", meine ich, „aber ein paar Tage haben wir noch Zeit!" Dann schickt er mich direkt los, die anderen betroffenen Piepels zu informieren. Ich hinterlasse lauter grinsende Gesichter.

Die letzten Tage an Bord werden noch mal richtig sauer. Nordatlantik im Januar, Seeleuten brauche ich nichts zu erzählen. Wir schaukeln uns einen ab, dass es eine Freude ist. In der Biscaya abendliche Bierrunde in meiner Kammer, sechs Mann hoch haben wir uns um die kleine Back geklemmt. Jawohl, geklemmt ist der richtige Ausdruck, man verkeilt sich mit seinem Stuhl irgendwie so, dass man nicht ständig von einer Ecke in die andere rutscht. Bierflaschen behält man in der Hand, auf den Tisch stellen kann man vergessen. Obwohl mir Kalle schon auf der ersten Reise seine patentierten Schlechtwetter-Bierflaschenhalter gebastelt hat, an der Tischkante zu befestigende Ringe aus Schweißdraht. Wenn man das Glück hat, einen Kühlschrank zu besitzen, muss dieser an der Tür mit einem Vorreiber gesichert werden, es ist kein Vergnügen, wenn beim Überholen die Kühlschranktür auffliegt und der Inhalt durch die Gegend kugelt. Kühlschränke waren auch so ein Thema, meist hatten nur die Eisheiligen Einbaukühlschränke auf der Kammer. Wir nachgeordneten Hansels kauften uns die Dinger selbst, normale Haushaltskühlschränke, die man dann erst noch seetauglich machen musste, mit dem Vorreiber zum Beispiel. Wurde man abgelöst, konnte man das Ding dem Nachfolger mit Abschlag weiterverhökern, der tat dies auch wieder, und irgendwann war die Kiste bei Null. Oder auch nicht, manche Kühlschränke sollen jahrelang immer wieder für 50 Mark weitergereicht worden sein, so einen Werterhalt hat manche Immobilie nicht.

Jetzt hocken wir also bei mir und halten unsere Buddels fest. Und schnacken von Schiffen, von anderen Piepels, mit denen man schon mal fuhr, von Häfen und ihren Kneipen.

So wie die Landratten die Kneipen ihrer Heimatstädte kennen, so kennt der Sailor die Hafenspelunken dieser Welt. Berühmte Läden darunter, von denen jeder Seemann schon mal gehört hat. Die „Roland-Bar" in Valparaiso gehört ebenso dazu wie der „Silbersack" in Hamburg. Oder der „Sessel-Puff" in Bolivar, wegen seiner Möblierung so genannt. Das „Blue Moon" in Callao bewirtete Generationen von Maaten, um „Gummidödel-Wilma" in Casablanca ranken sich zahllose Geschichten. Emmas Puff in Golfito ist jedem Bananenfahrer ein Begriff, egal unter welcher Flagge er fuhr. Viele dieser Läden wird es heute nicht mehr geben, für uns sind sie unsterblich.

Wir schnacken über Kollegen, mit denen man schon mal an Bord war. In jeder Reederei gibt es lebende Legenden. Ich bin noch zu kurz bei Laeisz, um mitreden zu können, in den folgenden Jahren sollte ich etliche dieser Strategen kennen lernen. Bootsmann „Schweine-Willi", der diesen Ehrentitel trägt, nachdem er in Bolivar versucht hat, auf einer Sau reitend vom schon erwähnten „Sessel-Puff" zum Schiff zu gelangen. Oder Kapitän „Taifun-Otto", den ich auf dem sturmumtosten winterlichen Nordpazifik in Hochform erleben durfte. Solche Klönrunden waren ein nicht endender Quell der Heiterkeit, ich vermisse sie heute noch.

So bringt jeder irgendwelche Döntjes in die Runde ein. Dank meiner Aufwäscherfahrtzeit kann ich auch schon mithalten, Paul Steffens „Würstchen für den Kapitän" ist ein gern gehörter Brüller. Wir haben einen Heidenspaß bei diesen Kammersitzungen.

Wir erreichen den englischen Kanal, die See wird ruhiger, Kofferpacken ist jetzt angesagt. Für Rotterdam sind alle Papiere vorbereitet, nur noch wenige Stunden bis zum Zielhafen. Für die Brücke wird es noch einmal sauer, pottendicker Nebel, ausgerechnet in diesem dicht befahrenen Seegebiet. Ich stehe in der Nock neben dem Ausguck, alles um uns herum grau. Auf der Brücke kleben sie am Radar, immer wieder startet der Alte warnend die Sirene. Aus dem Nebel heraus antworten andere Dampfer, man tastet sich so durch.

Es bleibt neblig, als wir Hoek van Holland erreichen, ein Lotse kommt an Bord und bringt uns in den Hafen. Bei langsamer Fahrt, draußen ist alles grau in grau, gelegentlich von gelblichen Lichtern durchdrungen. Am Vormittag sind wir fest, fröstelnd stehe ich in der Nock und beobachte das Anlegemanöver. Soweit es was zu beobachten gibt, Vorschiff und Heck sind in der Suppe schon nicht mehr zu sehen. Dann Einklarierung, ich erwarte wie in Rotterdam üblich eine kurze und schnelle Abfertigung. Das funktioniert auch wie angedacht, aber nun taucht die „Schwarze Gang" auf. Der holländische Zoll erscheint mit einem Kleinbus und einer Durchsuchungsgruppe an der Gangway, die wollen sich die PEKARI mal näher ansehen. Keine ungewöhnliche Maßnahme, Schiffe werden immer wieder mal durchsucht, besonders wenn sie aus dem mittelamerikanischen oder südamerikanischen Drogengürtel kommen. Und genau darum geht es den Zöllnern auch, wie sie unmissverständlich klarmachen. Einen Köter haben sie auch dabei, der wird nun durch alle Kammern geführt und darf an unseren Plünnen schnüffeln. Den ganzen Nachmittag durchstreifen die Holländer das Schiff, freundlich, aber bestimmt, verschaffen sie sich Zugang zu allen Bereichen. Hoffentlich hat keiner von den Maaten dort unten in Zentral irgendwelchen Stoff gekauft. Solcher Umtriebe verdächtig ist nach meiner Einschätzung keiner der Piepels, aber die Hand möchte ich dafür nicht ins Feuer legen. Auch der Alte ist sich da gar nicht so sicher, als ich ihn anspreche, wir sind in den Siebzigern, eine Tüte zu rauchen ist ziemlich „in" bei jungen Leuten und einige Assis hatten nie einen Hehl daraus gemacht, dass sie da gewisse Erfahrungen hätten. Aber die „Schwarze Gang" bleibt erfolglos, von ein oder zwei nicht angemeldeten Zigarettenstangen mal abgesehen. Darüber gehen sie aber großzügig hinweg, ihre deutschen Kollegen hätten da schon mal den Rechnungsblock rausgeholt.

Ich räume meine Station ein letztes Mal auf. Soll ja alles ordentlich aussehen, wenn der ablösende Kollege erscheint. Die ersten Urlauber habe ich auch schon verabschiedet und ihnen die Seefahrtsbücher in die Hand gedrückt, deren Ablöser sind schon eingetrudelt.

Der Funker soll aus Hamburg anreisen. Da steht der Alte in der Tür: „Sparks, ich habe gerade bei der Stauerei mit Hamburg telefoniert, ihr Ablöser sitzt zur Zeit auf dem Airport fest, die können wegen Nebel am Zielflughafen nicht starten. Kann also noch ein bisschen dauern." Also ist die ganze Küste hier im Nebel verschwunden, und damit auch Amsterdam Schiphol, wo mein Kollege hinfliegen soll. Zunächst mache ich mir aber mal keine Gedanken, die PEKARI soll erst am kommenden Morgen ganz früh auslaufen.

Es wird Abend. Alle Ablöser sind an Bord, die kamen per Bahn, und einer wurde von seiner Frau mit dem PKW angeliefert, lediglich der Funker fehlt noch. Der Alte geht nochmals rüber in das Büro der Stauerei und telefoniert mit der Reederei. Schlechte Nachrichten, in Fuhlsbüttel halten sie immer noch den Flieger nach Amsterdam fest, man habe zwar keinen Kontakt zum Funker, aber der warte dort noch bestimmt auf Wetterbesserung. „Die können sich gar nicht vorstellen, wie ich darauf warte", sage ich zum Alten. Der zuckt mit den Schultern. „Ich will Ihnen jetzt nicht den Teufel an die Wand malen, aber wenn Ihr Kollege es nicht schafft, hier anzutanzen, müssen Sie noch 'ne Reise dranhängen." Verdammt, verdammt! Ich bin schon total auf Urlaub eingestellt, die erste Party zuhause habe ich schon telefonisch organisiert. Und jetzt das. Andererseits, ich bin Realist genug, um mit der Sache richtig umzugehen. Wenn der Kollege nicht auftaucht, muss ich es so akzeptieren. Dann sitze ich in zehn Tagen wieder im T-Shirt vor einem Cuba Libre, da hilft alles nix.

Draußen löschen sie Bananen im Akkord. Immer noch dichter Nebel, in Amsterdam bestimmt auch. Es wird später Abend, ich verabschiede mich von meinen Urlaubsplänen. Segundo und Erwin tauchen auf: „Na Sparks, kannst dich doch nicht trennen, was soll's, was willst du bei dem Scheißwetter zu Hause?" Ich mache gute Miene zum bösen Spiel: „Hab ich mir auch überlegt, und außerdem kann man euch alleine nicht auf die Menschheit loslassen, ich passe mal besser noch 'ne Reise auf euch auf!" Und schon schleppt Erwin 'ne Kiste Holsten an, wir reißen die Kronkorken runter, Prost auf die Reiseverlängerung vom Sparks. Wir sitzen in der Funkbude, Zigarettenqualm sorgt nun auch für Nebel im Innenbereich, und aufgeräumt sieht es schon nach kurzer Zeit überhaupt nicht mehr aus. Die Holstenkiste ist zum Drittel gelenzt, da steht ein Fremdling in der Tür. Schaut etwas irritiert, als er da so in eine Party hereinplatzt. „Schönen guten Abend, Doormann mein Name. Ich soll hier den

Funker ablösen!" Ich gucke verdutzt, innerlich hatte ich den Urlaub bereits annulliert. „Also, mit Ihnen habe ich jetzt gar nicht mehr gerechnet, sorry für das Durcheinander hier, aber wir feiern gerade meine Dienstzeitverlängerung!" – „ Macht doch nix, mit mir wäre ja auch gar nicht zu rechnen gewesen. Die haben keine Flieger nach Amsterdam abfliegen lassen, der Platz ist völlig dicht. Da habe ich mich dann am Nachmittag nach Antwerpen umbuchen lassen. Und dort habe ich mir ein Taxi gekrallt, das sind ja nur knapp über 100 Kilometer bis hier her. Tscha, und da bin ich nun!" Donnerwetter, da hatte sich der Kollege auf eigene Faust hierher durchgeschlagen. Der wollte wirklich einsteigen, manch anderer Spezialist hätte auf die Flugausfälle verwiesen und seinen Urlaub verlängert. Ich atme tief durch, wir haben eine neue Ausgangslage. Meine beiden Kumpels hauen mir auf die Schulter und verdünnisieren sich mit dem restlichen Bier. Ich räume die gröbsten Partyfolgen weg und starte eine Übergabe. Doormann ist ein alter Hase, viel muss ich ihm nicht erzählen. Verwaltung ist auf dem aktuellen Stand, Funkstation technisch OK, und bei der letzten Reise wurde das Funksicherheitszeugnis erneuert, das reicht ihm. Wir wechseln noch ein paar Worte, dann schleppe ich meinen Koffer nach unten. Melde dem Alten meine Ablösung, Dormann kommt mit und stellt sich vor. Der Agent sitzt gerade in der Kapitänskammer, mit seinem Handfunkgerät kontaktet er sein Office. Einen Rückflug in die Heimat bekomme ich heute nicht mehr, der Agent organisiert in einer halben Stunde einen Flug Amsterdam-Frankfurt für den folgenden Morgen, Rückgang des Nebels vorausgesetzt. Dazu ein Einzelzimmer im Seemannsheim für die Übernachtung.

Ich unterhalte mich noch ein wenig mit dem Alten. Das war's dann wohl...

Ein Taxi steht wenig später an der Gangway, um mich zum Seemannsheim zu bringen. Wir rollen davon, ich drehe mich noch einmal um. In der nebeligen Nacht erkenne ich vage die Konturen des Schiffes, dann nur noch die Decksbeleuchtung. Für sechs Monate war mir dieser Zossen Heimat und Arbeitsplatz, Wohnung und Ersatzfamilie gewesen. In diesen sechs Monaten war aus einem nervösen Anfänger ein recht gelassener Sparky geworden. Und jetzt, genau in diesem Moment, verstehe ich die schon fast amouröse Zuneigung vieler Seeleute zu „ihrem" Schiff.

Am Ende des Hafenbeckens biegt der Wagen ab, die PEKARI ist verschwunden.

Erster Nachtrag

Mit der sechsmonatigen Fahrtzeit hatte ich mir einen Anspruch auf über zwei Monate bezahlten Urlaub erworben. Als Junggeselle erlebte ich diesen Urlaub als eine Art ausgedehnten Landgang, man zieht durch die Kneipen des Heimatortes, man feiert die Entbindung von allen Pflichten und beantwortet gefühlte hundertmal die Frage, ob man auch einen Sturm erlebt hat. Und nach zwei Monaten hat man es schon fast wieder satt, so in den Tag hinein zu leben und wartet auf einen Anruf.

MS PERSIMMON auf Reede, bei einem Bootsmanöver aufgenommen

Der kam dann auch. Eine Woche später saß ich in einem Flugzeug mit Ziel New York. Dort sollte ich umsteigen auf eine Maschine nach Baltimore. In diesem Hafen lag MS „PERSIMMON", ein

Schwesterschiff der PEKARI, ich würde ein weiteres halbes Jahr in der Bananenfahrt verbringen.

Ankunft am Schiff. Ich steige im Hafen von Baltimore aus dem Taxi, vor mir liegt mein neuer Dampfer. Ein vierschrötiger Typ entert gerade die Gangway hoch, über der Schulter trägt er eine gigantische Wodkaflasche, so einen Eumel, wie man ihn mit mehreren Litern Inhalt hinter einer Bar findet. Da hängt der Alte über der Brückenverschanzung, ich sehe die vier Streifen auf der Schulter. „Sie, Sie kommen sofort hoch zu mir, und die Buddel bringen sie gleich mit!" Was geht denn hier ab? Kann's der Alte nicht erwarten, bis er mit Sprit beliefert wird? Egal, ich schleppe meinen Koffer ebenfalls an Bord und gleich weiter zur Funkstation.

Der Kollege sitzt auf seinem Gepäck, der will nur noch nach Hause. Wir unterhalten uns ein wenig, die Funkstation ist die altbekannte von der PEKARI, verwaltungsmäßig ist alles aktuell, viel werden wir nicht beschnacken müssen. Dann zum Alten, muss mich dort vorstellen, die Kapitäne erwarten das. Der ist deutlich angepisst, hockt hinterm Schreibtisch mit roter Birne. „Der verdammte Schmierer. Ich habe dem schon vor Wochen Alkoholstop verpasst, weil er meistens breit war. Und jetzt schleppt dieser Gauner 'ne Riesenbuddel Sprit an Bord, dem werde ich was erzählen!" Ich mache mich bekannt, aber der Alte ist nicht bei der Sache, er wartet auf den Schnapsschmuggler. Jetzt steht der Motorenwärter in der Tür, Flasche unterm Arm: „Moin Kaptein, ik soll mich hier melden?" Der Alte läuft zur Hochform auf, staucht den Schmierer zusammen: „Und das eine sag ich Ihnen, beim nächsten Versuch dieser Art gibt's 'nen Sack. Und die Flasche bleibt hier, die können 'se wiederhaben, wenn'se abmustern!" – „Also, Kaptain, dat is' nich' was Sie denken tun. Ik wollte mir ein Buddelschiff bauen, der Wodka is' mir schiet egol!" Der Alte war kurz vorm Platzen. „Ein Buddelschiff? EIN BUDDELSCHIFF? WOLLEN SIE MICH VERARSCHEN??? DIE BUDDEL BLEIBT HIER" – „Also gut Kaptain, aber ik mach 'nen Strich dranne, nich' dat sie wat wech suupen!"

Der Alte gerät unmittelbar in die Nähe eines Herzinfarktes. „RRAAUUUS!!!"

Danach wechsele ich noch ein paar Worte mit dem Kapitän, der immer noch heftig hyperventiliert, anschließend gehe ich zurück in die Funkbude. Auf dem Weg dorthin muss ich unvermittelt breit grinsen, ich bin jetzt schon ganz sicher, dieser Trip wird wieder ganz großes Kino werden. Und so kam es auch, er wurde ganz großes Kino...

Übrigens, einige Wochen später erzählt mir der Bootsmann feixend, dass der Alte in seinem Schrank 'ne Buddel mit Wasser spazieren fährt. Den Wodka hatten der Koch und der Schmierer ganz schnell in leere Gurkengläser umgefüllt und die Flasche neu „beladen", bevor sie beim Alten abgeliefert wurde.

Zweiter Nachtrag

Nach PEKARI und PERSIMMON bin ich nie wieder auf einem Kühlschiff gefahren. Bei F. Laeisz blieb ich bis zum Jahre 1979, dann wechselte ich zu der in jenen Jahren deutlich größeren Reederei Chr. F. Ahrenkiel und verblieb dort bis zu meinem endgültigen Ausstieg aus der Seefahrt im Jahre 1986. Ahrenkiel betrieb eine sehr gemischte Flotte von Containerschiffen, Stückgutfrachtern, Bulkern, Gastankern und auch Kühlschiffen, auf etlichen habe ich meine bescheidenen Spuren hinterlassen.

Es war die Zeit, in der der Container die Hauptrolle in der Frachtschifffahrt übernahm, diese verdammten Kisten haben den Welthandel enorm voran gebracht, uns Seeleuten aber den Spaß verdorben. Ich hatte aber das Glück, überwiegend auf Containerschiffen zu arbeiten, die in den Achtzigern jene Häfen in Afrika und Asien bedienten, welche zwar schon den Container kannten, aber auch noch die Zeit. Eine Woche Liegezeit in Mombasa war immer drin. Ich hatte auch das Glück, auf einem der letzten Stückgutfrachter unter deutscher Flagge eine Reise mitzuerleben, die aufgrund widriger Umstände für den Reeder und günstiger Umstände für die Crew zu einer zweimonatigen Liegezeit in Mexiko führte. Danach meldete der Charterer Konkurs an und der Reeder verkaufte schleunigst das Schiff.

Ich hatte das Glück, für einige Monate auf einem Feederschiff in der Karibik zu funken. Der Zossen karrte Container zwischen Trinidad, Barbados und Puerto Rico hin und her, auf See waren wir immer nur kurz und in den Häfen lang. Seitdem gehe ich mit der

Behauptung hausieren, dass ich zehn Sorten Rum am Uringeruch unterscheiden kann.

Einige meiner Fahrtzeiten verbrachte ich auf Bulkern, Massengutschiffen, um die mancher Sailor einen Bogen macht. Lange Seetörns, öde Industriehäfen. Auch da gab es zwei Seiten der Medaille. Ich bin auf einem 140.000-Tonner in der Erzfahrt zwischen Brasilien und Japan an die Grenzen meines Humors gestoßen, eine grauenhaft eintönige Reise, die nicht mehr enden wollte, wir waren sieben Wochen auf See. Monotonie und Langeweile in höchster Vollendung. Sensationellstes Ereignis des ganzen Trips war wohl, als eine Möwe auf den Peilkompass schiss...

Ganz anders sah es mit dem gleichen Schiff an der Küste von Thailand aus. Wir luden dort Tapioka, zum Einlaufen stürmten zwei Dutzend Thai-Mädels den Dampfer und zogen ganze selbstverständlich in die Kammern ein, als „Ehefrau auf Zeit" gewissermaßen. Volles Programm, inklusive Wäsche waschen und Ehestreit. Die Liegezeit dauerte fast drei Wochen, und genau so lange benötigten die Piepels nach dem Auslaufen, bis sie den verklärten Gesichtsausdruck wieder loswurden.

Man sieht, die Seefahrt hatte viele Facetten. Und eines teilen wir Seeleute ja mit den Landratten: Die negativen Dinge fallen der Verdrängung anheim, das Schöne bleibt im Gedächtnis.

Dritter Nachtrag

Meine Fahrtzeit als Aufwäscher blieb nur eine kurze Episode von gerade mal sieben Monaten. Ich habe es aber nie bereut, auf diese Art die Seefahrt „ganz unten" kennen gelernt zu haben. Auf den Frachtschiffen der Gegenwart existiert kein kopfstarkes „Feudelgeschwader" mehr, eventuell ist noch ein Steward für diverse Reinigungsarbeiten an Bord. Offiziere und Mannschaften nehmen häufig ihre Mahlzeiten mittels Selbstbedienung in einer Art Cafeteria zu sich.

Funkoffiziere sind ein abgeschlossenes Kapitel in der Geschichte der Seeschifffahrt geworden. Genau so wie der Segelmacher oder der Schiffszimmermann.

Norddeichradio, die berühmte Küstenfunkstelle, die seit 1907 die Verbindung zu deutschen Handelsschiffen in aller Welt aufrechterhalten hatte, stellte am 31.12.1998 den Betrieb ein.

Hapag-Lloyd, jenes Unternehmen, das mir 1972 meine „Schnupperfahrtzeit" als Messbüddel ermöglichte, gehört nach wie vor zu den Großen in der Branche. Ende 2012 fuhren 146 Containerschiffe für diese Reederei.

F. Laeisz zählt ebenfalls zu den deutschen Reedereien, die sich durch alle Krisen behaupteten. Der Schifffahrtsbetrieb wurde gegenüber „meiner Zeit" erheblich ausgeweitet, etwa 50 Containerschiffe, Bulkcarrier, Gastanker und Autotransporter befinden sich gegenwärtig in Fahrt. Die wenigsten davon allerdings unter deutscher Flagge.

Die im 2. Nachtrag angesprochene Reederei Ahrenkiel schickt ebenfalls noch Dutzende Schiffe über die Meere, kein einziges davon unter deutscher Flagge. Es gab aber einen Eigentümerwechsel, das Unternehmen firmiert seit 2014 als „Ahrenkiel Group".

Die im Buch mehrmals erwähnte Reederei HANSA war über hundert Jahre eines der bedeutendsten Schifffahrtsunternehmen Deutschlands gewesen. Ihre Frachter mit der markanten Schornsteinmarke (Rot-weiß-rot mit dem Malteserkreuz), deren Namen immer auf FELS endeten, waren auf allen Meeren unterwegs, als traditionelles Hauptfahrgebiet galten aber der Persergolf und die Häfen Südasiens. In den späten Siebzigern geriet das Unternehmen in finanzielle Schwierigkeiten, 1980 meldete HANSA Konkurs an.

MS BURGENSTEIN wurde von Hapag-Lloyd ab 1974 unter Panamaflagge noch für einige Jahre weiter betrieben. 1981 ging der Dampfer an eine saudiarabische Reederei in Jeddah, 1984 hat man das Schiff in Lianyungang abgewrackt.

Die HESSENSTEIN war einer der letzten modernen Linienfrachterneubauten der konventionellen Art, im Prinzip kamen diese Schiffe zu spät, der Container hatte seinen Siegeszug bereits angetreten. Schon 1974 wurde das Schiff nach Ecuador verkauft und fuhr unter dem Namen „ISLA PUNA". 1987 dann das Ende in einer Abwrackwerft in Kaoshiung.

MS PEKARI fuhr nach meiner Abmusterung noch drei Jahre für Laeisz, dann wurde das Schiff verkauft, als UNITED REEFER lief sie bis 1985 unter Panama-Flagge. Abgewrackt wurde sie anschließend in Vigo.

Die Seefahrtschule in Hamburg-Altona ist seit 2005 geschlossen, in Hamburg, dem „Tor zur Welt", werden seitdem keine Schiffsoffiziere mehr ausgebildet.

Und „Tante Hermine"? Das Gebäude, in dem sich diese legendäre Hafenkneipe befand, war in den Achtzigern massiv von den Auseinandersetzungen zwischen Behörden und der Hausbesetzerszene in der Hafenstraße betroffen. Die alten Häuser blieben nach langem Hin und Her erhalten, das Lokal wurde aber nie mehr eröffnet. 2011 hielt ich mich in der Gegend auf und suchte nach Spuren vergangener Zeit, und siehe da, eine kleine Erinnerungstafel, angebracht von der Hansestadt Hamburg, erinnerte neben dem alten Eingang an die ruhmreiche Vergangenheit dieser Seemannskneipe.

Aber den Walpimmel, der bei „Tante Hermine" über dem Klavier hing, den gibt es noch. Der befindet sich in der „Övelgönner Seekiste", einem kleinen Privatmuseum am Hamburger Elbufer. Dort kann man ihn besichtigen, und „Damens" dürfen ihn vielleicht auch mal anfassen…

ENDE

Anhang

Sowohl die Bücher des Autors als auch zahlreiche weitere See-mannserzählungen und maritime Biographien sind im Maritimbuch-verlag Jürgen Ruszkowski, Nagelshof 25, D-22559 Hamburg er-schienen und im Direktbezug dort erhältlich. Jürgen Ruszkowski, Diakon und Diplom-Sozialpädagoge, leitete von 1970 bis 1997 das Hamburger Seemannsheim der Seemannsmission am Krayenkamp – ein berufsspezifisches 140-Betten-Hotel für Fahrensleute – und lernte in dieser Zeit Tausende von Seeleuten aus aller Welt kennen. Unter dem Titel „Seemannsschicksale Band 1 -3" veröffentlichte er zunächst seine eigenen Erfahrungen mit den Seefahrern und schil-derte dabei in eindrucksvoller Weise Lebensschicksale von Men-schen, die ihr Leben der See verschrieben hatten. Später bot er zahlreichen ehemaligen Seeleuten die Möglichkeit, ihre eigene Ge-schichte zu verfassen und als Buch dem seefahrtinteressierten Le-ser nahezubringen. Entstanden ist so eine einzigartige Sammlung maritimer Erinnerungsliteratur. Ohne Jürgen Ruszkowski wäre die-ses Buch (In der 1. Auflage Band 62 in der gelben maritimen Buch-reihe des Ruszkowski-Verlages) wohl nie erschienen, für sein Wir-ken und seine Unterstützung sei ihm an dieser Stelle ausdrücklich gedankt.

Auf den folgenden Seiten findet sich ein Verzeichnis aller Werke, die bis zum heutigen Tage im Maritimbuchverlag Ruszkowski erschie-nen sind und dort bezogen werden können.

Im März 2015
Bernhard Schlörit

In der **maritimen gelben Buchreihe** „Zeitzeugen des Alltags" sind bisher folgende Bände erschienen:

Band 1 Anthologie Begegnungen im Seemannsheim Lebensläufe und Erlebnisberichte – ebook

Band 2 Seemannsschicksale – Anthologie – Seefahrerportraits – auch als ebook

Band 3 Seemannsschicksale – Anthologie – Erlebnisberichte von See – auch als ebook

Band 4 Seefahrt unserer Urgroßväter unter Segeln – auch als ebook

Band 5 Capt. Feiths Memoiren – Ein Leben auf See – auch als ebook

Band 6 Seemannserinnerungen – Anthologie – auch als ebook

Band 9 Endstation Tokyo – Achtern raus in Japan – 12 € – nur noch Restbestände

Band 10 Jürgen Ruszkowski: Rückblicke – Himmelslotse im Seemannsheim – auch als ebook

Band 14 Schiffselektriker in Cuxhaven – auch als ebook

Band 17 Schiffskoch Ernst Richter – auch als ebook

Band 18 Seeleute aus Emden und Ostfriesland – Anthologie – auch als ebook

Band 19 Das bunte Leben des Matrosen Uwe Heins – auch als ebook

Band 20 Kurt Krüger: Matrose im 2. Weltkrieg – auch als ebook

Band 21 Gregor Schock: Reiniger um 1963 auf SS RIO MACAREO – auch als ebook

Band 22 Jörn Hinrich Laue Frachtschiffreisen – auch als ebook

Band 23 Jochen Müller: Geschichten aus der Backskiste Masch.Assi bei DSR – 12 € –ebook

Band 24 Erlebnisse des Funkers Mario Covi: Traumtrips und Rattendampfer –ebook

Band 25 Erlebnisse des Funkers Mario Covi: Landgangsfieber und grobe See –ebook

Band 29 Logbuch – Anthologie mit Seemannsschicksalen – auch als ebook

Band 30 Günter Elsässer: Schiffe, Häfen, Mädchen – Trampfahrt um 1960 – auch als ebook

Band 31 Thomas Illés d. Ä. Sonne, Brot und Wein – 1 – Tagebuch eines Seglers – auch als ebook

Band 32 Thomas Illés d. Ä. Sonne, Brot und Wein – 2 – Tagebuch eines Seglers – auch als ebook
Band 33 Jörn Hinrich Laue: Hafenrundfahrt Hamburg – auch als ebook
Band 34 Peter Bening: Roman Seemannsliebe – auch als ebook
Band 35 Günter George: Junge, komm bald wieder... Junge aus Bremerhaven – auch als ebook
Band 36 Rolf Peter Geurink: Seemaschinist um 1960 – auch als ebook
Band 37 Hans Patschke: Frequenzwechsel – Funker 1932 – 1970 – auch als ebook
Band 39 Hein Bruns: In Bilgen, Bars und Betten – Roman – auch als ebook
Band 40 Heinz Rehn: Kanalsteurer – plattdütsche Texte – auch als ebook
Band 41 Klaus Perschke: Vor dem Mast – Seefahrt um 1953 – auch als ebook

Band 42 Klaus Perschke: Seefahrt um 1956 Ostasienreisen Nautiker 1958 – auch als ebook
Band 44 Lothar Rüdiger: Flarrow, der Chief Trilogie Maschinenassistent – auch ebook
Band 45 Lothar Rüdiger: Flarrow, der Chief - Trilogie Wachingenieur – auch ebook
Band 46 Lothar Rüdiger: Flarrow, der Chief – Trilogie – Ziel erreicht: Chief – auch ebook
Band 47 Seefahrtserinnerungen – Anthologie – auch als ebook
Band 48 Peter Sternke: Erinnerungen eines Nautischen Beamten – auch ebook
Band 49 Jürgen Coprian: MS FRANKFURT – Salzwasserfahrten 1 Ostasienreisen – ebook
Band 50 Jürgen Coprian: MS FRIEDERIKE TEN DOORNKAAT – Salzwasserfahrten 2 – ebook
Band 51 Jürgen Coprian: MS WIEN + NORMANNIA – Salzwasserfahrten 3 – auch als ebook
Band 52 Jürgen Coprian: MS VIRGILIA – Salzwasserfahrten 4 – auch als ebook
Band 53 Jürgen Coprian: MS COBURG Salzwasserfahrt 5 – auch als ebook
Band 54 Jürgen Coprian: MS CAP VALIENTE - Salzwasserfahrten 6 – auch als ebook
Band 55 Jürgen Coprian: MS BRANDENBURG – Salzwasserfahrten 7 – auch als ebook

Band 56 Immanuel Hülsen: Schiffsingenieur, Bergungstaucher, Flieger –: nicht mehr lieferbar

Band 57 Harald Kittner: Roman: Der Nemesis-Effekt   Preis: 14,90 € – auch als ebook

Band 58 Klaus Perschke: Seefahrt um 1960 unter dem Hanseatenkreuz – Nautischer Offizier – ebook

Band 59 Jörn Hinrich Laue Unterwegs auf Passagier-, Fracht-, Fährschiffen – auch ebook

Band 60 Kuddel Senkbklei: Wasser über Deck und Luken – Seefahrt in den 1950-60ern – ebook

Band 61 Franz Döblitz + Ernst Richter: Service an Bord – auch als ebook

Band 62 Bernhard Schlörit: Hast du mal einen Sturm erlebt? – auch als ebook

Band 63 Carl Johan: Das glückhafte Schiff – Seefahrerroman – auch als ebook

Band 64 Bernd Herzog: Opas Seefahrtszeit – als Maschinist – auch als ebook

Band 66 Bernhard Schlörit: Auf dicken Pötten um die Welt – auch als e-book

Band 67 Arne Gustavs: Schiffsjunge um 1948 – auch als ebook

Band 68 Ernesto Potthoff: Segelschulschiff LIBERTAD – auch als ebook

Band 69, 70, 71 Ernst Steininger: Seemann, deine Heimat ist das Meer – auch als ebook

Band 74 Fritz Gromeier: Freddy, der wilde Heizer – zur Zeit nicht lieferbar

Band 75 Jürgen Ruszkowski: Aus der Geschichte der Seemannsmission – nur als ebook

Band 76 Heribert Treiß: Rudis Weltenfahrten 1936 – 1948 – auch als ebook

Band 77 Bernhard Schlörit: Verdammte Container – auch als ebook

Band 78 Otto Schulze: Briefe aus Fernost – 1907 – Teil 1 – auch als ebook

Band 79 Otto Schulze: Briefe aus Fernost – 1908 – 1912-13 – Teil 2 – auch als ebook

weitere Bände sind geplant

Nicht maritime Bände in der gelben Buchreihe:

Band 11: Diakone des Rauhen Hauses: „Genossen der Barmherzigkeit" ebook

Band 12: Diakon Karlheinz Franke – Autobiographie – auch als ebook

Band 13: Diakon Hugo Wietholz,: Autobiographie – auch als ebook

Band 15: Zeitlebens im Gedächtnis – Deutsche Schicksale um 1945 - Wir zahlten für Hitlers Hybris – ebook

Band 26: Monica Maria Mieck: Liebe findet immer einen Weg – Kurzgeschichten – ebook

Band 27: Monica Maria Mieck: Verschenke kleine Sonnenstrahlen – Kurzgeschichten – ebook

Band 28: Monica Maria Mieck: Durch alle Nebel hindurch – besinnliche Kurzgeschichten – ebook

Band 38: Monica Maria Mieck: Zauber der Erinnerung – besinnliche Kurzgeschichten

Band 43: Monica Maria Mieck: Winterwunder – Weihnachtstexte – auch als ebook

Band 65: Johann Hinrich Wichern – Geschichte des Rauhen Hauses –ebook

Band 72: Kirche im Nachkriegs-Mecklenburg – Anthologie – auch als e-book

Band 73: Horst Lederer: Pastoren in Grevesmühlen (Mecklenburg) – auch als ebook

---

Direktbezug beim Herausgeber für je 13,90 €, soweit oben nicht anders erwähnt, im Inland an Privatpersonen portofrei   (Ausland: ab 3,00 €):
Jürgen Ruszkowski, Nagelshof 25, D-22559 Hamburg, Tel.: 040-**18090948**
Fax: 040-18090954 – eMail: maritimbuch@googlemail.com
Info: www.maritimbuch.de   oder   www.seamanstory.de   oder
http://maritimbuch.klack.org
http://maritimegelbebuchreihe.klack.org/   oder
http://zeitzeugenbuch.klack.org oder   http://seemannsschicksale.klack.org
oder http://seeleute.npage oder
http://seefahrt1950-60er.npage.de oder http://seamanstory.klack.org
oder http://seeleute.klack.org oder http://salzwasserfahrten.npage.de/
oder http://seefahrer.klack.org

Printed in Poland
by Amazon Fulfillment
Poland Sp. z o.o., Wrocław

72533763R00166